九州文库

新发展理念视域下跨越『中等收入陷阱』问题研究

罗慧 著

九州出版社
JIUZHOUPRESS

图书在版编目（CIP）数据

新发展理念视域下跨越"中等收入陷阱"问题研究 /
罗慧著 . -- 北京：九州出版社，2023.2

ISBN 978-7-5225-1674-5

Ⅰ.①新… Ⅱ.①罗… Ⅲ.①中国经济—经济发展—
研究 Ⅳ.①F124

中国国家版本馆 CIP 数据核字（2023）第 037587 号

新发展理念视域下跨越"中等收入陷阱"问题研究

作　　者	罗　慧　著
责任编辑	蒋运华
出版发行	九州出版社
地　　址	北京市西城区阜外大街甲 35 号（100037）
发行电话	（010）68992190/3/5/6
网　　址	www.jiuzhoupress.com
印　　刷	唐山才智印刷有限公司
开　　本	710 毫米×1000 毫米　16 开
印　　张	13.5
字　　数	213 千字
版　　次	2023 年 2 月第 1 版
印　　次	2023 年 2 月第 1 次印刷
书　　号	ISBN 978-7-5225-1674-5
定　　价	85.00 元

前　言

自 2006 年世界银行在《东亚经济发展报告》中提出"中等收入陷阱"一词之后，国内外学界对此进行了广泛的研究和讨论。目前，在已有的研究中，对跨越"中等收入陷阱"和落入"中等收入陷阱"的经济体有了基本明确的界定，鉴于我国正处于国际参照系之下的中等收入发展阶段，同时也处于经济下行的新常态时期，我国是否会落入"中等收入陷阱"、如何应对"中等收入陷阱"这些现实问题摆在面前。

本书将马克思主义发展思想、发展经济学以及现代化理论中的部分理论资源作为基础，采用历史与逻辑相统一、辩证唯物主义和历史唯物主义相结合以及比较分析等方法，从考察跨越"中等收入陷阱"成功者和失败者的历史进程入手，总结归纳成功者和失败者跨越"陷阱"的经验教训，以期为中国经济社会发展提供借鉴。书中将中国与落入"中等收入陷阱"的经济体进行比较分析，指出中国同样面临"中等收入陷阱"的风险，进而在借鉴新兴经济体经验教训的基础上，提出新发展理念是指导中国跨越"中等收入陷阱"的方案，并对贯彻落实新发展理念的条件和保障进行了阐述，同时也展望了中国跨越"中等收入陷阱"的世界意义。

具体来说，本书主要分为如下部分：

导论部分首先阐明了问题提出及研究的意义，分析了国内外相关的研究现状，对关键的概念进行了界定，介绍了基本思路和主要研究方法。

第一章主要阐述了本研究论题的相关理论资源。主要包括考察"中等收入陷阱"与之相关的马克思主义关于发展的思想、发展经济学的相关理论以及现代化相关理论。

第二章在梳理成功跨越"中等收入陷阱"经济体历史进程的基础上，重点对其跨越经验进行了总结。在这部分，将成功跨越"中等收入陷阱"经济体主要分为战后经济恢复和起飞准备阶段、起飞和高速增长阶段、调整和稳定发展阶段等三个时期，分析其跨越"中等收入陷阱"的经验，主要概括为制度创新奠定成功跨越"中等收入陷阱"的制度基础，对外开放是成功跨越"中等收入陷阱"的战略举措，环境保护提供成功跨越"中等收入陷阱"的生态保障，社会协调筑造成功跨越"中等收入陷阱"的社会支撑四个方面。

第三章同样在梳理落入"中等收入陷阱"经济体历史进程的基础上，重点对其跨越教训进行了总结。这部分将落入"中等收入陷阱"经济体分为"拉美模式"和"类拉美模式"两种，通过分析这两种模式的历史进程，对他们陷入"中等收入陷阱"的教训进行了总结分析。主要概括为发展动力不足是落入"中等收入陷阱"的首要因素，过度城市化是落入"中等收入陷阱"的结构因素，全球化风险是落入"中等收入陷阱"的外部因素以及社会发展失衡是落入"中等收入陷阱"的社会因素四个方面。

第四章主要考察了中国目前所处的发展阶段以及跨越"中等收入陷阱"面临的挑战。文中通过与落入"中等收入陷阱"的国家做类比，指出中国与落入"中等收入陷阱"的拉美地区的发展阶段具有类似性，其面临的问题也具有共同特征。因而得出中国也面临着落入"中等收入陷阱"的风险。

第五章主要提出中国跨越"中等收入陷阱"的对策方案，并展望了中国跨越"中等收入陷阱"的世界意义。首先，在对成功跨越和落入"陷阱"的经济体经验教训的比较中，得出对中国有益的启示。其次，在此基础上，从中国的现实问题出发，依据中国所处时代特征和国情，指出了新发展理念是指导中国跨越"中等收入陷阱"的行动指南，同时也论述了贯彻新发展理念的条件和保障，论证了新发展理念下中国能跨越"中等收入陷阱"的理论意义和现实意义。最后，对中国跨越"中等收入陷阱"的世界意义进行了展望。

目 录
CONTENTS

导　论

一、选题缘由及意义

世界上许多从人均低收入水平达到中等收入水平的发展中经济体，在迈向高收入阶段的发展过程中，有的经济体顺利进入高收入阶段，而有的经济体长期处于徘徊停滞的中等收入阶段。2006年，世界银行发布的《东亚经济发展报告》率先提出"中等收入陷阱"，即指各经济体用摆脱贫困陷阱（人均GDP大约超过1000美元）的战略来继续提高其经济发展水平所遇到的挑战，曾经的经济增长动力无法持续，当人均GDP达到3000美元至10000美元时，一些国家陷入了"中等收入陷阱"，经济增长在此阶段陷入徘徊或停滞。从世界范围来看，只有少数达到中等收入水平的国家成功完成了向高收入的跨越，日本以及亚洲"四小龙"是公认的成功跨越"中等收入陷阱"的经济体，而拉美和东南亚的一些国家被认为是跨越"中等收入陷阱"的失败者。分析跨越"中等收入陷阱"经济体的成功经验和落入"中等收入陷阱"经济体的失败教训，对于世界上一些发展中国家进入中等收入国家行列后，如何克服通往高收入水平道路中的障碍，顺利跨进高收入行列，从而实现国家现代化的关键一步，具有非常重要的参考价值。

我国经过改革开放40年的发展，抓住世界和平发展的外部机遇，使经济繁荣发展、社会文明进步，综合国力大幅提升，人民生活明显改善，国际地位和国际影响力显著提高。中国作为拥有近14亿人口的世界大国，用60多年走过了发达国家250年左右的工业化历程，堪称人类历史性的巨变。2010年，中国人均 GDP 达到 4283 美元①，按照国际标准，当今中国已进入上中等收入阶段，与此同时，也出现了诸多"中等收入陷阱"的特征，比如 2012 年开始经济发展增速为 8% 以下，明显变缓，创新能力较低导致发展动力不足，资源环境约束较大，贫富差距变大等等。中国能否顺利跨越"中等收入陷阱"，助力 2020 年全面建成小康社会，进而在 2035 年基本实现现代化的基础上，向着富强、民主、文明、和谐、美丽的社会主义现代化强国目标迈进，最终实现中华民族伟大复兴的中国梦，这是摆在我们面前的重大现实课题。

党的十八届五中全会确立了以人民为中心的创新、协调、绿色、开放、共享的新发展理念，这是关乎中国发展全局的一场深刻变革。新发展理念是在深刻总结国内外发展经验教训的基础上形成的，是在深刻分析国内外发展大势的基础上形成的，也是针对我国发展中的突出矛盾和问题提出来的。本书在现有研究的基础上，梳理并总结成功跨越"中等收入陷阱"和落入"中等收入陷阱"的经济体的发展历程和经验教训，联系我国经济社会发展的历史阶段以及问题与挑战，论证新发展理念引领中国跨越"中等收入陷阱"的理论意义和现实意义。

从理论和现实的角度来看，能否跨越"中等收入陷阱"事关全面建成小康社会，事关党和国家的兴衰成败，事关广大人民的幸福安康。在我国经济由高速发展进入高质量发展之际，对世界范围内跨越"中等收入陷阱"经济体的成败得失进行深入研究，梳理总结其经验和教训，有助于从理论上厘清原因以及各经济体在跨越"中等收入陷阱"过程中到底有哪些经验借鉴和教训警示，有助于指导解决我国面临中等收入陷阱的实际问题，对于当前做好我国的经济和社会发展工作，实现全面建成小康社会的宏伟蓝图，推进社会主义现代化强国的实现，都具有十分重大的现实意义。同时，通过论证如何在新发展理念指导下跨越"中等收入陷阱"，也可以为其他处于中等收入阶段经济体的理论研究和政策制定提供参考和借鉴。

---

① 根据世界银行网站数据测算，https：//data. worldbank. org. cn/country/china？ view = chart，查询日期：2016 年 6 月 2 日。

二、研究现状

本部分对 2006 年至 2018 年国内外既有研究进行借鉴梳理，明晰目前研究的现状以及不足，为研究的开展确定着力点。

（一）国外研究现状

"中等收入陷阱"的概念提出始于国外，主要研究成果体现在概念的不同角度的界定、问题的形成原因以及解决问题的对策方面。

1. "中等收入陷阱"的提出

自从世界银行 2006 年提出"中等收入陷阱"的概念之后，在国际上产生了不小的反响，国外的一些学者对此进行了相关研究。

有的学者从定量方面进行研究。加州大学伯克利分校和剑桥大学教授艾肯格林（Barry Eichengreen）等人的研究认为，中等收入国家连续 7 年或更长时间人均 GDP 增速超过 3.5% 之后，再连续 7 年时间内增速下降至少 2 个百分点，这样的阶段称为中等收入陷阱。[①] 艾肯格林把落入中等收入陷阱的原因归结为全要素生产效率的急速下降，由此引致经济增长速度明显放缓。[②] 亚洲开发银行费利佩（Jesus Felipe）等经济学家以 1990 年购买力平价计算的人均国内生产总值为准，按不同标准分为低收入国家、下中等收入国家、上中等收入国家和高收入国家 4 类。取 1950—2010 年期间的 124 个国家为研究对象，认为下中等收入国家 28 年仍未达到上中等收入水平，上中等收入国家最多 14 年未跨进高收入水平，即落入"中等收入陷阱"。[③] 落入"中等收入陷阱"的国家具有一些共同的特征：经济的多元化水平较低、人力资本水平较低、法律与制度尚未健全、出口多元化水平较低（出口以低加工产品为主导）。

有的学者从定性方面进行了解读。日本学者大野健一（Kenichi Ohno）从产

---

① Barry Eichengreen；Donghyun Park；KwanhoShin，*Growth slowdowns redux*（Japan & The World Economy，November 2014，Vol. 32），pp. 65，84.

② Barry Eichengreen；Donghyun Park；Kwanho Shin，*THE GLOBAL PRODUCTIVITY SLUMP*：*COMMON AND COUNTRY-SPECIFIC FACTORS.* 2015，p. 9.

③ Jesus Felipe，Arnelyn Abdonand Utsav Kumar，*Tracking the Middle-income Trap*：*WhatIsIt，WhoIsinIt，and Why?*（The Levy Economics Institute Working Paper，No. 715，April，2012）.

业发展阶段的角度来阐述，他认为第一阶段是外资引导下的简单制造业（simple manufacturing）；第二阶段是从国外直接购买或引进外国直接投资等形式获得的技术支持性产业（supporting industries）；第三阶段是获得生产高质量产品所需的技术和管理经验；第四阶段是创新和产品设计。他指出，中等收入陷阱是产业发展第二与第三阶段之间的"玻璃天花板"。① 卡拉斯和柯里（Kharas&Kohli）通过研究表明，中等收入陷阱的现象表现为一个国家从低收入到中等收入后，在出口市场中缺乏与低工资国家的竞争，同时也缺乏与发达国家在高新技术产品上的竞争，导致经济增速的下降甚至倒退。并不是每个国家必然遭遇中等收入陷阱，但经济体在发展过程中会受此影响。② 美国学者爱娃·帕斯（Eva Paus）持相同观点，"中等收入陷阱"是指中等收入国家很难再拥有低成本商品产业的竞争力，同时也还不具有高科技产业的竞争力。③

2. "中等收入陷阱"形成原因

国外学者关于"中等收入陷阱"形成原因，主要集中在以下几点：

（1）收入分配差距过大

代表人物圣保罗（Saint-Paul）强调了政府在阻断收入分配不平等恶性循环收入分配中的作用。④ 美国著名经济学家库兹涅茨（Kuznets）提出的"倒U"曲线假说推断，随着经济发展，收入分配会有一个先恶化后改善的过程，但改善并不是必然的，因此解决好贫富差距问题才能促进经济持续发展。日本著名经济学家松山公纪（Masuyama）发现金融发展水平的高低与收入分配情况呈现一种负相关的态势，即金融发展水平高的经济体收入分配差距小，而金融发展水平低的经济体收入分配差距变大。⑤

---

① Kenichi Ohno, *Avoiding the Middle Income Trap*, Renovating Industrial Policy Formulation in Vietnam（ASEAN Economic Bulletin, 2009），p. 25-43.

② Homi Kharas, Harinder Kohli: *what is the middle income trap, why do Countries fall into it, and how can it be avoided*?（Global Journal of Emerging Market Economics, 2011），p. 282, 286.

③ Eva Paus, "*Confronting the middle income trap: insights from small latecomers*"（Studies in Comparative International Development, Vol. 47, Issue 2, June），pp. 115, 138.

④ Saint-Paul, *The Dynamics of Exdusion and Fiscal Conservatisin.*（CeMer For Economic Policy Research Discussion Paper Series. 1994）.

⑤ Masuyama, *Endogenous Inequality*（Review of Economic Studies, 2000），vol. 67.

（2）制度与政策因素

美国经济学家阿西莫格鲁（Acemoglu）等认为制度具有根本性，不同的制度才是决定一个经济体是走向繁荣还是趋向衰败。① 哈佛大学教授经济学丹尼·罗德里克（Dani Rodrik）在提到中国时，指出"制度问题是中国进一步缩短同发达国家差距的大问题"。② 法国经济学家托马斯·皮凯蒂（Thomas Piketty）在他的著作《21世纪资本论》中提到营造透明、民主的经济政治体制环境是发展中国家迈进高收入国家的前提。③

（3）增长动力不足

韩国对外经济政策研究院（KIEP）国际经济研究室主任朴馥永通过梳理韩国经济发展的历史经验说明，在投资率停滞情况下，韩国凭借技术创新推动了生产率增长，从而为经济持续增长奠定了重要基础。反面说明，创新动力不足容易落入"中等收入陷阱"。④

3. 跨越"中等收入陷阱"的对策

在理论领域，有众多经济学家提出了跨越"中等收入陷阱"的对策观点：

促进产业升级的观点。日本经济学家速水佑次郎（Hayami Yujiro）认为，能否顺利跨越陷阱，关键是经济发展能否由要素投入型转向全要素生产型的发展。⑤ 英国经济学家刘易斯（Lewis）指出，成功跨越的关键是能够克服原本依靠劳动力资源的劳动密集型产品的发展模式。⑥

改善收入分配不公的观点。美国经济学家库兹涅茨（Kuznets）认为扭转收

① ［美］德隆·阿西莫格鲁、［美］詹姆斯·A. 罗宾逊：《国家为什么会失败》，李增刚译，湖南科学技术出版社，2015，第37页。
② 丹尼·罗德里克：《一种经济学，多种药方》，张军扩、侯永志译，中信出版社，2009，第78页。
③ 托马斯·皮凯蒂：《21世纪资本论》，中信出版社，2014，第123页。
④ ［韩］朴馥永：《以经济转型跨越"中等收入陷阱"》，《经济社会体制比较》2013年第1期，第7页。
⑤ 速水佑次郎：《发展经济学》，创文社，2000，第35页。
⑥ W. Arthur Lewis, *Economic Development with Unlimited Supplies of Labour* (The Manchester School of Economic and Social Studies, vol. 22, no. 2, 1954), pp. 139-191.

入分配不均的状况是该阶段经济成功转型的关键。① 日本经济学家大野健一（Kenichi Ohno）提出中国为了避免中等收入陷阱，必须克服两大问题：一个是怎样维持经济增长；一个是解决随着经济增长而不断带来的社会和政治问题，包括公平分配、生态环境、收入差距等问题。中国是个特别大的国家，要克服这些问题相当有难度，但是只有克服这些问题，才能继续发展。②

加大创新研究力度的观点。英国经济学家皮埃尔·理查德·阿格诺尔（Pierre-Richard Ag énor）、世界银行奥塔维亚诺·卡努托（Otaviano Canuto）认同产生中等收入的主要原因是生产率的下降，而生产率的下降受多种因素的影响，比如个人获取技术的意愿、基础设施，尤其提到加强知识产权保护的自主创新技术发展是避免落入中等收入陷阱的关键。③ 美国哥伦比亚大学教授杰弗里·萨克斯（Jeffrey D. Sachs）认为将经济发展建立在创新的基础上才是中国突破"中等收入陷阱"的出路。④

（二）国内研究现状

2006 年世界银行提出"中等收入陷阱"后，国内对此也展开了热烈的讨论。笔者以中国知网为检索平台，搜索"中等收入陷阱"为篇名关键词，发现共有检索文献 1617 篇（截至 2018 年 12 月），包括：博士论文 15 篇，硕士论文 104 篇，期刊论文 1102 篇，国内会议论文 51 篇，国际会议论文 9 篇，报纸文章 309 篇。如图 0-1 所示，研究数量随时间呈现增长趋势，其中在 2012 年达到最高值。

---

① Simon. Kuznets, *Economic Growth and Income Inequality* (The American Economic Review, 1955), p.45.

② 马国川：《大野健一谈产业政策》，和讯新闻，http://news.hexun.com/，2016-11-09/186810613.html，查询日期：2017 年 5 月 8 日。

③ Pierre-Richard Agénor, Otavito Canuto, *Access to Finance, Product Innovation, and Middle-Income Traps.* (Research in Economic, 2014).

④ 《杰弗里·萨克斯在 2015 年中国发展高层论技"世界经济大趋势"分会场上的讲话》，新华网，2015-03-28，http://finance.huanqiu.com/roll/2015-03/6033129.html，查询日期：2017 年 5 月 10 日。

发表文章趋势量

	2007年	2008年	2009年	2010年	2011年	2012年	2013年	2014年	2015年	2016年	2017年	2018年
发文量（篇）	2	3	8	24	138	276	263	173	222	229	175	101

图 0-1　"中等收入陷阱"研究发表时间—数量发展图

（数据来源：中国知网）

从研究发表的时间看（具体情况如图 0-1），对"中等收入陷阱"的研究分为两个阶段：第一个阶段是 2007—2010 年，是研究的起步阶段；第二个阶段为 2011—2018 年，尽管这期间出现高低起伏状态，但总体来看属于研究迅猛发展并趋向稳定的阶段。研究成果呈现出研究范围不断增多、研究质量不断变好的特点，具体可以概括为以下几个方面：

1. 中等收入陷阱是否存在

我国学术界对"中等收入陷阱"是否存在的争论，目前主要有两种观点：第一种观点认为"中等收入陷阱"是个伪命题，根本不存在；第二种观点认为"中等收入陷阱"是在国家经济社会发展中必然出现的现象。

观点一：认为"中等收入陷阱"是个伪命题

持这种观点的学者属于较少数，可以从四个角度来进行分类：一是认为将人均收入与某人为设置的标准关联起来作为跨越或者落入"中等收入陷阱"标志的观点是不成立的。持这种观点的有朱天，他通过从绝对收入标准和相对收入标准来分析中等收入陷阱的定义，提出一个发展中国家（中、低收入国家）的经济增长速度不会因为达到了中等收入水平就有所停滞，低收入阶段也存在经济增长缓慢的情况，"中等收入陷阱"这一概念尤其不适用于中国这样存在巨大差异的大国。[1] 范和生认为人力资源、自然资源的有限性使一个进入中等收入的国家在短时间内难以达到更高的发展程度，这实际是"中等收入瓶颈"。[2]

---

[1]　朱天：《中等收入陷阱是"危言耸听"》，《中国企业家》2015 年第 6 期。

[2]　范和生：《"中等收入陷阱"，本身就是理论陷阱》，《学术前沿》2015 年第 2 期。

二是认为中等收入陷阱概念不具有科学规范性。江时学认为,"中等收入陷阱"本来就是一个语义模糊的概念。此概念唯一可取之处就是它指出了加快发展的紧迫性和必要性。① 2013 年,江时学通过解读世界银行提出的"中等收入陷阱"概念,即一个国家在跻身中等收入国家行列后,工资成本上升及科技创新乏力,其出口优势下降造成的发展困境,并认为中等收入陷阱不是用人均国民总收入(GNI)衡量的"数字游戏"。② 杨承训、张新宁也认为仅以一种数量界限(人均 GDP)作为区分国家发展阶段的特征,并视为"中等收入陷阱"的成因是有一定片面性的,但他们同时肯定了这一概念的参考价值。③ 刘波认为保持经济可持续发展势头的关键,是避免"增长焦虑症",经济增长到一定阶段后,更需要以平常心看待经济增速,中等收入陷阱是伪命题,不应成为一个"自我实现的预言"。④ 三是从发展阶段理解中等收入陷阱,从而否定陷阱之说。王东京认为不能将中国经济下行这个特定时期的特殊问题,硬性地与"中等收入陷阱"挂钩。⑤ 华生等从比较意义、赶超意义、停滞角度来分析"中等收入陷阱"的概念,提出的中等收入陷阱其实等同于中等收入阶段。⑥ 四是从科技创新的趋势来看,认为中等收入陷阱不存在。袁岚峰认为中等收入陷阱的本质是科技不能持续进步,而中国的科技肯定会持续进步,所以中等收入陷阱对中国是伪命题。⑦

观点二:认可"中等收入陷阱"的存在

国内大多数的学者认可"中等收入陷阱"的存在,并对此持两种认识,第一种是从狭义角度理解,认为中等收入陷阱的实质是经济增长问题。胡鞍钢认为,"中等收入陷阱"并不是现在才有的现象,他是一个经济体在经济发展过程中的普遍规律。所谓"中等收入陷阱",是指在中等收入阶段之后出现的"发展

---

① 江时学:《真的有中等收入陷阱吗》,《世界知识》2011 年第 7 期。
② 江时学:《"中等收入陷阱":被"扩容"的概念》,《国际问题研究》2013 年第 2 期。
③ 杨承训、张新宁:《制度优势:破解"中等收入陷阱"之本》,《思想理论教育导刊》2011 年第 8 期。
④ 刘波:《中等收入陷阱是伪命题》,《21 世界商业评论》2017 年第 8 期。
⑤ 王东京:《"中等收入陷阱"纯属危言耸听》,《学习时报》2014 年 6 月 16 日。
⑥ 华生、汲铮:《中等收入陷阱还是中等收入阶段》,《经济学动态》2015 年第 7 期。
⑦ 袁岚峰:《中等收入陷阱对中国是伪命题》,《科学与现代化》2016 年第 3 期。

悖论"所表现出来"经济增长的负效应"。① 马岩认为,"中等收入陷阱"的实质是中等收入国家"如何以可持续的方式保持(经济)较高速的增长"。② 第二种是从广义角度理解,认为中等收入陷阱的实质是经济发展乃至制度、福利等问题。蔡昉在认可"中等收入陷阱"存在的基础上,从实证角度对"中等收入陷阱"进行了研究,得出人均收入在 1000 美元~3000 美元间,存在一个"导致国家或地区进入一个发展的分化期和社会敏感区间",即存在所谓的"中等收入陷阱"。③ 厉以宁也认可中等收入陷阱的存在,并指出中等收入陷阱包括发展的制度陷阱、社会危机陷阱和技术陷阱。④ 林毅夫、贾康等也从不同角度肯定了中等收入陷阱的存在。

2. 中等收入陷阱的本质

关于中等收入陷阱的本质大致可以分为四类。一类是从经济学视角探讨中等收入陷阱的本质。有学者认为中等收入陷阱本质就是经济方式转型的问题,这几乎已经成为学者们的共识。例如,王小广认为,我国在由低收入国家向中等收入国家的转变过程中,新的经济增长点创造依赖发展模式的转变。⑤ 刘伟也认为,跨越"中等收入陷阱"关键在于转变发展方式。⑥ 另有学者认为中等收入陷阱的本质是经济增长的问题。如郭正模通过观察国际经济社会发展的趋势,承认陷入"中等收入陷阱"的国家,有政治、经济、社会、文化等多方面的原因,但其核心还是经济增长的问题。⑦ 权衡也认为,中等收入陷阱本质在于经济增长及其动力转换,重点要解决速度放缓和动力不足的问题。⑧

第二类认为中等收入陷阱是"福利陷阱"。中国经济学家樊纲认为中等收入

---

① 胡鞍钢:《"中等收入陷阱"逼近中国》,《人民论坛》2010 年第 7 期。
② 马岩:《我国面对中等收入陷阱的挑战及对策》,《经济学动态》2009 年第 7 期。
③ 蔡昉:《中等收入陷阱:理论、经验与针对性》,《经济学动态》2012 年第 12 期。
④ 厉以宁:《论"中等收入陷阱"》,《经济学动态》2012 年第 12 期。
⑤ 王小广:《改变发展模式避免中等国家陷阱》,《中国市场》2010 第 16 期。
⑥ 刘伟:《突破"中等收入陷阱"的关键在于转变发展方式》,《上海行政学院学报》2011 年第 1 期。
⑦ 郭正模:《"中等收入陷阱":成因、理论解释与借鉴意义》,《社会科学研究》2012 年第 6 期。
⑧ 权衡、罗海蓉:《"中等收入陷阱"命题与争论:一个文献研究的视角》,《学术月刊》2013 年第 11 期。

陷阱本质上是福利陷阱,重点在于企业能够保证生产力的提高不低于工资和福利水平的提高。①

第三类认为中等收入陷阱实际上是制度陷阱。田国强、陈旭东基于制度和国家治理的视角,认为"中等收入陷阱"内在本质和根由是陷入了制度转型困境,政府与市场关系没有处理好,政府的角色和职能存在越位、缺位或错位等问题,从而导致从汲取性制度转型为包容性制度的困境。②

第四类认为中等收入陷阱的本质是政治陷阱。周邵杰、胡鞍钢认为,对中国而言,保持政治稳定、社会安定既是整个中华民族的最高利益,也是中国经济社会持续发展的前提条件,因此提出"中等收入陷阱"的本质是政治陷阱。③

3. "中等收入陷阱"的特征

学界对跨越"中等收入陷阱"经济体的特征分析可以分为三类,一类是对成功跨越"中等收入陷阱"的分析,一类是对落入"中等收入陷阱"进行分析,第三类是对两者进行对比分析,从而发现成功者和失败者具有一些共同的特征。

(1) 成功跨越"中等收入陷阱"经济体的特征

曾铮对日本、韩国等经济体的发展方式转变经验进行总结,概括为如下几点:培育自主创新能力,提高农业生产率,由劳动密集型产业向知识、技术密集型产业升级,注重人力资本积累以及节能环保经济。④ 史晋川和郎金焕在此基础上,认为通过人力资本储备和缩小贫富差距,调节投资消费比例,保障政策运行的独立性,进而实现宏观经济的稳定。⑤

(2) 落入"中等收入陷阱"经济体的特征

2010 年 7 月,《人民论坛》杂志在征求 50 位国内学者和 6575 名网名的意见

---

① 樊纲、张晓晶:《中等收入陷阱迷思》,《中国流通经济》2014 年第 5 期。
② 田国强、陈旭东:《中国如何跨越中等收入陷阱——基于制度转型和国家治理的视角》,《学术月刊》2015 年第 5 期。
③ 周邵杰、胡鞍钢:《中国跨越中等收入陷阱》,浙江人民出版社,2018,第 108 页。
④ 曾铮:《马来西亚应对"中等收入陷阱"的经验和启示》,《中国市场》2010 年第 12 期。
⑤ 史晋川、郎金焕:《跨越"中等收入陷阱"——来自东亚的启示》,《浙江社会科学》2012 年第 10 期。

之后，列出了"中等收入陷阱"经济体的十个特征：经济增长回落或停滞、民主乱象、贫富分化、腐败多发、过度城市化、社会公共服务短缺、就业困难、社会动荡、信仰缺失、金融体系脆弱。[1] 孔泾源将"中等收入陷阱"经济体的特征归纳为：经济社会不稳定；金融体系脆弱；收入差距过大；公共服务短缺；创新能力不足。[2] 蔡昉从收入分配的视角入手，将拉丁美洲的教训分析总结为以下几点：收入的差距持续扩大，不公平的资源分配和收入分配，政治上陷入民粹主义政策困境。[3]

（3）成功跨越和失败落入"中等收入陷阱"的经济体特征比较

王一鸣将韩国和马来西亚及阿根廷作为成功跨越和失败落入的比较样本，选取经济增长、需求结构、产业结构、技术创新、人力资源、收入分配、社会发展和对外依赖等指标进行比较，认为两者在经济增长、研发能力和人力资本、收入分配、社会发展指标以及对外部经济依赖程度方面，是两类经济体的主要特征区别所在，同时也指出在需求结构和产业结构的差异不明显。[4] 马晓河认为培育扩大向消费型社会转变中产阶级人群与经济发展阶段相适应，是高收入国家和地区发展的关键经验。[5]

4. 成因、经验和教训分析

（1）中等收入陷阱的成因

发展战略问题。孔径源分析了拉美国家长期实施进口替代战略的负面效应，即国内市场空间有限，受保护的产业无法创造足够的非农就业机会；初级产品出口难以满足进口替代部门进口大量资本品和机器设备，不得不大量对外举债造成政府财政恶化；实行进口替代战略导致国内产业缺乏创新动力。同时还分析了东南亚一些国家长期的出口战略，未能建立有效的汇率机制，导致外资放

---

① 高源：《中国能否越过"中等收入陷阱"——50 位专家与 6575 名网友调查结果的对比分析》，《人民论坛》2010 年第 7 期。
② 孔泾源：《"中等收入陷阱"的国际背景、成因举证和中国对策》，《改革》2011 年第 10期。
③ 蔡昉、王美艳：《中国面对的收入差距现实与中等收入陷阱风险》，《中国人民大学学报》2014 年第 3 期。
④ 王一鸣：《跨越中等收入陷阱的战略选择》，《中国投资》2011 年第 2 期。
⑤ 马晓河：《中国经济分析与展望（2011—2012）》，北京：社会科学文献出版社，2012，第 22 页。

任自流,金融十分脆弱,经济环境十分不稳定,容易落入"中等收入陷阱"。①林毅夫明确指出,拉美陷入经济停滞状态的原因是采取了进口替代发展战略,该战略扭曲市场体系、导致了收入分配、社会矛盾等经济社会问题,形成了政治—经济体系的恶性循环。②王一鸣也认同错失发展模式转换时机是造成中等收入陷阱的原因。

创新问题。郑秉文从发展阶段的角度说明创新的重要。他将国家发展分为三个阶段:第一阶段是由要素驱动发展的低收入阶段到下中等收入阶段或中等收入阶段;第二阶段是由效率驱动发展的下中等收入到上中等收入阶段;第三个阶段是由知识和技术创新驱动迈向高收入或发达经济体的过渡。③辜胜阻认为跨越中等收入陷阱最重要的是做好制度创新和营造良好的鼓励创新的社会环境。④宋圭武认为发展科学技术是摆脱中等收入陷阱的首要任务。⑤王一鸣认为自主创新和人力资本方面持续增加投入可以克服中等收入陷阱的挑战。⑥

收入分配不公问题。王一鸣认为公平发展有利于改善收入分配,他以拉美国家为例,阐述了拉美国家的高基尼系数引起社会分化,甚至政权更迭和社会动荡。⑦郭正模认为对新增的社会财富分配不公和对公民自由发展的公平性处理不当也是落入中等收入陷阱的原因之一。⑧

体制变革滞后问题。王一鸣指出拉美国家长期陷入"中等收入陷阱"的原因在于体制变革严重滞后经济发展,既得利益集团反对在社会结构和权力分配等领域进行变革,造成财富过度集中,严重影响市场配置资源的功能。⑨

---

① 孔泾源:《"中等收入陷阱"的国际背景、成因举证和中国对策》,《改革》2011年第10期。
② 林毅夫、蔡昉、李周:《中国的奇迹:发展战略与经济改革》,上海人民出版社,1994。
③ 郑秉文:《"中等收入陷阱"与中国发展道路—基于国际经验教训的视角》,《中国人口科学》2011年第1期。
④ 辜胜阻:《2012跨越"中等收入陷阱"的路径选择》,《商业时代》2012年第14期。
⑤ 宋圭武:《面临"中等收入陷阱"的中国对策》,《领导之友》2011年第4期。
⑥ 王一鸣:《"中等收入陷阱"的国际比较和原因分析》,《学习时报》2011年3月28日第004版。
⑦ 王一鸣:《跨越"中等收入陷阱"的战略选择》,《中国投资》2011年第3期。
⑧ 郭正模:《"中等收入陷阱":成因、理论解释与借鉴意义》,《社会科学研究》2012年第6期。
⑨ 王一鸣:《跨越"中等收入陷阱"的战略选择》,《中国投资》2011年3期。

人口结构和人力资本的制约。楼继伟认为改革开放以来中国人口结构转型所带来的"人口红利"将会逐渐减少,并影响中国经济可持续增长。① 蔡昉探讨了刘易斯转折点与人口红利的关系,认为中国跨越"中等收入陷阱"的关键是提升人力资本水平并加快政府职能转换,再造"人口红利"。② 此外,还有学者对人口城市化与工业化的推进、政府宏观经济管理失控和缺乏有效制度框架等原因进行了阐述。

（2）经验分析

在中等收入陷阱的经验分析方面,主要是通过对日本、韩国、新加坡、中国台湾等亚洲经济体在中等收入陷阱问题的相关方面展开研究,提出了经验借鉴建议。如王一鸣认为实现经济发展模式从"模仿"到自主创新转型是日本、韩国成功的根本经验。③ 仪明金等以韩国为例,提出了实现经济增长方式的转型、进行产业结构转型、经济增长动力结构转型等三条经验。④ 陈湘源以日本、韩国为例,总结出以下经验:一是及时调整结构,转变增长方式;二是实施"科技立国"战略,提升产业竞争能力;三是重视合理分配收入,构建社会保障体系。⑤ 陈彩娟通过研究日、韩、新三国在上中等收入阶段几乎一致的经济发展特征的基础上,总结出了三国结合本国国情的成功做法:一是设法推动产业升级;二是大力支持科技发展;三是着力改善消费环境;四是努力扩大对外开放;五是切实维护社会公平。⑥ 王波认为韩国跨越"中等收入陷阱"的经验可以归为实时调整战略,实现持续增长;转变政府职能,强化市场作用;推动科技创新,重视人才培养;缩小贫富差距,重视均衡发展;加强社会管理,大力

---

① 楼继伟:《未来 30 年中国经济持续增长的动力方向、基本策略及潜在风险》,《中国社会科学报》2010 年 2 月 23 日第 009 版。

② 蔡昉:《"中等收入陷阱"的理论、经验与针对性》,《经济学动态》2011 年第 12 期。

③ 王一鸣:《"中等收入陷阱"的国际比较和原因分析》,《学习时报》2011 年 3 月 28 日第 004 版。

④ 仪明金、郭得力、王铁山:《跨越"中等收入陷阱"的国际经验及启示》,《经济纵横》2011 年第 3 期。

⑤ 陈湘源:《国外应对"中等收入陷阱"的经验与教训》,《当代世界》2011 年第 12 期。

⑥ 陈彩娟:《借鉴日韩新发展经验——跨过"中等发展陷阱"》,《未来与发展》2012 年第 6 期。

打击腐败。① 韩跃民以台湾地区为研究对象，认为通过转变经济发展方式、支持培育和发展中产阶级、注意平衡居民的收入分配、重视发展社会福利事业等措施，使台湾成功地走出了"中等收入陷阱"。②

（3）教训分析

分析落入"中等收入陷阱"的拉美国家的失败教训。如陈湘源认为拉美国家的失败原因：一是发展模式未能及时转型甚至出现路径选择错误，经济长期低迷，人均 GDP 增长缓慢甚至负增长；二是金融体系脆弱，危机频仍，实体经济受到拖累、经济增长大幅下滑；三是对外依赖严重，科研投入不足，经济自主发展能力不强；四是重经济增长、轻社会发展，收入分配不公，社会两极分化并长期动荡不安；五是民主乱象丛生，政府效率低下，腐败问题蔓延。③ 陈彩娟以阿根廷、智利、巴西等拉美国家为例，得出失败教训为忽视经济均衡发展；忽视科技创新发展；忽视社会公平发展；忽视环境持续发展等方面。④ 王友明将拉美跌入中等收入陷阱的教训归为以下：一是奉行"城市化等同于现代化"观念、盲目追求"大城市化"，导致城市贫困化和边缘化相伴而生；二是误将教育市场化等同于私有化，导致教育资源分配不均，引发社会动荡；三是忽视农民利益，导致农民运动高涨；四是社会运动缺乏管控，社会治安状况不容乐观；五是未形成作为消费主体的中等收入群体，消费拉动经济动力不足。⑤ 黄继伟、全毅等以马来西亚、泰国、印度尼西亚和菲律宾等东盟四国为例，指出落入"陷阱"是由于产业升级困难导致经济不能够顺利转型发展；投入有限和人才不足制约了自主创新能力的培养；收入分配结构失衡导致有效消费需求不足；国内政治腐败和政局动荡影响社会稳定和经济发展。⑥

---

① 王波：《韩国跨越"中等收入陷阱"的经验和教训》，《当代世界》2012 年第 1 期。
② 韩跃民：《台湾地区走出"中等收入陷阱"的做法和启示》，《大连干部学刊》2012 年第 1 期。
③ 陈湘源：《国外应对"中等收入陷阱"的经验与教训》，《当代世界》2011 第 12 期。
④ 陈彩娟：《吸取部分拉美国家发展教训 避免我国落入"中等收入陷阱"》，《未来与发展》2012 年第 10 期。
⑤ 王友明：《拉美陷入"中等收入陷阱"教训、经验及启示》，《当代世界》2012 年第 7 期。
⑥ 黄继炜、全毅：《东盟国家落入"中等收入陷阱"的原因与教训》，《当代经济管理》2014 第 7 期。

5. 中国是否会落入"中等收入陷阱"

（1）关于中国是否会落入"中等收入陷阱"的争论

学界对中国是否会落入"中等收入陷阱"的研究，可以分为三种观点，即中国不会落入"中等收入陷阱"的乐观派、中国会落入"中等收入陷阱"谨慎派以及中国已经落入"中等收入陷阱"的悲观派。

乐观派在肯定"中等收入陷阱"概念前提下，从数据分析对比上认定中国将较快从上中等收入国家进入高收入国家，中国已不可能落入拉美式"中等收入陷阱"。这首先体现在现任的党和国家领导人的关注中。习近平主席和李克强总理也在多个场合提到"中等收入陷阱"问题。但总体来看，党和国家领导人对是否会落入"中等收入陷阱"持乐观态度。2014 年 11 月 10 日，习近平在出席 APEC 领导人同工商咨询理事会代表对话会时指出，"对中国而言，'中等收入陷阱'过是肯定要过去的，关键是什么时候迈过去、迈过去以后如何更好向前发展"。① 李克强总理更是多次在政府工作报告中提到"中等收入陷阱"问题。

显然，我国党政领导人都认同"中等收入陷阱"这一学术概念，并且都认为这是一个坎和关口；与此同时，他们都对中国经济的未来保持高度的信心，认为中国将跨越中等收入陷阱这个坎。中国的"十三五"规划进一步将"努力跨越'中等收入陷阱'，不断开拓发展新境界"明确列入其中。② 由此可见，自中共十八大以来，中国政府和国家领导人已经把跨越"中等收入陷阱"，看成能否实现"两个一百年"奋斗目标、实现中华民族伟大复兴之中国梦的关键。

学界中也有对"中等收入陷阱"持乐观态度的代表。厉以宁认为中国完全可以避开"中等收入陷阱"，但是必须解决当前发展中遇到的困难，即消除城乡二元体制、缩小城乡收入差距、完善资本市场、扶持民营经济。③ 林毅夫在谈

---

① 《习近平：中国肯定要迈过中等收入陷阱关键是何时》，新华网，2014-11-11，http：//news. xinhuanet. com/fortune/2014-11/11/c_ 127197826. html，查询日期：2017 年 12 月 1 日。

② 《中华人民共和国国民经济和社会发展第十三个五年规划纲要》，新华网，2016-03-18，http：//sh. xinhuanet. com/2016-03/18/c_ 135200400. html，查询日期：2017 年 12 月 2 日。

③ 厉以宁：《论"中等收入陷阱"》，《经济学动态》2012 年第 12 期。

到跨越中等收入陷阱的案例上,他认为,中国要跨越"中等收入陷阱",按照新结构经济学的观点,要遵循比较优势来发展经济。① 刘世锦指出中国已经不可能落入拉美式中等收入陷阱,我国现在达到的发展水平远高于当年拉美国家落入"中等收入陷阱"时的发展水平,已经不可能落入拉美式"中等收入陷阱"。②

"谨慎派"认为随着中国经济减速,中国落入"中等收入陷阱"的概率可能是"一半对一半",必须经历严峻的考验,切不可掉以轻心。楼继伟在清华大学举行的"清华中国经济高层讲坛"上表示,因为中国提前进入老龄化社会,造成未来的 5 年或 10 年有 50%以上的可能性会落入中等收入陷阱。③ 蔡昉也认为中等收入陷阱和人口转变有密切的逻辑关系,跨越中等收入陷阱要通过提高资本劳动比或提高全要素生产率来实现。④ 蔡昉在《中国与世界观察》中,提出鉴于中等收入到高收入经济体是一个动态标准,加上我国的人口红利在加速丧失;大宗产品价格持续下降;贸易增长速度慢于已经增长较慢的 GDP 增长速度,这些长期的挑战的存在,至少 2030 年之前,中国都不会跨越中等收入陷阱。⑤

还有学者对中国是否落入"中等收入陷阱"持悲观态度。这种观点的代表人物许小年,他认为中国已经处于"中等收入陷阱"的困境中。理由是,中国这几十年的增长方式是基于数量型增长,而非效率型增长。通过资本积累来驱动的经济发展已经无法持续,必然导致资本的边际收益递减,一旦资本收益等

① 林毅夫:《中国要跨越"中等收入陷阱"得遵循比较优势》,澎湃新闻网,2016-08-24,http://money.163.com/16/0824/07/BV7G97LH002580S6.html,查询日期:2017 年 12 月 10 日。

② 刘世锦:《中国落入"中等收入陷阱"可能性不大》,《中国经济时报》2012 年 1 月 9 日第 004 版。

③ 楼继伟:《中国有 50%可能滑入中等收入陷阱》,2015 年 4 月 25 日,新浪财经,http://finance.sina.com.cn/china/bwdt/20150425/162322044697.shtml,查询时间:2017 年 12 月 13 日。

④ 蔡昉:《中国即将面临中等收入陷阱考验》,《财经界》2012 年第 1 期。

⑤ 蔡昉:《2030 年之前中国不会跨越中等收入陷阱》,《中国与世界观察》2016 年第 1 期。

于零，就是中等收入陷阱。①

（2）中国可能落入"中等收入陷阱"的原因

学者们将中国可能落入"中等收入陷阱"的原因分为如下几种观点：

三因素说。宋奎武认为，我国落入"中等收入陷阱"主要牵涉到经济、政治、人文精神三个方面，其中后两者是最主要的。②

四因素说。胡鞍钢指出，经济、政治、社会和国际的综合作用可能导致我国落入"中等收入陷阱"。③ 杜传忠指出，经济、社会、政治和全球化风险可能导致我国落入"中等收入陷阱"。④

五因素说。刘方棫把很多经济体落入"中等收入陷阱"的因素归为：一是城市化与工业化发展脱节；二是收入分配差距悬殊导致贫富差距拉大；三是过度市场化和私有化改革；四是财税政策倾向既得利益集团；五是增长动力不足、产业结构长期得不到有效调整，经济发展失衡。⑤

（3）中国跨越"中等收入陷阱"的出路

学界对这部分的研究基本分为三类，一类是在借鉴别国经验教训的基础上对我国的启示，一类是将中等收入陷阱纳入宏观领域研究，一类是将中等收入陷阱结合微观领域进行研究。

郑秉文通过对成功跨越"中等收入陷阱"的东亚"四小龙"和落入"中等收入陷阱"的拉美国家进行比较，指出中国经济发展已经和即将经历四个阶段和三次跨越，为应对可能遇到的挑战，中国要做到以下：一避免"转型陷阱"，抓住方式转变的历史机遇；二防止"拉美陷阱"，实现"包容性增长"；三跨越"福利陷阱"，保持社保制度与经济增长的同步发展。⑥ 徐礼红在借鉴世界各国

① 王红茹：《许小年称"中国陷入了中等收入陷阱"，厉以宁等专家给予反驳》，《中国经济周刊》2017 年第 29 期。
② 宋奎武：《谨防"中等收入陷阱"》，《中国发展观察》2010 年第 9 期。
③ 胡鞍钢：《"中等收入陷阱"逼近中国》，《人民论坛》2010 年第 11 期。
④ 杜传忠、刘英基：《拉美国家"中等收入陷阱"及对我国的警示》，《理论管理》2011 年第 6 期。
⑤ 刘方棫：《跨越"中等收入陷阱"，促进收入可持续增长》，《消费经济》2010 年第 12 期。
⑥ 郑秉文：《"中等收入陷阱"与中国发展道路——基于国际经验教训的视角》，《中国人口科学》2011 年第 1 期。

应对"中等收入陷阱"的失败教训和成功经验的基础上，提出中国要采取建设有效政府、转变经济发展方式、继续深化制度改革与创新、发挥金融市场的核心作用等应对措施。① 胡卫、高桂芳在分析借鉴了日本、韩国发展战略转变的经验，提出增长方式、产业结构、经济增长动力结构的彻底转型是中国跨越"中等收入陷阱"的着力点。②

将中等收入陷阱与宏观思想结合来研究，涉及三篇文章，分成两个角度，一个是整体角度，一个是个体角度。整体角度中分别是：胡鞍钢等认为中国经济社会发展需要找出影响我国跨越"中等收入陷阱"的五大挑战，即全要素生产率挑战、城镇化挑战、生态环境挑战、被动依附型挑战和不平等挑战，实行"创新、协调、绿色、开放、共享"五大发展理念就是成功应对上述五大挑战的战略指引和基本途径，是实现跨越"中等收入陷阱"的关键。③ 孙代尧、张艳萍认为"五大发展理念"是中国共产党对中国道路的新探索，是跨越"中等收入陷阱"的中国方案。④ 王永昌提出新发展理念是针对我国发展中的突出矛盾和问题提出来的，是针对我国经济发展进入新常态、世界经济复苏低迷开出的药方，是跨越"中等收入陷阱"，成功实现转型发展的中国方案。⑤ 另一个角度是研究新发展理念个体内涵与跨越中等收入陷阱的关系。魏晓冉、平章起认为实施创新驱动发展战略，是加快转变经济发展方式、提高综合国力和国际竞争力的必然要求和重大举措，也是助力我国跨越"中等收入陷阱"的关键所在。以理论创新、改革创新、自主创新和协同创新驱动科学发展，对于破解"中等收入陷阱"难题具有重大意义。⑥ 李冬晓认为中等收入陷阱的产生源于分配不

---

① 徐礼红：《中国应对"中等收入陷阱"的见解》，《社会科学家》2011 年第 5 期。
② 胡卫、高桂芳：《日本、韩国发展战略转变的经验与启示》，《亚太经济》2009 年第 3 期。
③ 胡鞍钢等：《中国跨越中等收入陷阱：基于五大发展理念视角》，《清华大学学报（哲学社会科学版）》2016 年第 5 期。
④ 孙代尧、张艳萍：《五大发展理念：跨越"中等收入陷阱"的中国方案》，《中国特色社会主义》2017 年第 3 期。
⑤ 王永昌：《五大发展理念——跨越"中等收入陷阱"的中国方案》，《理论导报》2016 年第 3 期。
⑥ 魏晓冉、平章起：《依靠创新驱动跨越"中等收入陷阱"》，《中国国情国力》2017 年第 7 期。

公，因此要实施十八届五中全会提出的共享发展战略，以共享为本质要求，增进人民福祉，形成促进公平正义的发展道路，保持社会凝聚力，同时打破既得利益对改革的阻碍，以体制改革促进资源配置效率的提高，实现经济增长的创新，驱动和长期可持续。①

将中等收入陷阱与微观结合，这里的微观主要是从经济学领域开展研究的。如孙建波、张志鹏认为铸就以本土市场需求为基础的"国家价值链"（National Value Chain，以下简称 NVC）是一个合理的选择。② 吴敬琏认为中国能够跨越"中等收入陷阱"取决于转变发展方式，而体制转变是转变发展方式的关键。③ 蔡昉认为收入分配严重不公极易导致落入"中等收入陷阱"，所以要深化初次分配和再分配改革以缩小收入差距。④ 马岩则提出通过参与全球化的市场竞争、扩大规模经济的方式来获取国际资金流动。⑤ 张欢、徐康宁等从实证研究的角度，提出跨越中等收入陷阱的关键是以城镇化为依托的教育质量的提升。⑥

（三）简要述评

中等收入陷阱相关问题既是一个理论问题，更是一个有着实践意义的现实问题。自 2007 年第一次明确提出"中等收入陷阱"概念，截至 2010 年共发表 73 篇文章，2011 年后激增并维持在 200 篇以上，这种研究热度源于我国发展阶段的特殊性，经济发展减速，国内矛盾显现，因而促成了学术界对中等收入陷阱的研究热潮。

学界对中等收入陷阱的考察有着不同的视角，针对研究的内容分析，可以得出如下结论：随着中等收入陷阱研究文献的增多，研究内容发生了两个转化，一是由注重解决实践问题的现象描述转向理论探讨。"中等收入陷阱"在实践层

---

① 李冬晓：《共享发展理念下的跨越"中等收入陷阱"》，《决策探索》（下半月）2017 年第 2 期。
② 孙建波、张志鹏：《第三次工业化：铸造跨越"中等收入陷阱"的国家价值链》，《南京大学学报》2011 年第 5 期。
③ 吴敬琏：《中国增长模式的抉择》，上海远东出版社，2008，第 93—100 页。
④ 蔡昉、王美艳：《中国面对的收入差距现实与中等收入陷阱的风险》，《中国人民大学学报》2014 年第 3 期。
⑤ 马岩：《我国面对中等收入陷阱的挑战及对策》，《经济学动态》2009 第 7 期。
⑥ 张欢、徐康宁、孙文远：《城镇化、教育质量与中等收入陷阱——基于跨国面板数据的实证分析数量》，《经济技术经济研究》2018 年第 5 期。

面确实是存在的,并且得到了较为严谨的实证和论证。但从理论研究层面来看,理论命题的严谨性有待加强,因此对此命题的探讨正在从经验描述性研究向规范性研究转变。另一个转化是从经济层面的解读转向包含经济、政治、文化、社会等多维度的解读。"中等收入陷阱"是一个经济领域的问题,随着研究的深入,已经从经济领域延伸到政治、文化、社会等领域。在经济领域的研究主要着眼于微观视角,相关研究较多。而在宏观视角中,相关研究明显较少。具体来讲,以新发展理念和"中等收入陷阱"的研究为例,现有 4 篇相关文章,大多属于结论性研究,即通过研究国内问题,提出新发展理念引领中国跨越"中等收入陷阱",而对于为什么新发展理念是跨越中等收入陷阱的中国方案,如何在总结借鉴国内外经济社会发展经验和教训的基础上,论证新发展理念能够弥补中国跨越中等收入陷阱的中国方案等方面论证不足。如胡鞍钢等、王永昌从针对本国发展面临问题的视角出发,提出实行"创新、协调、绿色、开放、共享"五大发展理念解决问题和挑战的基本途径,是实现跨越"中等收入陷阱"的关键。① 孙代尧、张艳萍指出跨越"中等收入陷阱"失败的原因在于未从根本上解决本国经济社会的结构性问题以及未处理好与外部世界的关系,提出"创新、协调、绿色、开放、共享"五大发展理念是跨越"中等收入陷阱"的中国方案。② 因此,由结论性研究转向论证类研究是本文努力的方向。

三、基本思路和研究方法

(一)基本思路

本书认为,"中等收入陷阱"是现代化过程中必然要面临的挑战,对于这样的挑战必须要找到解决的办法。本书着重对其他经济体在跨越"中等收入陷阱"过程中出现的经验和教训进行分析,以期获得可供自己参考借鉴的启示。结合中国目前经济发展新常态的现实阶段,中国提出了适合本国国情的以人民为中心的新发展理念,同时阐述了必须坚持党的领导、坚持中国特色社会主义制度、

---

① 胡鞍钢等:《中国跨越中等收入陷阱:基于五大发展理念视角》,《清华大学学报(哲学社会科学版)》2016 年第 5 期。

② 孙代尧、张艳萍:《五大发展理念:跨越"中等收入陷阱"的中国方案》,《中国特色社会主义》2017 年第 3 期。

坚持改革开放和坚持依法治国来贯彻实施新发展理念。理论和现实已经在证明，新发展理念是指导中国跨越"中等收入陷阱"的行动指南。可以预见，中国顺利跨越"中等收入陷阱"无疑将为人类提供中国智慧和中国方案。

本书的基本内容包括导论、正文和结语三部分，其中正文包括五章。

第一章主要介绍了考察中等收入陷阱与之相关的马克思主义发展思想、发展经济学的相关理论和现代化理论。

第二章和第三章分别选取成功跨越"中等收入陷阱"经济体和落入"中等收入陷阱"的经济体进行经验和教训的总结。其中成功跨越"中等收入陷阱"经济体主要是通过回顾从低收入阶段到中等收入阶段，进而跨越到高收入阶段的历史进程，重点对这些经济体的成功跨越经验进行了总结。而落入"中等收入陷阱"经济体中以拉美模式和东南亚模式两种失败案例为例进行考察，在考察两类案例发展历程的基础上，对他们陷入中等收入陷阱的教训进行了总结分析。

第四章主要通过考察中国目前所处的发展阶段，分析目前所面临的主要问题，并且通过与落入"中等收入陷阱"的国家做类比，指出了中国与落入"陷阱"的国家具有极大的相似性，因而，中国也面临着落入"中等收入陷阱"的风险。

第五章主要在对成功跨越或落入"陷阱"的经济体经验教训的比较中，得出对中国有益的启示，并在此基础上，从中国的现实问题出发，依据中国所处时代特征和国情特点，指出了新发展理念是跨越"中等收入陷阱"的行动指南，同时也阐述了贯彻新发展理念的条件和保障，论证了新发展理念下中国能跨越"中等收入陷阱"的理论意义和现实意义，最后对中国跨越"中等收入陷阱"的世界意义进行了阐述。

（二）研究方法

本书的主要研究方法包括以下几个方面：

文献分析法。所参考的文献资料主要包括世界银行、亚洲开发银行网站，国家统计局网站，公开发行的期刊、报刊、图书等文献，尽可能充分了解与论文相关的研究现状。

比较分析法。采用比较分析法，首先将中国与落入"中等收入陷阱"经济体进行比较，指出中国无论从发展阶段来看，还是从面临的发展挑战来看，都与落入"陷阱"的国家有极大的相似性，得出中国也面临落入"中等收入陷阱"的风险；其次将成功跨越者和失败落入者进行比较，结合中国实际情况，总结可供中国吸取借鉴的启示。

辩证唯物主义和历史唯物主义的分析方法。在真实客观地研究跨越"中等收入陷阱"和落入"中等收入陷阱"经济体实际情况的基础上，始终坚持"两点论""两分法"，辩证地分析和把握跨越"中等收入陷阱"经济体成功经验和落入"中等收入陷阱"经济体的失败教训，力求做到既看到成功，又看到问题，既看到教训，也发现其可取之处。在分析和解决中国跨越"中等收入陷阱"时，将历史唯物主义观点贯穿其中，从理论和实践中始终坚持以人民为主体的思想。

四、创新与不足之处

（一）可能的创新

1. 通过考察面临中等收入陷阱典型经济体的历史过程，力求从事实中总结和归纳跨越中等收入陷阱经济体的成功经验以及落入中等收入陷阱经济体的失败教训，提高对中等收入陷阱问题整体性和系统性认识。

2. 论证了新发展理念是在借鉴新兴经济体跨越中等收入陷阱经验教训的基础上，依据中国的时代特征和国情特点，集中全党智慧创造性地提出以人民为中心的新发展理念。但是它不是其他国家社会实践的再版，也不是国外现代化的翻版，而是依据特定历史和现实条件下的"中国方案"。

（二）不足之处

1. 由于本书属于世界经验研究，选取了日本、亚洲四小龙以及拉美和东南亚的一些国家，因此在资料的获取上存在语言障碍而造成资料缺失或不全面的现象，从而可能影响本书论证的准确性。

2. 中等收入陷阱的问题首先是经济领域的问题，本文从社会、政治等因素出发，将中等收入陷阱纳入中国共产党新发展理念的范畴，从经济学角度分析，涉及经济发展中的原因、对策等问题缺少相关的定量研究，由此而引发问题简单化在所难免。

　　3. 本书涉及的领域比较广泛，论及挑战以及分析原因比较全面，由此显得面面俱到而重点不够突出，这是本书需要深化的地方。

第一章

本研究论题的相关概念及基础理论

"中等收入陷阱"反映的是一国达到中等收入水平后经济增速放缓，增长动力不足，发展战略失当，宏观政策、社会矛盾激化等一系列问题。我们研究"中等收入陷阱"，首先厘清相关概念，在此基础上，探讨与研究论题相关的基础理论，即从发展思想理论来看，其最直接的理论是马克思主义关于发展的思想；从经济学的学科分类来看，与之联系最密切的是发展经济学；从现代文明发展的方式来看，现代化理论可以对"中等收入陷阱"作出相当的解释。

第一节　概念界定

在对"中等收入陷阱"的众多讨论中，其概念如何界定并无定论，要理解把握这个概念，涉及对什么是中等收入、什么是中等收入国家、什么是中等收入阶段等问题的探讨。

一、中等收入

如何界定"中等收入"概念，直接关系着如何理解中等收入国家和中等收入阶段。那么，对"中等收入"概念，不同学者根据不同的研究目的往往作出不同的定义。《现代汉语词典》把"中等收入"定义为"上等收入、下等收入之间的收入水平"。应该说，"中等收入"是一个受时间和空间限制的相对概念。就时间限制而言，任何一个经济体在不同的历史时期和发展阶段都有不同的标准，收入水平会受经济体的经济发展水平、科技水平以及社会发展状况的影响而定，因而中等收入也会有一个对应的标准。就空间限制而言，同一个时期在不同的地域表现出不同的收入标准。就一国范围来说，有城市和农村之分，也有不同发达程度的区域之分；就全球范围来说，是不同经济发展程度经济体收入水平的综合。具体的分类标准，取决于不同的研究内容和目的。

本书在借鉴国内外学者对中等收入概念界定的基础上，主要从发展经济学意义上讨论"中等收入"，讨论"中等收入"，也需要了解"中等收入发展阶段"及"中等收入国家（经济体）"等相关概念。具体来说，所谓中等收入，地域选取上以全球范围内各个经济体为主体，时间选取上以同一时期的经济发展水平为背景，采用阿特拉斯法计算出的各经济体人均 GNI 为核心的指标进行排序，那么最高及最低人均 GNI 指标所形成的区间标准即位于中等位次。① 而中等收入所对应的这个发展阶段，即为中等收入发展阶段，就是指某经济体在发展过程中，按照当年人均 GNI 在全球的动态排序，从步入中等收入最低区间标准到跨越最高区间标准的整个经济发展阶段。② 所谓中等收入国家（经济体），就是指经济发展已经度过低收入阶段，但还未达到高收入水平，仍然处于中等收入阶段的国家（经济体）。③ 可见，"中等收入"是理解其他两个概念的基础。

正如上述提到中等收入是受时间和空间限制的相对概念，我们在时间范围选择来看，为了确保研究的准确性，就需要放在中长期的视角中去考察中等收入。因而，在世界银行分组标准下，中等收入既是一个动态概念，也是一个相对概念。分组划分的收入标准可分为两种：一是绝对收入标准；二是相对收入标准。第一种绝对收入标准使用较广泛，即世界银行采用阿特拉斯法计算的人均收入 GNI 分组法，按经济体收入水平进行分组：低收入（LIC）、下中等收入（LMC）、上中等收入（UMC）和高收入。这种分组根据通货膨胀率和汇率逐年调整，而产生相应的分组指标（如表 1-1 所示）。我们可以看出，对一经济体而言，其组别和排位是动态变化的，表示它与全球经济体发展的相对水平"中等

① 贾康、苏景春：《中国的坎——如何跨越中等收入陷阱》，中信出版集团，2016，第 16 页。

② 苏京春：《中等收入阶段福利赶超与经济赶超：概念、逻辑及前车之鉴》，《财政研究》2011 年第 11 期。

③ 傅缨捷：《产业结构转型与跨越中等收入陷阱——基于贸易和金融维度的研究》，对外经济贸易大学出版社，2016，第 67 页。

水平"的标准会随着社会发展不断调整。比如，2015 年世界银行对各经济体最新分组指标是：人均 GNI 小于或等于 1025 美元，划为低收入的经济体；在 1026 美元至 12475 美元区间内，划为中等收入的经济体，其中 1026～4035 美元之间为中低等收入经济体，4036～12475 美元之间为中高等收入经济体；大于 12475 美元，划为高收入的经济体。

表 1-1　世界银行人均收入（按照 Altas 计算）分组指标（2000—2015）单位：美元

年份	低收入国家（LIC）	下中等收入（LMC）	上中等收入（UMC）	高收入国家
2000	[0, 755]	[756, 2995]	[2996, 9265]	[9266, +∞]
2001	[0, 745]	[746, 2975]	[2976, 9206]	[9206, +∞]
2002	[0, 735]	[736, 2935]	[2936, 9075]	[9076, +∞]
2003	[0, 765]	[766, 3035]	[3036, 9385]	[9386, +∞]
2004	[0, 825]	[826, 3255]	[3256, 10065]	[10066, +∞]
2005	[0, 875]	[876, 3465]	[3466, 10725]	[10726, +∞]
2006	[0, 905]	[906, 3595]	[3596, 11115]	[11116, +∞]
2007	[0, 935]	[936, 3705]	[3706, 11455]	[11466, +∞]
2008	[0, 975]	[976, 3855]	[3856, 11905]	[11906, +∞]
2009	[0, 995]	[996, 3945]	[3946, 12195]	[12196, +∞]
2010	[0, 1005]	[1006, 3975]	[3976, 12275]	[12276, +∞]
2011	[0, 1025]	[1026, 4035]	[4036, 12475]	[12476, +∞]
2012	[0, 1035]	[1036, 4085]	[4086, 12615]	[12616, +∞]
2013	[0, 1045]	[1046, 4125]	[4126, 12745]	[12745, +∞]
2014	[0, 1045]	[1046, 4125]	[4126, 12735]	[12735, +∞]
2015	[0, 1025]	[1026, 4035]	[4036, 12475]	[12475, +∞]

数据来源：根据世界银行数据测算整理。

　　第二种相对收入标准的分组。即把美国作为衡量其他经济体经济增长的参照国。学界依据这一标准也进行了相关的研究。美国经济学家克莱（Kremer）等人利用一国或地区的人均收入与美国人均收入之比作为划分标准，将经济体与美国收入百分比的 1/16、1/8、1/4、1/2 作为低、中低、中中、中高和高收入组的分界值。① 世界银行专家加百利（Gabriel）和罗森布拉特（Rosenblatt）将收入组别分界值定为15%、30%、45%和60%。② 最为有名的是马来西亚籍经济学家胡永泰（Woo）提出的赶超指数（Catch-up Index）的概念，指数介于20%~55%的国家认定为中等收入国家，低于20%与高于55%的国家分别认定为低收入国家与高收入国家。③ 这种划分方法有效性依赖于美国经济的平稳增长，赶超指数随着美国经济相应波动，而并不能反映该国经济增长的任何信息。

　　根据世界发展报告提供的从20世纪80年代初期以来的经济发展情况，按照世界银行划分的标准，我们对中等收入阶段的经济体进行了简单的基本归纳（见表1-2）。

表1-2　20世纪80年代以来中等收入经济体发展情况

国家类别		国名
始终是中等收入经济体	始终是中高收入国家（地区）	约旦，马来西亚，巴拿马，巴西，墨西哥，阿尔及利亚，伊拉克，阿根廷，南非，南斯拉夫（注），委内瑞拉，加蓬
	始终是中低收入国家（地区）	苏丹，毛里塔尼亚，也门，莱索托，玻利维亚，印度尼西亚，赞比亚，洪都拉斯，埃及，萨尔瓦多，巴布亚新几内亚，菲律宾，尼日利亚，摩洛哥，喀麦隆，尼加拉瓜，科特迪瓦，危地马拉，刚果（布），巴拉圭，安哥拉，蒙古国
	自中低收入国家升为中高收入国家（地区）	安哥拉，博茨瓦纳，毛里求斯，黎巴嫩，土耳其，突尼斯，哥伦比亚，秘鲁，厄瓜多尔，哥斯达黎加，多米尼加，牙买加，纳米比亚，泰国
	自中高收入国家降为中低收入国家（地区）	叙利亚，伊朗

① Kremer Michael, Alexei Onatski, James Stock, "*Searching for Prosperity*", (NBER Working Paper Series 8250, 2001), pp. 275, 303.

② Fernando GabrielIm, David Rosenblatt, "*Middle-Income Traps: A Conceptual and Emprical Survey*", (World Bank Policy Research Working Paper 6594, 2013), pp. 1-38.

③ Woo, W. T., "*China Meets the Middle-income Trap: The Large Potholes in the Road to Catching-up*", (Journal of Chinese Economy and Business Studies, Vol. 10, No. 4, 2012), pp. 313-336.

国家类别		国名
自中等收入升为高收入经济体	自中高收入升为高收入国家（地区）	葡萄牙，希腊，以色列，韩国，中国香港（地区），新加坡，智利，中国台湾（地区），乌拉圭，特立尼达和多巴哥
自低收入升为中等收入经济体	自低收入国家升为中低收入国家（地区）	越南，老挝，斯里兰卡，印度，巴基斯坦
	自低收入国家升为中高收入国家（地区）	中国
自中等收入降为低收入经济体		利比里亚，津巴布韦，刚果（金），塞内加尔
自高收入降为中等收入经济体		利比亚

资料来源：历年《世界发展报告》。

从表1-2中可以看出，以中等收入经济体为准，有始终属于中等收入经济体，也有中等收入升为高收入经济体，低收入升为中等收入经济体，当然也有自中等收入降为低收入经济体，或者高收入降为中等收入经济体。中高收入经济体主要是一些拉丁美洲经济大国、部分中东国家和少数经济发展水平突出的非洲国家，还有一些上中等收入经济体成功进入高收入经济体行列，主要包括亚洲"四小龙"、部分南欧国家以及少数拉丁美洲国家。中国是唯一在这一阶段实现从低收入升至上中等收入的经济体。

二、中等收入陷阱

（一）中等收入陷阱概念界定

关于什么是中等收入陷阱，目前并没有被广泛接受的统一定义。追溯中等收入陷阱（Middle Income Trap，MIT）渊源，是美国经济学家加勒特（Garret）于2004间接提出的。第一次正式提出中等收入陷阱概念，则是2006年供职于世界银行的经济学家吉尔（Gill）与卡拉斯（Kharas）基于要素集聚的增长策略可能导致逐渐恶化的结果。2011年世界银行前任行长佐利克（Robert Zoellick）倡导的中国 2030 项目的启动，引起了人们对中等收入陷阱的普遍关注和研究。

世界银行发布的《东亚经济发展报告（2006）》，"使各经济体赖以从低收入经济体成长为中等收入经济体的战略，对于他们向高收入经济体攀升是不能够重复使用的，进一步的经济增长被原有的增长机制锁定，人均国民收入难以突破 10000 美元的上限，一国很容易进入经济增长阶段的停止徘徊期"。在这个概念基础上引发的对"中等收入陷阱"的不同理解和讨论不胜枚举，迄今为止的文献主要用五种方法来定义。

一是使用某个收入水平作为中等收入陷阱的评价标准。任冠军把"中等收入陷阱"描述为，新兴经济体在进入人均 GDP 4000 美元的中高等收入阶段后，高速发展时期积累的各种矛盾和问题在此阶段会集中爆发，导致迟迟无法顺利进入高收入国家的现象。[①] 二是使用描述性的定义。例如，世行东亚与太平洋地区高级经济学家米兰·布拉姆巴特（Milan Brahmbhatt）通过描述东亚地区的经济增长，指出"中等收入陷阱的概念是，使各国赖以从低收入国家成长为中等收入国家的战略，对于他们向高收入攀升是不够的"。[②] 三是使用相对收入水平来作为衡量标准。例如世界银行发布的中国 2030 报告（2012）中，中等收入陷阱的门槛标准设定为美国人均 GDP 的 5% 到 45%。四是用经济体迈向高收入行列花费的时间来衡量。例如，经济学家费利佩（Felipe）将处于中低收入水平 28 年以上或者处于中高收入水平 14 年以上的经济体归类为陷入中等收入陷阱。蔡昉认为"比起较富或较穷的国家，中等收入国家的增长会相对较慢"。五是通过创建参考指数或指标来评估一国是否陷入中等收入陷阱。这种定量研究试图避免划分阶段的主观性和不可避免会出现的各种问题，例如马来西亚籍经济学家胡永泰（Woo）等提出了追赶指数来评估是否落入陷阱，以美国追赶指数的 50% 左右为基准，如果一经济体在此生活水平上停留了 20 年以上的时间，即判定陷入中等收入陷阱。再如英国经济学家霍克斯沃斯（Hawksworth）提出的逃逸指数，由包含了经济、社会、通讯、政治法律与环境在内的 20 个关键指标组

---

① 任冠军：《日韩如何跨越中等收入陷阱》，网易财经，2011-3-2，http://www.360doc.com/content/11/0309/10/3603478_99453617.shtml，查询日期：2018 年 2 月 2 日。

② 单羽青：《东亚下一轮挑战是避开中等收入陷阱》，《中国经济时报》2007 年 4 月 6 日，第 2 版。

成的评价标准来判定是否落入中等收入陷阱。①

尽管学界和媒体对"中等收入陷阱"（Middle Income Trap）的理解不尽相同，但更多学者认同的定义是，当一个经济体人均收入达到中等水平后，由于原有经济增长机制锁定，导致增长动力不足，最终在经济发展和社会发展方面必然会遇到发展陷阱。本书对中等收入陷阱的界定也基于此，源于经济增长，但不限于经济增长方面，即一个国家在进入中等收入阶段后，由于不能顺利实现经济增长方式的转变，导致经济增长动力不足，在经济、政治和社会等领域面临一系列严峻挑战，无法进一步成为高收入国家，长期停留在中等收入水平的一种困境状态。②

（二）按是否跨越"中等收入陷阱"的经济体分类

前面对什么是中等收入以及中等收入陷阱做了界定，列举了处于中等收入阶段的经济体。按是否跨越"中等收入陷阱"为研究参考，大体上分为三大类经济体：成功跨越"中等收入陷阱"的经济体、落入"中等收入陷阱"的经济体和可能面临"中等收入陷阱"的经济体。

表1-3　主要经济体跨越"中等收入陷阱"的时点

经济体	跨越"中低收入陷阱"		跨越"中高收入陷阱"	
	时点	所花年限	时点	所花年限
日本	1962—1971 年及以前	—	1971—1978 年	8 年
韩国	1974—1984 年	11 年	1984—1993 年	10 年
以色列	1962—1971 年	—	1971—1988 年	18 年
新加坡	1962—1974 年	13 年	1974—1984 年	11 年
中国香港	—	—	1974—1986 年	13 年

---

① 张明：《中等收入陷阱究竟是什么?》，http://blog.sina.com，查询日期：2018 年 2 月 12 日。

② Pruchnik, Kamil, Zowczak, Jakub: "*Middle-IncomeTrap: Review of the Conceptual Framework*", （ADBI Working Paper Series. October 2017）, pp. 1-35.

经济体	跨越"中低收入陷阱"		跨越"中高收入陷阱"	
	时点	所花年限	时点	所花年限
西班牙	1962—1973 年	12 年	1973—1988 年	16 年
葡萄牙	1964—1974 年	11 年	1974—1992 年	19 年
意大利	1963—1977 年	15 年	1977—1987 年	11 年
智利	1971—1994 年	14 年	1994—2012 年	9 年
阿根廷	1962—1988 年	27 年	1988—	—
巴西	1975—1995 年	21 年	1995—	—
哥伦比亚	1979—2007 年	29 年	2007—	—
墨西哥	1973—1992 年	20 年	1992—	—
印度尼西亚	2003	—	—	—
马来西亚	1977—1995 年	19 年	1995—	—
泰国	1988—2008 年	21 年	2008—	—
菲律宾	1994—	—	—	—
中国	2001—2010 年	10 年	2010—	—

注：此时点采用世界银行 2009 年的收入分组标准为准，即中低等收入标准为 995 美元，中高等收入标准为 3946 美元，高收入标准为 12196 美元。

数据来源：世界银行网站。

1. 成功跨越"中等收入陷阱"的经济体

成功突破"中等收入陷阱"的国家大体可分为三组。日本和"亚洲四小龙"是国际公认的成功跨越"中等收入陷阱"的经济体。葡萄牙、希腊和以色列则为欧洲经济体中经济发展起步相对较晚，但其制度环境和人力资本等方面与传统欧美发达国家类似，曾一度是处于中等收入区间的国家。智利和乌拉圭则为拉美国家中率先且新近（2012 年）进入高收入行列的国家。可以说，日本和"亚洲四小龙"无论在发展模式还是发展时间上更具有典型性和借鉴意义。同时，其发展历程更能说明，确实是少数国家在恰当的时间实施了恰当的发展战略，因而在一个不长的时间，避免陷入中等收入陷阱，顺利成为高收入经济体。

2. 落入"中等收入陷阱"的经济体

落入"中等收入陷阱"的经济体大体可分为两组:一组是多数拉丁美洲国家。多数拉美国家在 20 世纪 70 年代末期人均 GDP 超过 1000 美元。然而从 20 世纪 80 年代起,经济发展就处于停滞或徘徊状态。从表 1-3 中可见,以阿根廷、巴西和墨西哥等为代表的拉丁美洲国家,早在 20 世纪 80 年代末 90 年代初进入上中等收入阶段以后,经济增长始终未取得实质进展,成为落入"中等收入陷阱"的典型地区。

另一组是部分东南亚等国家和地区。与巴西类似,马来西亚在 1995 年进入上中等收入阶段以后,经济增长也处于止步不前状态,与此类同的还有泰国、菲律宾、印度尼西亚等国家,因此这些国家也是东南亚地区落入"中等收入陷阱"的典型代表。

3. 中国处于突破"中等收入陷阱"的关键期

中国改革开放以来,在 1978 年人均 GDP 仅为 155 美元的起点上,用了 23 年时间,于 2001 年,人均收入突破 1000 美元(1024 美元),成功进入下中等收入阶段。9 年后的 2010 年底,中国人均国民收入达到 4260 美元,突破下中等收入国家的上限 3975 美元,进入上中等收入国家行列。然而,中国在上中等收入阶段面临的问题更加复杂和多变,在我国国内经济和社会发展转型的重要时期,如何调整经济结构、转变发展方式,实现经济可持续发展以顺利跨越"中等收入陷阱"是中国迫切需要解决的问题。

综上来看,在各国的发展历程中,"中等收入陷阱"是个普遍的现象。近几十年来,只有少数的几个国家能够跨越"中等收入陷阱",那么跨越"中等收入陷阱"经济体有哪些经验?落入"中等收入陷阱"经济体有哪些教训?如何借鉴这些经验教训?对于已经成功从低收入阶段迈入中等收入阶段,但距离高收入国家尚有距离的经济体(比如中国)来说,中国是否有落入"中等收入陷阱"的风险?如果可以跨越"陷阱",如何来证明?这些都是值得探讨的课题。本书将尝试对这些问题展开剖析和讨论。

第二节　马克思主义关于发展的思想

马克思主义关于发展的思想是"中等收入陷阱"直接的理论资源，尤其是关于社会生产力的发展和人的自由全面发展是与"中等收入陷阱"紧密相关的理论。

一、生产力的发展在社会发展中的作用

在马克思看来，物质生产劳动是人类社会活动的核心内容和生存基础，生产力的发展也决定了一切社会关系的变化。

物质生产劳动是人类社会活动的核心内容和生存基础。人类之所以能区别于其他一切动物，其主要标志就是劳动。人类在从事物质生产劳动的时候，生产出了能够满足人们生存的必需品。在这个过程中人与自然界进行物质交换的能力就是生产力。在劳动的基础上，人类的生产技能不断提高，生产经验不断增加，社会成员的联系更加紧密，从而促成了语言的产生，与此同时，人类的意识也相应得到了发展。于是，不同的社会关系在劳动中逐渐形成并日益丰富。因此，恩格斯说"劳动创造了人本身"。[①]

生产力的发展决定了一切社会关系的变化。马克思指出："劳动主体所组成的共同体，以及以此共同体为基础的财产，归根到底归结为劳动主体的生产力发展的一定阶段，而和该阶段相适应的是劳动主体相互间的一定关系和他们对自然界的一定关系。"[②] 表明生产力对社会存在和历史发展存在决定性作用，一切社会因素的起源问题都源于生产力，生产力是理解社会历史规律的一把钥匙。恩格斯《在马克思墓前的讲话》中概括了马克思一生的伟大发现，他说"正像达尔文发现有机界的发展规律一样，马克思发现了人类历史的发展规律"，[③] 这

[①] 马克思、恩格斯：马克思恩格斯文集（第9卷），人民出版社，2009，第550页。

[②] 马克思、恩格斯：马克思恩格斯全集（第46卷）上，人民出版社，1979，第495—496页。

[③] 马克思、恩格斯：马克思恩格斯文集（第3卷），人民出版社，2009，第601页。

个发现就是唯物史观。按照唯物史观的观点，人类历史的发展归根结底取决于生产力的发展。在马克思看来，社会发展和自然界一样，都有自己内在的客观规律。社会发展客观规律以物质生产为基础，社会的政治、文化、科学、艺术、宗教等上层建筑都是建立在物质基础之上的。因此，唯物史观的根本观点就是生产力的决定性，理解了生产力的决定作用，才是理解一切社会关系的变化的根本。

突出强调科学技术的作用。马克思、恩格斯尤其重视科学技术的作用，他们在《共产党宣言》中指出，"资产阶级在它不到一百年的阶级统治中所创造的生产力，比过去一切时代创造的全部生产力还要多、还要大。自然力的征服，机器的采用，化学在工业和农业中的应用，轮船的行驶，铁路的通行，电报的使用，整个大陆的开垦，河川的通航，仿佛用法术从地下呼唤出来的大量人口——过去哪一个世纪料想到在社会劳动里蕴藏有这样的生产力呢？"[1] 在科学技术日新月异的现代社会，科学研究水平和技术进步及应用成为生产力发展和物质财富的决定力量。这种趋势发展到一定程度，将会出现这样的情况："人不再从事那种可以让物来替人从事的劳动。"[2] 机器代替的不仅仅是人类的体力劳动，人类的脑力劳动也将在越来越大程度上被机器所代替，这种相互作用的过程最终会使科技成为人类劳动过程的基础。可见，马恩对科学技术推动生产力的发展给予了充分关注，在他们看来，科学技术将是引起社会变革的决定力量。

二、人的自由全面发展

实现每个人自由而全面的发展是马克思主义核心价值目标。马克思、恩格斯在《共产党宣言》中明确指出：未来共产主义新社会，"代替那存在着阶级和阶级对立的资产阶级旧社会的，将是这样一个联合体，在那里，每个人的自由发展是一切人的自由发展的条件"。[3] 可见，实现每个人自由全面发展既是《共产党宣言》的基本思想，也是整个马克思主义学说的价值目标。

---

[1]　马克思、恩格斯：马克思恩格斯选集（第1卷），人民出版社，2012，第405页。
[2]　马克思、恩格斯：马克思恩格斯文集（第8卷），人民出版社，2009，第69页。
[3]　马克思、恩格斯：马克思恩格斯选集（第1卷），人民出版社，2012，第422页。

（一）人的自由全面发展的内涵

马克思认为人的自由全面发展就是人的本质的发展。用马克思的话来说，即"人以一种全面的方式，也就是说，作为一个完整的人，占有自己的全面的本质"。① 可以说，在马克思主义理论体系中，人的自由全面发展包括五个方面内容。

一是人的能力的全面发展。人是社会的主体，社会的进步取决于人的能力的全面发展。人的全面发展要成为可能，"能力的发展就要达到一定的程度和全面性"。② 人的全面发展是"作为目的本身的人类能力的发展"③，每个人都可以按照自己的能力来自由地选择劳动领域和劳动种类，只有实现了单个个体或某一群体的能力的全面发展，才能实现社会全体成员能力的全面发展。

二是人的社会关系的全面发展。马克思指出，"人的本质不是单个人所固有的抽象物，在其现实性上，它是一切社会关系的总和。"④ 社会关系是影响人全面发展的外部条件。正是在这个意义上，马克思指出："个人的全面性不是想象的或设想的全面性，而是他的现实关系和观念关系的全面性。"⑤ 因此可见，社会关系如何决定着人的自由全面发展程度如何。

三是人与自然的关系和谐。马克思、恩格斯把人与自然的关系看作是一个对立统一体。人类和自然通过相互的物质、能量、信息的交换来改造自然、创造自然。但是，人类往往是从自己的直接利益出发去征服自然，从而破坏了自然生态平衡。恩格斯指出，人类征服自然的每一次胜利都导致了自然界冷酷无情的报复。他告诫人类，"不要过分陶醉于我们人类对自然界的胜利。对于每一次这样的胜利，自然界都对我们进行报复。每一次胜利，起初确实取得了我们预期的结果，但是往后和再往后却发生完全不同的、出乎预料的影响，常常把最初的结果又消除"。⑥ 人和自然的中介是社会，社会性质决定了人与自然的关

---

① 马克思、恩格斯：马克思恩格斯全集（第42卷），人民出版社，1979，第123页。
② 马克思、恩格斯：马克思恩格斯全集（第46卷上），人民出版社，1979，第108页。
③ 马克思、恩格斯：马克思恩格斯全集（第25卷），人民出版社，1979，第927页。
④ 马克思、恩格斯：马克思恩格斯选集（第1卷），人民出版社，2012，第135页。
⑤ 马克思、恩格斯：马克思恩格斯全集（第46卷下），人民出版社，1979，第36页。
⑥ 马克思、恩格斯：马克思恩格斯文集（第9卷），人民出版社，2009，第559—560页。

系。只有到了共产主义社会，才能真正解决人和自然这一对对立统一体的矛盾，实现人和自然和谐共生。

四是人的需要的全面发展。人的需要体现了人全部活动的动力和目的。马克思、恩格斯在著作中有"多方面的需求""丰富的、人的需要""人的需要的丰富性"等提法。可见，马克思、恩格斯从质的角度强调了人的需要，他们提出"任何人如果不同时为了自己的某种需要和为了这种需要的器官而做事，他就什么也不能做"。① 马克思认为人的需要只有到了生产力高度发达的共产主义社会才能得到真正满足。因此，需要的满足程度是衡量人的全面发展程度的重要参考指标。

五是人的自由个性的全面发展。人的自由全面发展是人的发展的最高阶段和最高境界。人的能力和社会关系的发展是为形成和发展自由个性服务的。自由发展是指每个人的发展不是出于外力的强迫，而是出于人内在的需要和自主的选择。马克思认为，在"自然共同体"中人与人的依赖导致个性不突出；在"经济的共同体"中，人对物的依赖，束缚和压抑了人的个性；只有在"联合体"中，才能塑造出与社会关系、交往条件相适应的，自由、自主发展的个人。共产主义社会将是各具个性的自由人的联合体，个人的独特性、自主性、完整性和全面性都将得到充分的展现，"社会的每一成员都能完全自由地发展和发挥他的全部才能和力量"。②

（二）人的自由全面发展的实现途径

马克思将人的自由全面发展这一理想建立在唯物史观基石之上，主要从生产力、生产关系、制度和教育等方面探求人的自由全面发展的路径。

一是生产力的高度发展是实现人的自由全面发展的首要条件。马克思、恩格斯指出："我们首先应当确定一切人类生存的第一个前提，也就是一切历史的第一个前提，这个前提是：人们为了能够'创造历史'，必须能够生活。但是为了生活，首先就需要吃喝住穿以及其他一些东西。"③ 生产力的高度发展"保证

---

① 马克思、恩格斯：马克思恩格斯全集（第3卷上），人民出版社，1979，第286页。
② 马克思、恩格斯：马克思恩格斯全集（第42卷），人民出版社，1979，第373页。
③ 马克思、恩格斯：马克思恩格斯选集（第1卷），人民出版社，2012，第158页。

他们的体力和智力获得充分的自由的发展和运用"①。如果人与自然的交换能力即生产力水平低下,"那就只会有贫穷、极端贫困的普遍化;而在极端贫困的情况下,必须重新开始争取必需品的斗争,全部陈腐污浊的东西又要死灰复燃"。② 因此,人的自由全面发展是生产力高度发展的产物,也正因为生产力的高度发展,从而为人的自由全面发展提供了支配自由时间的可能。马克思非常重视自由时间的重要性,在"批判旧世界"的逻辑过程中产生了自由时间的理论。他认为, "时间是人类发展的空间。一个人如果没有自己处置的自由时间……,他就还不如一头役畜。"③ 可见,生产力的高度发展,进而获得"自由时间"的支配,是整个人类自由全面发展的基础和条件。

二是生产关系的变革是人的自由全面发展的根本条件。实现人的自由全面发展实现的前提就是消灭私有制,生产资料的共同占有。而生产资料归谁占有即生产资料所有制是生产关系中最基本、最具有决定意义的因素。在马克思看来,资本主义的所有制是少数资本家私人占有生产资料,而高度发展的社会化大生产要求实现生产资料的社会占有,否则就会束缚生产力的进一步发展,进而影响人的发展。正如马克思、恩格斯在《共产党宣言》中指出的:"从这个意义上说,共产党人可以用一句话把自己的理论概括起来:消灭私有制。"④ 因此,只有实现生产资料由资产阶级占有转为社会占有,排除少数人因占有生产资料而占有他人劳动成果的可能性,消除阶级和阶级对立,消除旧的分工,从而消除人异化,促进人的本质复归和人的全面发展。由此可见,人类社会的历史是生产资料所有制不断变革的历史,也是不断走向人的自由全面发展的历史。

三是在实践中加强教育是促进人的自由全面发展的重要途径。教育是培养人、塑造人的一种重要手段,教育可以提高人的基本素质,是人获取知识和掌握技能的重要途径。马克思一向重视教育的作用,在他看来,要使人获得自由全面发展,还必须实施自由全面发展的教育,就是要"全面地发展自己的一切能力"。因此,马克思明确指出:"要改变一般的人的本性,使它获得一定劳动

---

① 马克思、恩格斯:马克思恩格斯选集(第3卷),人民出版社,2012,第814页。
② 马克思、恩格斯:马克思恩格斯选集(第1卷),人民出版社,2012,第166页。
③ 马克思、恩格斯:马克思恩格斯选集(第2卷),人民出版社,2012,第61页。
④ 马克思、恩格斯:马克思恩格斯选集(第1卷),人民出版社,2012,第414页。

部门的技能和技巧,成为发达的和专门的劳动力,就要有一定的教育和训练。"① 可见,在实践中加强教育是人类获取知识和经验的重要途径,也是开发人类潜能的重要手段。

综上,马克思以实现人的自由全面发展为根本理论宗旨和价值原则,以对人的解放与自由的诉求为坐标,建构起了自己的理论大厦,是一个完整、科学的人的解放理论。马克思主义发展观的理论比较丰富。本书选取了生产力的决定作用以及促进人的自由全面发展等观点,来作为研究"中等收入陷阱"论题的直接理论资源,明确经济发展是一切发展的前提和基础,在经济发展基础之上,带来的是政治关系、社会关系等生产关系的变革。而实现人的自由全面发展是经济社会发展的最终指向,这与研究跨越"中等收入陷阱"的价值目标是相契合的。

第三节   发展经济学理论

从经济学的学科分类来看,并没有哪一个经济学的分支能够涵盖"中等收入陷阱"所有问题。不同发展阶段、不同收入水平的国家往往面临着不同的问题,而要解决这些问题需要不同的发展战略和政策措施。经济发展中出现的问题,可以通过在不同发展阶段由不同思想占支配地位的发展经济学理论的演变来考察。

一、发展经济学的形成和繁荣

20 世纪五六十年代是发展经济学繁荣与大发展的时期,第二次世界大战后,刚刚取得政治独立的发展中国家迫切需要发展经济,摆脱经济上对帝国主义的依附地位。此时,不管是在工业国,还是在发展中国家,都缺乏相关的理论准备,因而发展经济学家大都把发展中国家今天的发展问题看作是与过去发达国家历史进程中相同的问题。尽管这一时期的经济发展理论百花齐

---

① 马克思、恩格斯:马克思恩格斯全集(第 23 卷),人民出版社,1979,第 195 页。

放，但却由于缺乏对发展中国家经济问题的透彻认识和了解，在理论运用的时候并没有产生预期的结果。在这一时期，最具代表性的是罗斯托的经济成长阶段理论、刘易斯的二元经济结构和钱纳里的结构主义经验分析。

（一）罗斯托的经济成长阶段理论

"中等收入陷阱"的出现与经济发展阶段密切相关。著名的经济成长阶段理论是美国经济学家罗斯托（Walt W. Rostow）创立的。他提出：所有国家都必须经历一系列发展阶段，分别是传统社会阶段、为起飞创造条件阶段、起飞阶段、向成熟推进阶段、高额群众消费阶段以及追求生活质量阶段。此理论在解释成功跨越"中等收入陷阱"的经济体时是成功的，但是在解释长期于中等收入阶段徘徊的大多数经济体时显然遇到了障碍。那发展中国家能否按照罗斯托的经济成长阶段理论实现经济发展？利用此理论了解经济发展不同阶段的不同发展重点，有助于认识中等收入阶段的特征及发展趋势。

经济成长阶段理论包括六个阶段。第一个阶段是传统社会阶段。罗斯托认为，传统社会阶段是人类社会发展的最初形式。在这个阶段中，不存在现代科学技术，人们赖以生存的产业以农业为主，社会结构僵化，阻碍经济变革。他认为，旧中国的各个朝代、欧洲中世纪的各个国家都是传统社会阶段的代表。第二个阶段是为起飞创造条件阶段。这段时期的特点在于应用于农业和工业的新科学技术出现，中央集权的民族国家建立，处于一种新旧生产方法交替并存的时期，人均收入仍然增长缓慢。这一阶段的情况适用于中世纪处于崩溃的西欧，今天的大多数贫穷国家也处于这一阶段。第三个阶段是起飞阶段。这是经济发展的最关键阶段，"是现代社会生活的巨大分水岭"。[1] "起飞被定义是一种工业革命，和生产方法的剧烈改变直接有关，在比较短的一段时间期内产生有决定意义的后果。"[2] 对应经济史上的产业革命早期，需要具备较高的资本积累率，建立能带动经济增长的主导部门以及适应经济起飞的相应的政治、社会、经济体制变革三个条件，这一阶段常持续二三十年。美国和法国的起飞阶段发

---

① [美] 罗斯托：《经济增长的阶段——非共产党宣言》，郭熙保、王松茂译，中国社会科学出版社，2001，第 8 页。

② [美] 罗斯托（Walt W. Rostow）：《经济成长的阶段》，国际关系研究所编辑室译，商务印书馆，1962，第 59 页。

生在 1830 年后的 30 年中，德国发生在 1850 年后的 20 年中，日本则发生在 19 世纪的最后 20 年间。在最近的几十年中，一些比较发达的发展中国家（地区），如巴西、墨西哥、以色列等似乎已经进入和超越了起飞阶段，而大多数的发展中国家仍处于起飞前的准备阶段。第四个阶段是向成熟推进阶段。这一阶段是起飞阶段后的一个新阶段，是一个持续进步的时期。在这一阶段，现代技术波及经济活动的各个领域。历史上发达国家用了 40 年左右的时间完成这一阶段，大多数发展中国家还没有达到这一阶段。第五个阶段是高额群众消费阶段。生产耐用消费品和提供劳务成为这个阶段经济的主导方面，技术工人呈上升趋势，资源越来越多的用在了社会福利和保障方面，人们由基本的衣食住行需求开始转向追求更高水平的消费。在前五个成长阶段之后，增加了追求生活质量阶段。在这一阶段中，主导部门已经从耐用消费品的生产部门转移到以服务业和环境改造事业为代表的部门，这一阶段需要解决的主要问题是那些可能妨碍社会顺利发展的社会问题等。①

罗斯托的经济成长阶段从理论上解释了一国经济成长的内在规律及战略选择，尽管他的理论适用于解释完成工业化的西方各国，但对发展中国家在经济成长各个时期中可能遇到的问题依然有参考借鉴价值。

（二）刘易斯的二元经济结构

刘易斯于 1950 年代中期以发展中国家存在大量过剩的农业人口、经济部门内部与部门之间发展不平衡为基础，把发展中国家经济划分为现代城市工业和传统农村两部分，强调二者的结构差异并分析了结构转换过程，建立了所谓"二元经济结构"变动模型。二元经济结构是发展中国家普遍存在的一种现象，要想跨越"中等收入陷阱"，最终必须消除二元经济结构。中国二元经济结构目前处于刘易斯两个拐点之间，研究如何实现农业现代化、农村城镇化和城乡收入均等化，决定着我国能否跨越"中等收入陷阱"。刘易斯的二元经济结构主要观点如下：

1. 不发达经济是由传统部门和现代部门两个不同性质的经济部门组成的。

---

① ［美］罗斯托：《从起飞进入持续增长的经济学》，贺力平等译，四川人民出版社，1988，第58—65页。

传统部门采用的是手工为主的生产技术，就业的劳动力中会有相当部分的剩余劳动力。现代部门使用的是以大机器设备为主的资本集约型生产技术，市场化程度高，企业家只雇佣那些边际劳动生产率高于工资水平的劳动力，不存在剩余劳动力。刘易斯指出："我们发现，像矿业或电力业这种少数高度资本主义化的工业与原始的技术并存；少数高级商店处于大量老式商贩的包围之中；少数高度资本主义化的种植园处于农民的汪洋大海的包围之中。但是，我们还在他们的经济生活之外看到了同样的对照：有一两个拥有雄伟建筑物、自来水和交通之列的现代化城市，人们从那些几乎属于另一个星球的其他城镇和乡村涌向这些城市。而在人与人之间也有同样的对照：一方面是少数完全西方化的、衣冠楚楚的当地人……另一方面则是大量生活中完全另一个世界的乡下人。"[1]

2. 传统部门中存在大量的剩余劳动力。所谓剩余劳动力是指"劳动的边际生产率很小或等于零，甚至为负数"[2]。其流出对传统部门总产量的影响较小。刘易斯认为，现代产业的发展需要资本和劳动力两大生产要素。因为传统部门存在大量的剩余劳动力，故劳动力由传统产业部门供给。

3. 在其他条件不变的情况下，通过吸收传统部门的剩余劳动力，现代部门得以扩张。剩余劳动力转移到现代产业部门是为了追求较高的工资。维持生计部门的收入决定了资本主义部门工资的下限。因而，工资一般高于维持生存收入差额的30%左右。随着现代部门对传统部门内剩余劳动力的吸收，其供求结构最终发生本质性变化。在这种竞争经济的收入差别现象中，传统部门逐渐消失，生产技术的现代化逐渐形成，整个经济体系变成现代经济体系。工业化由此实现，国家从不发达经济变成发达经济。

总之，刘易斯的二元经济结构理论对于发展中国家在中等收入阶段存在的城乡二元经济结构问题，依然具有较强的针对性和解释力，特别是关于工业化、城镇化、城乡一体化发展等方面的政策仍对理论界有很强的吸引力。

（三）钱纳里的结构主义经验分析

美国经济学家钱纳里对发展中国家1950—1973年间的工业化经验和发展模

---

① 阿瑟·刘易斯：《二元经济论》，施炜等译校，北京经济学院出版社，1989，第8—9页。
② 阿瑟·刘易斯：《二元经济论》，施炜等译校，北京经济学院出版社，1989，第3页。

式进行了研究。其理论作为发展经济学利用外资的一种重要理论，对发展中国家的经济实践产生了很大影响，成为不少国家制定外资政策的理论依据。与本书相关的观点如下：

1. 经济结构同经济增长之间关系密切。即收入水平不同表现为经济结构的状况不同；经济结构发生转变也对经济增长产生影响。

2. 在准工业国家（地区）的工业化过程中，将经济模式分为外向型、中间型和内向型三种形式。通过研究指出，发展战略和增长因素密切相关，即越开放的经济，效率越高，全要素生产率对增长的贡献越大；不同的阶段要求采用不同的经济发展战略。钱纳里写道："在发展的初期，初级产品出口的增加可以在长时间内抵消实现工业化的内在要求……工业化处于发展的中期，这一时期发生了初级产品生产向制造业生产的重大转移。"[①] 可见，发展阶段变化要求经济发展战略进行相应的调整。

3. 国际和国内双重因素制约影响一个国家的发展战略。钱纳里指出了内向型（进口替代）战略和外向型（出口导向）战略之间的关系，他说，"一国在世界市场上能够成功地进行竞争、从而转向出口导向或外向型之前，需要有一个进口替代和深化投入—产出关系的时期"，[②] 同时他强调了这个时期的重点任务就是保护国内幼稚产业。如果进口替代战略向出口导向型战略转变，还需要具备其他的条件，诸如充足的外汇以及相当的人力资本供给。钱纳里特别强调国内和国际两方面对发展的制约因素。在他看来，发展中国家之间的发展水平之所以不同，在于与各自面对的国际和国内制约因素存在差异。有些因素国内不能控制，因而选择的发展模式未必相同，然而，在发展过程中可以确认一个几乎适合所有国家的发展模式。先进的发展中国家已成为高度一体化国际体系的一个组成部分，在这种情况下，若能够积极利用发达国家的资金、技术和工业品，适时地制造和扩大出口机会，发展中国家就能够以更快的速度完成结构转换。

---

① H. 钱纳里等：《工业化和经济增长的比较研究》，吴奇等译，上海三联书店，1989，第133—134 页。

② H. 钱纳里等：《工业化和经济增长的比较研究》，吴奇等译，上海三联书店，1989，第256 页。

钱纳里经济研究的特点是把经济发展研究与政策研究结合起来，论证政府调控经济排斥市场机制的结构主义政策思路，因而被称为计划学派，在中国经济界受到广泛关注。其结构主义理论对于分析拉美等落入"中等收入陷阱"经济体经济战略失误的教训以及日本和亚洲"四小龙"跨越"中等收入陷阱"的成功经验具有相当的解释力，其问题背后折射出在中等收入阶段，政府和市场作用发挥的程度和范围的界限何在？如何综合考虑国际环境和国内环境因素？研究跨越或落入"陷阱"的经济体，将有助于我们更好界定、理解和运用相关的政策。

二、新古典主义的复兴

第二个阶段是 20 世纪 60 年代中期到 80 年代初期，称之为新古典主义复兴时期。这里主要介绍与论题相关的新古典主义中舒尔茨的现代人力资本理论和激进主义的国际依附理论。舒尔茨的现代人力资本理论强调了人力资本在经济发展中的重要作用，尤其是创新型人力资本和教育培训为规避"中等收入陷阱"提供了思路。而激进主义的国际依附理论更能解释在全球化日益深入的今天，当越来越多的发展中国家选择外向型的经济模式，不但没有缩小与发达国家的差距，反而随着参与全球贸易程度的加深，双方的收入差距继续保持甚至出现加大的情况。尤其对于新兴国家或地区，在全球化过程的深化中，不断受到国际经贸规则的限制，制约其利用产业政策实现产业升级。因而，此理论为如何在国际规则和全球治理方面取得突破，从而摆脱"中等收入陷阱"提供了支撑。

（一）舒尔茨的现代人力资本理论

现代人力资本理论是 20 世纪 60 年代在西方发展经济学中迅速发展起来的一种理论，它主要探讨人口素质或质量的提高对经济发展的作用问题。主要代表人物是美国著名经济学家西奥多·舒尔茨（Theodore W. Schultz），其人力资本理论主要包括以下几点：

1. 古典劳动概念与现代劳动概念在研究经济增长理论时的区别。舒尔茨认为，古典劳动概念没有考虑人力资本因素，把劳动看作是只能从事体力劳动的能力，忽视了知识和技能。而现代劳动概念考虑了人力资本因素，研究现代经济增长只能使用现代人力资本概念。

2. 使用现代劳动概念的三个困境。一是在考虑资本—收入比率长期变动时，传统经济学只考虑了物质资本，未考虑到人力资本甚至比非人力资本高得多的速度增长，因此，这种资本—收入比率是不正确的。二是经济增长的总量大于土地、劳动工时和再生产性资本存量三者结合起来的总和。这种差额最主要是人力资本进步产生的。三是轻视人力资本的投入。贫穷国家极度缺乏资本，追加资本正是使他们更迅速地取得经济增长的关键。但是"新的外国资本通常被用于建筑物、设备，有时也被用来购置存货，而一般不被用来增加人力投资。因此，人的能力与物质资本不同步，而变成经济增长的限制因素。所以，仅仅增加某些非人力资源，资本吸收率必然低下"。①

3. 人力资本投资的内容。舒尔茨认为人力资本投资包括四个方面：一是医疗和保健。即凡是用于影响人力资源的寿命、力量、精力和活力的费用。二是教育方面的投资。即用于提高人的智力、知识、能力和技术水平方面的投资，包括学校教育、职业培训和专门技能训练等费用支出。三是劳动力国内流动的费用。即用于国内劳动力最大限度提高使用效率的投资。四是移民入境的支出。移民入境省去了本国的生育、抚养和教育费用支出。

现代经济增长中无法忽视人力资本的作用，尤其像我国正面临"中等收入陷阱"的挑战，低成本劳动力的红利逐渐消失，提高人力资本的红利成为促进发展的新机遇。

(二) 激进主义经济发展理论

激进主义经济发展理论的代表人物有美国经济学家弗兰克（Andre Gunder Frank）、阿里吉（Giovanni Arighi）和阿根廷经济学家普雷维什（Raul Prebisch）等。激进主义经济发展理论主要指对经济发展构成障碍的旧国际经济秩序，以及对这些国家自身存在的传统政治经济制度进行分析和批判。20世纪60年代末，在此理论基础上，出现了依附理论这种关于世界体系理论的宏观社会理论。激进主义思路的主要观点包括：

1. 对发展的理解。美国经济学家弗兰克认为当今世界已经不存在"传统"

---

① 西奥多·W·舒尔茨：《论人力资本投资》，转引自郭熙保主编：《发展经济学经典论著选》，中国经济出版社，1998，第298页。

与"现代"的划分，取而代之的是"发达"与"不发达"的概念。因为任何社会在世界资本主义世界经济一体化中不可能鼓励发展，在 1969 年出版的《资本主义与拉丁美洲的低度发展》中，他更尖锐地提出："过去产生不发达，现在仍旧产生不发达的就是世界和国家的资本主义。"①

2. 认为依附是发展中国家经济落后的重要原因。依附论是以普雷维什"中心—外围"说为基点提出来的，即在不平等的世界经济秩序下，主要生产工业品的中心国家凭借自己的军事和经济优势，利用对欠发达国家即外围国家的经济进行不平等的交换，使外围国家不得不依附于中心国家。当中心国家的生产率提高，并没有给外围国家带来利润，反而使外围国家受到了更大的损失和剥削。"当收入增加得比生产率多时，价格就是上升的，而不是下降的"。②

3. 运用阶级观点分析发展中国家经济落后的原因。依附论在解释 20 世纪 70 年代后新兴经济体在参与国际分工中所取得的经济发展时受到了局限。激进主义发展经济学家意识到仅从国际经济关系的外部因素寻找经济落后的原因是不够的，因此，又从发展中国家内部经济制度的分析入手，提出发展中国家经济落后的原因源于政府常常从维护统治阶级利益的角度出发来制定国家政策，而不是基于全体人民的利益，由此造成了政府干预经济等程度越大，对经济的损害也就越大。

激进主义理论在拉丁美洲受到了广泛关注，通过对发展中国家与发达国家的经济贸易关系和历史根源的考察，探索经济落后的原因有其合理性，但其缺陷在于对发展中国家内部生产方式的演变重视不够。

总的来说，激进主义对我们认识今天的世界经济格局依然有一定的理论意义。不平等的交换使发展中国家受制于发达国家是一个客观存在的事实，尤其当今全球化日益深入，国际环境对本国经济社会发展的影响愈加增强，运用此理论解释在中等收入阶段如何跨越"陷阱"依然具有指导意义。同时对于新兴经济体如何积极参与全球化治理提供了参考。

---

① A. G. 弗兰克：《拉丁美洲的资本主义和不发达状态》，每月评论出版社，1971，第 11 页。

② 普雷维什：《拉丁美洲的经济发展及其主要问题（1950 年英文版）》，转引自郭熙保主编：《发展经济学经典论著选》，中国经济出版社，1998，第 425 页。

三、新制度主义理论

第三个阶段从 20 世纪 80 年代中期至今，这个时期的发展经济学重点介绍关注制度建设的经济发展理论、新熊彼特创新理论以及新结构主义经济学。之所以重点介绍以上三个理论，是考虑到能否跨越"中等收入陷阱"，其原因往往具有综合性，其中既有经济层面资源配置方面的原因，也有制度转型障碍的原因。此阶段的三种理论可以较好地解释与"中等收入陷阱"相关的现象。

（一）以制度建设为核心的发展经济学

新制度主义理论的主要代表包括科斯（Ronald H. Coase）、诺思（Douglas North）及布坎南（James Buchanan）等经济学家。针对新古典经济学过分推崇在发展中国家不具有普适性的市场发展原动力说，忽视制度和制度变迁对个人和国家的作用，造成一些发展中国家在法律和制度不健全的情况下，盲目推行市场化、经济自由化，盲目实行金融自由、贸易自由而陷入严重的经济危机等现象，新制度经济学从制度安排本身就是经济发展资源的认识出发，提出制度和组织是发展中国家经济落后的原因，应该开发一种制度环境，利用制度资源促进创新、增进社会经济效率。主要观点如下：

1. 认为制度决定经济增长。新制度主义认为，制度和经济组织机制的有效性决定经济能否发展。在某种激励下，人们才能从事社会收益率接近私人收益率的经济活动，制度安排就是这种激励。诺思提到，投资、劳动量、技术进步的投入并不是经济增长的原因，"它们本身即是成长"[1]，真正决定经济增长的是制度，"制度提供了一种经济的刺激结构。随着该结构的演进，它规划了经济朝着增长、停滞或衰退变化的方向"。[2] 人们在观察东亚经济体和拉美经济体的经济发展中，注意到制度上的差异，并且意识到在实现自由、经济繁荣和保障中制度安排的重要性。

2. 产权理论对经济增长的作用。产权就是用法律形式确定下来的，对某种

---

[1] ［美］道格拉斯·诺思、［美］罗伯特·托马斯：《西方世界的兴起》，厉以宁译，2014，第 7 页。

[2] Douglas North：*Institutions*，Journal of Economic Perspective，1991. 转引自谭崇台：《发展经济学的新发展》，武汉大学出版社，1999，第 235 页。

经济物品使用的权利。科斯指出："产权是一个社会所强制实施的选择一种经济品使用的权利。"① 新制度经济学代表诺斯认为，"有效率"的产权在历史上并不常见，为了克服私人收益率和社会收益率的壁垒，有必要对产权进行界定，从而设计出有效率的产权理论。

3. 国家对经济增长的作用。国家作为通过提供服务取得税费和租金收入的经济体，其兴衰源于租金最大化的所有权结构与有效率的体制之间的冲突。诺斯认为，国家并非"中立"的，统治者要实现"预算最大化"或"垄断租金最大化"，就必须不断进行制度创新以适应形势变化。

以制度创新为核心的经济增长理论更接近发展中国家的发展实际。这里仍需指出的是，发展中国家的经济发展包括多种复杂因素，强调制度建设不能否认经济发展仍然需要其他因素的配合，单纯的制度变革并不是经济发展的唯一决定因素，但是当很多因素都类似时，必须重视不同国家在经济发展阶段上的差异是因制度差异而引起的这一情况，这也是我们借鉴新制度经济学的意义所在。

（二）新熊彼特学派

新熊彼特学派秉承熊彼特关于资本主义经济是一个由技术和制度创新所导致的内生演化过程的观点。其代表人物为尼尔逊（Richard R. Nelson）、温特（Sidney G. Winter）和多西（Dosi）等学者。他们把"创新"作为连接科学技术进步与经济发展的转换媒介，从经济运动内部去探究推动社会进步的基础和动因。熊彼特研究的是资本主义的发展机制，关注经济的长期变化和结构发展，对经济学的发展作出了突出的贡献。新熊彼特学派着重研究创新机制，包括创新方式以及提高创新的有效性等，为创新实践提供了参考意义。新熊彼特学派将科学技术创新过程的特征归纳为以下几个方面：

1. 研究创新活动的内外部联系。新熊彼特学派非常注重企业内部技术知识的积累创新。如在企业中建立研究开发实验室、工厂实验室及政府实验室，强调内部各职能部门在 R&D、生产和销售部门的创新。企业许多技术知识积累都是在"干中学""边学边用"的实践过程中产生的。企业、人和其他组织在各

---

① 科斯等：《财产权利和制度变迁》，上海三联书店，1994，第166页。

种实践中解决出现的问题。同时新熊彼特学派也指出了外部的科学发展对企业技术创新的作用，但也强调了基础研究方法和技能等更为重要的作用。

2. 创新活动的不确定性。新熊彼特主义者认为，创新所包括的一个基本要素就是不确定性，宏观经济的增长建立在微观经济层次多元化和不稳定性的基础上，不仅缺乏对有关已知事实是如何发生的信息，而且更根本的是对包括如何解决技术经济问题无法获知，缺乏对追踪行为结果做出准确判断。因而，需要通过协调、标准化和规范化来避免混乱的不稳定，以取得规模经济的收益。

3. 激进创新与渐进创新。激进创新表现在生产系统和市场系统，熊彼特更强调激进创新的作用。渐进创新只需要改变现有产品和服务投入产出表的有关系数，新熊彼特更多的强调了在企业采用实施渐进创新的重要性。

创新理论越来越受到人们的关注，尤其在全球化、信息化高度融合的今天，创新驱动已经成为引领产业结构升级、实现经济发展的第一动力。在研究"中等收入陷阱"问题时，需要借鉴新熊彼特的创新理论，通过引进新产品和新生产管理方法，尤其是深化创新机制研究，以此来推动社会不断进步。

（三）新结构经济学

中国学者林毅夫提出的新结构主义经济发展理论，是在结合旧结构主义与新自由主义合理内核的基础上，针对发展中国家提出来的理论。它强调寻求市场机制与国家干预的统一，政府政策和各种制度安排要与不同发展水平，并由要素禀赋结构和市场力量内生决定的结构性特征相适应，以保证短期和长期的经济稳定和发展。主要观点如下：

1. 要素禀赋结构决定经济结构的观点。新结构经济学认为，经济体的要素禀赋及结构变化决定了经济体的产业结构变化。而不同的产业结构要求配置相应的硬件和软件以降低运行和交易费用。其中，硬件配置包括能源、交通和通信等；软件配置包括金融体系、教育体系、司法体系等无形的结构。①

2. 认为经济发展水平是一条从低收入到高收入的连续频谱。新结构经济学认为，旧结构经济学对世界的看法是两元的、有局限性的，世界上并不是只有"穷和富"或"发展中与发达"这两种离散情况，两者产业结构之间的差异只

---

① 林毅夫：《新结构经济学》，北京大学出版社，2012，第26页。

是体现了从低收入农业经济到高收入工业化经济同一条谱线上的不同发展水平的差异。① 在这条谱线中，发达经济体的产业和基础配置并不必然是发展中经济体产业和基础设置升级的目标。

3. 强调政府和市场的双重作用。新结构经济学认为"在每个给定的发展水平，市场是配置资源最有效的基本机制"，② 同时强调政府的作用是建立在市场发挥最有效的基本机制基础上的。在市场机制运行下，作为一个连续变化过程的经济发展水平的提升，要求产业多样化、产业升级和基础设置的相应改进。在市场发挥作用之外，如企业面对无法改进的基础设施、制度政策问题，政府就必须通过协调或提供基础设置改进发挥相应作用，以促进产业顺利升级。"产业多样化和产业升级的本质是一个创新过程，在此过程中一些先驱企业会为经济中的其他企业创造公共知识，任何一个企业对这些公共知识的消费，都不会影响其他企业对它们的消费，而且没有一家企业能够对这些公共知识做到完全排他性的占有。同时，个别企业在做投资决策时无法将对基础设置的改进完全内化，而基础设置的改进却对其他企业产生大量的外部性。"③

新结构理论主张以市场经济为基础制度，政府发挥因势利导的辅助作用，强调政府和企业可以利用后发优势选择具有潜在比较优势的产业，进而提高产业升级成功的可能性。在中等收入阶段，如何设计一套使产业升级更平滑的经济发展方法？如何防止政府干预过度或不足？如何实现政府和市场发挥作用的最佳配合？这些问题也是在借鉴此理论时需要着重关注的地方。

第四节　现代化理论

现代化理论的研究最初是以西方经济学界经济增长理论为核心的发展经济学为开端的，研究的深入发展推动了政治发展、社会发展以及历史角度等多方面问题的研究。现代化理论就是在对这一发展进行经济、政治、社会、历史等

---

① 林毅夫：《新结构经济学》，北京大学出版社，2012，第 26 页。
② 同上。
③ 同上。

综合研究之中形成的。在此主要介绍布莱克的比较历史研究以及罗荣渠的现代化理论。

一、布莱克的比较现代化研究

美国学者西里尔·布莱克(Cyril Black)在 1966 年出版的《现代化的动力——一个比较史的研究》中,从人类整体的角度考察人类历史和社会的发展,形成了独树一帜的现代化理论。

(一)现代化内涵的五个角度

布莱克把人类的活动分成知识、政治、经济、社会与心理五个方面,采用比较历史研究,通过这五个方面的变化来说明什么是现代化。就知识而言,这是现代化过程的重心,即用科学来改善人们的物质生活环境;就政治而言,现代化的一个主要标志就是法治代替人治,实现民主目标;就经济而言,主要发展动力来自科技革命,以提高国民总收入和人民生活水平;就社会而言,普遍重视社会福利,重视个人的、平等的发展机会;就心理而言,良好的环境适应力、创新力是个人成功的条件。[①]

(二)现代化发展的四个阶段

布莱克从问题入手,相应地将现代化发展分为四个阶段:一是现代化的挑战问题。这个阶段现代化逐渐在传统社会中崭露头角。在应对现代化的挑战时,欧洲的挑战来自内部,不发达国家则来自外部。二是现代化权力集团巩固问题。这个阶段是最关键的时期,权力转移在各国也有不同。就不发达国家而言,政治独立是现代化的前提。三是现代化中心转变问题。即农业现代化和工业现代化变化阶段。四是整合调整问题。事实上,这四个阶段并不是依次发生的,可能同时并存于现代化中的。将现代化"四个阶段做一区别并不是说所有的社会都会并驾齐驱地经过这四个阶段"。[②]

---

① [美] C.E. 布莱克:《现代化的动力》,段小光译,四川人民出版社,1988,第 121—122 页。

② [美] C.E. 布莱克:《现代化的动力》,段小光译,四川人民出版社,1988,第 136 页。

（三）政治现代化的七种范式

布莱克认为，"现代化的后来者没有一个会造出与先行现代化社会一模一样的现代体制"。因此，布莱克依据政治现代化作为一国现代化关键因素的观点，将现代化分为七种范式。第一种是英法国家，其现代化挑战主要来自内部。第二种是美、加、澳国家，从母国的政治传统中创立新的社会形态。第三种是欧洲其他国家，受到其他先行国范例影响较大。第四种是拉丁美洲部分国家，受殖民文化和传统政治影响较深。第五种是未受外力干涉但受到先进国家影响的国家，如俄国、中国、日本等，它们都有强大的中央政府，挑战先受外部影响又对社会内部造成压力。第六种和第七种范式是其他亚洲、非洲和部分拉美国家。①

布莱克从政治入手研究现代化，将其研究内容置于长时间跨度的社会发展过程，在研究现代化的进程中，尤其在跨越"中等收入陷阱"时，有助于克服过去相对机械静止的理论研究局限，拓展观察比较不同经济体现代化过程中的不同模式，有助于探讨现代化模式的多样性和多元化，为我们的研究提供有益启发和借鉴价值。

二、罗荣渠关于现代化的理论

现代化是中华民族的百年梦想。现代化一开始就打上了深刻的西方烙印，似乎西化是非西方国家通往现代化的唯一道路。但历史和现实都已证明，现代化绝不是只有西化一条道路可选。这里从宏观历史角度研究现代化，值得介绍的是我国学者罗荣渠现代化思想。他一改西方国家从微观角度以西方中心论的观点论述现代化，建立了现代化研究的中国学派。关于现代化理论的具体观点如下：

（一）用历史唯物主义观点阐释现代化的概念

罗荣渠认为，现代化是一个多层次多阶段的历史发展过程。从广义来说，现代化是一个自工业革命以来世界性的历史过程，这一过程以工业化为推动力，

---

① ［美］C.E. 布莱克：《现代化的动力》，段小光译，四川人民出版社，1988，第148—175页。

在全球范围内出现传统农业社会向现代工业社会的转变；从狭义来说，现代化是落后国家高效率赶超学习世界先进和适应现代世界环境的发展过程。

（二）提出"一元多线历史发展观"等理论

罗荣渠提出了以生产力发展为社会发展中轴的"一元多线历史发展观"的现代化思想、历史发展动因的多元性现代化思想以及社会发展进程的多线性现代化思想等。就"一元多线历史发展观"而言，罗荣渠从世界历史演进的整体角度来看，他认为，世界历史和现代化变迁的复杂性并不是单线演进的历史发展观能解释的，生产力是社会发展的决定力量，但同样一种生产力可能同时适应不同的生产关系。就历史发展动因的多元性而言，罗荣渠提出历史发展是多因素决定的。历史发展的动因论第一个观点，即通过回顾西欧历史上经济形态的三次大过渡来说明外因的重要性。谈及中国的现代化之路，他认为："中国走上通向现代社会之路的大变革是由外力推动的。"① 在这里，罗荣渠并不是否定或忽视内因的作用，"中国通向现代世界的发展过程既不能看成是'外因'引起的单向运动，也不能看成是'外因'与'内因'对立两极之间的直线运动，应看成是错综复杂的、多线性多方向的矛盾运动"。② 相反，他认为内外因的结合导致了历史变革的出现。第二个观点，罗荣渠强调了经济因素和非经济因素在历史发展中的作用。他指出："人类社会的历史发展运动处在一个复杂多维的网络环境中，人类社会的大变迁受众多因素聚合影响。其中最为显著的几组因素是：经济因素、政治因素、文化因素、人口因素、生态因素以及国家关系因素。"就社会发展进程的阶段论现代化思想而言，罗荣渠以生产力为发展中轴，用人类历史进程中的采集—渔猎时代、农业文明时代、工业时代的划分，代替了"五种生产方式说"。

（三）提出三个层次的现代化实践

从实践层面来看，罗荣渠将现代化分为世界现代化实践、第三世界现代化实践以及中国现代化实践三个层次。他认为现代化的路径分为内源型和外源型两种，现代化实质是调动社会内部发展要素，消化外来冲击思想，实现内外因

---

① 罗荣渠：《现代化新论》，商务印书馆，2009，第 239 页。
② 罗荣渠：《现代化新论》，商务印书馆，2009，第 240 页。

素由冲突到化解的过程。通过对第三世界现代化思想的深入研究，罗荣渠认为其现代化的动力主要来自外部。就中国现代化实践来看，可以从罗荣渠归纳的"三种模式""四重奏"，将中国现代化的历史过程看作是"外因"和"内因"相互作用的结果。

罗荣渠关于现代化的理论作为本土生长的理论，运用马克思主义发展理论，为建立现代化研究的中国学派做了大量开创性工作，在研究跨越"中等收入陷阱"问题时，对分析中国和其他发展中国家（地区）的发展道路提供了理论准备和理论建设。

第二章

成功跨越"中等收入陷阱"经济体的历史
经验

历史是启迪人类智慧的一把钥匙,从历史中总结规律和成功经验,是指导和引领现实的基石。本章以日本和东亚地区的新加坡、韩国、中国台湾、中国香港(统称为"四小龙")五个国际上公认的、跨越"中等收入陷阱"的成功者为例,回顾其经济发展从百废待兴到欣欣向荣、从低收入经济体到高收入经济体的历史,总结归纳其跨越"中等收入陷阱"的成功经验,以期达到理论指导实践的效果。

第一节　成功跨越"中等收入陷阱"经济体的历史回顾

按照世界银行等机构人均收入分组标准,本章研究主体概况如表2-1所示。依据各经济体的社会背景,梳理典型事件和实践成果,总结归纳理论经验。纵观这五个跨越"中等收入陷阱"成功者的发展历程,均经历了战后经济恢复和起飞准备阶段、起飞和高速增长阶段及调整和稳定发展阶段的实践过程,在历史发展进程中实现了"中等收入陷阱"的跨越。

表2-1　成功跨越"中等收入陷阱"的经济体概况

经济体	面积 (平方千米)	人口 (万人)	人均GDP (美元)	跨越"下中等 收入陷阱"	跨越"上中等 收入陷阱"
日本	377972	12691	38634	1962—1971年及以前	8年,1971—1978年
韩国	99600	5062	25977	11年,1974—1984年	10年,1984—1993年

经济体	面积 （平方千米）	人口 （万人）	人均GDP （美元）	跨越"下中等 收入陷阱"	跨越"上中等 收入陷阱"
新加坡	704	561	55182	13年，1962—1974年	11年，1974—1984年
中国台湾	36192	2344	22597	—	—
中国香港	1104	740	38124		13年，1974—1986年

注：（1）"面积"指标均来自百度百科；（2）"人口"指标：日本数据截至2016年，韩国数据截至2015年，新加坡数据截至2017年，中国香港数据截至2017年，数据均来自百度百科；中国台湾数据截至2015年3月，来自台湾地区统计咨询网；（3）"人均GDP"指标统一采用世界银行2013年发布的数据，中国台湾采用世界货币基金组织2014年发布的数据；（4）"跨越年限"等指标根据世界银行相关数据研究结论编制而成。

一、战后经济恢复和起飞准备阶段

第二次世界大战结束，各经济体面临着如何在千疮百孔的基础上实现发展的现实问题。在这个阶段，美国的援助、朝鲜战争的爆发以及各经济体自身的改革，各种内外因素为战后经济恢复和起飞准备提供了良好的条件和契机。

（一）接受美国援助发展经济

二战后，日本的恢复起点极为困难和悲惨。工业设备大部分遭到空袭破坏，物价飞涨，生活必需品奇缺，通货膨胀严重。与1934—1936年相比，1946年国民经济和生产能力仅为65%，工矿业生产仅为战前的31%（其中：煤炭53%、钢材10%、纺织品7%），人均实际GNP为55%，人均实际消费为57%，制造业实际工资为30%，农业生产仅为79%。[①] 美国出于战略利益考虑，对日本提供了"占领地区救济资金"援助，有一半以上的粮食从美国进口，有效缓解了危机蔓延。美国政府为遏制日本的通货膨胀，制定了著名的"道奇计划"，为缓和物资供应、平衡财政、市场机制发挥作用创造了条件。韩国在战后是最穷的农业国家之一，美国的经济援助帮助韩国摆脱了肆虐的营养不良和饥荒之灾。台湾同样得益于美国的经济援助，开始了经济恢复工作。如开展土地改革、贸易

---

① 刘昌黎：《现代日本经济概论》，东北财经大学出版社，2014，第1页。

管制等，恢复的重点在电力、肥料和制糖三项产业上，同时努力发展纺织业，至 1952 年底，岛内经济状况出现明显的转机。

（二）朝鲜战争的意外助力

各国接受美援带来的生产恢复、供应缓和的同时，也面临着生产萎缩、失业增加等负面效应，此时朝鲜战争的爆发为各国经济发展起到了助推作用。美国向日本、韩国等周边经济体订购各种物资和劳务服务，使他们迅速结束了萧条局面。以日本为例，1953 年度，工矿业生产比战前增长 55%。其中：钢增长 46%、船舶增长 47%、水泥增长 54%、电力增长近 1 倍。① 朝鲜战争的爆发无疑为这几个经济体的快速恢复提供了很好的外部助力。

（三）推动自我改革

尽管得益于美国援助以及朝鲜战争的意外助力，但各经济体都没有止步于此。韩国为了摆脱对美国依存度太高的状态，实行了进口替代战略，即人民生活和经济建设所需消费品和工业品尽量自己生产，限制或尽量减少从国外进口，并制定了一系列限制进口以保护本国产品的措施。进口替代政策持续时间较短，但为 20 世纪 60 年代中期以后韩国经济高速发展打下了基础。同时，韩国在国内也大刀阔斧地进行改革，在自由市场经济和政治民主基本原则基础上制定了宪法，进行了土地改革和义务教育改革。日本也实行了农地改革、劳动改革、解散财阀三大民主改革。新加坡也采用了进口替代策略来最大限度的利用国内市场。台湾则贯彻"以农业培养工业，工业发展农业"与"进口替代"的策略。在这个阶段，各国依靠外部条件的有利优势，也注重在国内实施相应的改革。

二、起飞和高速增长阶段

这个阶段，各经济体以产业结构调整为核心，以提振消费为动力，利用和平稳定的国内外发展环境，更多转向关注社会及生态环境等与民生密切相关的领域，实现了经济高速增长的奇迹。

---

① 刘昌黎：《现代日本经济概论》，东北财经大学出版社，2014，第 6—7 页。

（一）产业结构有序升级

成功跨越"中等收入陷阱"的经济体都实现了产业结构的有序升级。韩国的主导产业经历了由传统农业向劳动密集型轻工业、资本密集型重工业和技术密集型工业的转变。1962—1966 年，"一五"计划期间，是韩国振兴出口、引进外资和技术起步的阶段，三次产业产值占比仍是"两头大，中间小"，还没有改变传统农业国的状态。1967—1971 年，韩国自立经济确立，工业化程度提高，其重点是生产劳动密集型轻工业产品。1962—1970 年，韩国人均 GNP 由 87 美元增至 252 美元①，经济实力明显增加。经过一定的资本积累后，20 世纪 70 年代是韩国由轻工业转向重化工业发展的时期。韩国政府针对地区和产业的不平衡发展，适时提出了"各地区均衡发展""重化工业建设"目标。1972—1976 年，主要着眼于工业结构现代化，侧重于重工业和化学工业，由此确立了出口主导型经济发展，钢铁、有色金属、机械、造船、汽车等工业得到大力发展，并且成为国民经济的支柱产业。1982 年，韩国经济开始进入上中等收入阶段。各个经济部门发展势头强劲，表现为有能力吸收更先进的技术能力和创新意识。因此，韩国政府顺势而为，在"技术立国"的战略指引下，通过吸收外国技术以及与外国合作开发新技术等途径，加强技术密集型工业的建设，力图实现重要工业技术本国化目标。在这样的产业升级过程中，产业结构得到调整，许多产业工业部门开始在世界上占有一席之地。

日本产业结构调整也经历了三个阶段。20 世纪 50 年代至 70 年代，以"重、厚、长、大"型产业为主，形成了"重工业偏向型、美国依存型、出口主导型"产业结构模式，发展方式较为粗放。在 1954 年之后近 20 年里，日本经济持续高速增长，国民生产总值年均增长率达到 9.7%。其中 1959—1970 年的 12 年间，有 10 年的增长率高达两位数以上。② 第二个阶段在 20 世纪 70 年代至 90 年代，日本产业结构由"轻、薄、短、小"型产业结构向"节约型、技术型、环保型"发展，能耗降低，经济质量提高。20 世纪 90 年代之后，日本泡沫经济破

---

① 数据根据世界银行网站测算，https://data.worldbank.org.cn/，查询日期：2018 年 4 月 23 日。

② 刘心舜：《日本产业结构调整——从奇迹到衰退的警示》，《科技创业月刊》2006 年第 7 期。

灭，出口导向受到挑战，转向了第三个阶段，即以服务业为主体、制造业为支柱、技术创新和信息技术为重点的可持续发展阶段。

在 20 世纪 60 年代初起飞阶段，新加坡主要工业制造品为蚊香、假发、纺织品、成衣、电子消费产品等以劳动密集型为特征的产品。20 世纪 70 年代初，新加坡积极制定各种政策鼓励出口，努力吸收国外资金和先进技术，着力推进资本密集型制造业的发展，大力促进出口型经济。在此期间，利用有效的地理区位优势，着力发展炼油业、海事工业、电子电器工业三大支柱产业，经济建设取得巨大成绩。1971 年，新加坡人均 GDP 达到 1075 美元①，成功迈入中等收入国家行列。在这一过程中，新加坡政府起到了积极作用，如向出口部门和制造部门发放低息贷款，以扩大设备投资。制造业逐步向资本密集型和技术密集型转变，国民经济呈现出多元化、高质量、可持续发展的局面。当 1973 年全球性"第一次石油危机"来临的时候，新加坡不仅成功抵御了石油危机导致的世界性经济衰退的影响，而且整个国民经济仍获得了持续而稳定的发展。与此同时，新加坡紧紧抓住劳动力成本上升、资本外移这一机遇，全力引进技术密集型产业，以提高劳动生产率、提高产品质量为抓手，不断增加国内产品的国际市场竞争力。70 年代中期，随着经济的快速发展，国内劳动力短缺现象日益严峻，劳动力成本不断上升，导致国际竞争中价格优势不再显现。新加坡政府着手重组经济结构，加快产业结构升级调整，推行技术立国战略，实现了国内产业由劳动力密集型产业向资本、技术、知识密集型产业转换。

（二）提振消费动力

消费需求旺盛作为经济发展的动力之一，在成功跨越"中等收入陷阱"的经济体中表现显著。日本经济发展，经历了四次循环景气（见表 2-2），表现在消费需求方面，主要有两点：（1）设备投资坚挺。经济持续增长，新产品增多，企业通过设备投资来扩大产量，增加生产能力。（2）居民消费旺盛。黑白电视机、洗衣机、冰箱（俗称"旧三大件"）和彩色电视机、空调、小汽车（俗称"3C"或"新三大件"）等耐用消费品迅速普及，掀起多次消费浪潮。"神武景

---

① 数据根据世界银行网站测算，https：//data. worldbank. org. cn/country/singapore？ view＝chart，查询日期：2018 年 4 月 28 日。

气"期间,1955 年实际 GDP(国内生产总值)比上年增长 10.8%,1956 年增长 7.5%。[①] 然而,发展速度太快,投资过热,钢铁、电力等生产基础材料供给紧张,运输业也不堪重负,经济陷入"锅底线条",政府随即采取金融紧缩政策。进入 1958 年,岩户景气掀起更大投资热潮,1959 年企业设备投资增加 23.1%,1960 年和 1961 年又分别增加 44.4%和 27.8%。经济规模也由 1958 年的 114948 亿日元增加到 1961 年的 192636 亿日元。[②] 20 世纪 60 年代,彩电、空调、小轿车成为新的消费热点。其中:小轿车的普及率从 1955 年每千人口保有 1.7 辆提高到 1965 年的 22 辆、1973 年的 133.6 辆。[③] 台湾消费动力表现明显。台湾根据岛内资源供需状况,制定产业开发计划,运用财政、金融、贸易、外汇等政策保护手段,鼓励和扶持本地工农业发展,消费需求大大增加。仅仅 8 年,整个工业净产值从 34.2 亿元增至 124.97 亿元,平均年增长率 20.3%,扣除物价上涨因素,实际增长仍有 10.0%。农产品及其加工品占出口总值的平均份额高达 85.5%,而消费品进口比重平均仅为 10%。[④] 农业增产不但满足了岛内基本需求,而且还有大量剩余外汇,用于进口工业原材料与机械设备,支持工业资本积累与建立生活日用品制造体系。

表 2-2 经济高度增长期的经济循环

繁荣期			萧条期		
名称	起讫时间	持续月数	名称	起讫时间	持续月数
神武景气	1954.11—1957.6	31	锅底萧条	1957.6—1958.6	12
岩户景气	1958.2—1961.12	42	1962 年萧条	1961.12—1962.10	10
奥林匹克景气	1962.11—1964.10	24	1965 年萧条	1964.10—1965.10	12
伊奘诺景气	1965.11—1970.7	57	日元升值萧条	1970.10—1971.12	17

资料来源:参照旗手勋著《日本社会经济论》,乐游书房 1988 年版,第 29 页。

---

① 刘昌黎:《现代日本经济概论》,东北财经大学出版社,2014,第 10 页。

② 刘昌黎:《现代日本经济概论》,东北财经大学出版社,2014,第 11 页。

③ 佐贯利雄:《产业结构》,转引自冯昭奎:《日本经济》,高等教育出版社,2005,第 41 页。

④ 李非:《台湾经济发展通论》,九州出版社,2004,第 72—73 页。

(三) 有利的内外部发展环境

国内外健康良好的发展环境为各经济体成功跨越提供了必要条件。就内部发展环境而言，各经济体在经济发展过程中，都没有出现大的政治风波和动乱。韩国在战后初期出现政治换届不稳定的情况，但没有造成大的影响。朴正熙发动军事政变上台后，经济也步入了快轨道，尽管国内在政党换届期间，出现弹劾总统、贪污腐败等事件，均没有影响大局。新加坡在前总理李光耀长达 32 年的执政时间里，政坛从贪污盛行到清正廉洁，经济也从无依无靠到自强自立，实现了政局稳定，经济社会全面快速发展。和平稳定的外部环境也为发展提供了宝贵的机会。1965 年，韩国和日本实现了邦交正常化，同时，韩国实行了对外开放的经济政策，把政府的发展战略和企业的经营目标结合起来，在实践中取得了很好的发展效果。但由于韩国出口主导型经济体制对外依赖过于严重，尤其是对美国和日本，在对外开放方面也出现了一些负面效应。比如，在 1977—1981 年间，受世界危机的影响，韩国国民经济出现了大衰退，实际国民 GNP 为 5.8%①，与原定计划 9.2%相差不少，各项经济指标下滑更严重。很大程度上是因为美日国家经济萧条，波及经贸关系密切的韩国，出口贸易的下降又源于石油危机，从而外贸逆差加剧明显。之后随着国际经济环境的好转，韩国较快地摆脱了"滞涨"的局面，恢复了较高的经济增长率。总体来看，跨越"陷阱"的经济体在发展关键期得益于有利的国内外发展环境。

(四) 实施民生改革措施

在跨越"中等收入陷阱"的过程中，各经济体进行了一系列的经济社会改革，对于缩小城乡差距、调整收入分配，进而跨越"中等收入陷阱"起到了重大的推动作用。韩国政府在经济开始起飞时，对重工业和城市发展倾向过多，农业、农村发展偏弱。为了协调城乡发展，实施了"新村运动"，分阶段、分步骤推进，最终在经济发展、民主权力、精神提振、社会进步方面取得了全方位的成就。比如，1970 年，韩国农民户均收入和人均收入分别为 825 美元和 137

---

① 数据根据世界银行网站测算，https：//data. worldbank. org. cn/country/korea-rep？view = chart，查询日期：2018 年 5 月 13 日。

美元,1975 年分别为 1804 美元和 300 美元,1978 年分别为 3893 美元和 700 美元。① 到 1993 年,韩国农村每 100 户农民所拥有彩电率达到 123.6%、电冰箱 105%、燃气灶 100.4%、电话 99.9%、汽车 20.9%、计算机 6.7%。② "新村运动"还提供了大量的就业岗位,据统计,韩国 1974—1982 年间所组织的 78000 个新村项目,共创造就业机会相当于 9400 万个劳动日,政府支付工资 2260 亿韩元。③ 日本在发展中面临一些深层次问题,比如双重经济结构严重、失业率上升等问题,针对这些问题,政府于 1960 年 7 月推出"国民收入倍增计划",以"高速增长、提高生活水平、充分就业"为目标,计划国民生产总值和人均国民收入年均增长 7.8%,用 10 年时间,到 1970 年使国民生产总值增加 1 倍以上,达到 26 万亿。"国民收入倍增计划"使日本实现了"富民强国"的目标,日本只用了 7 年,即在 1967 年提前实现了国民生产总值和人均国民收入翻倍的目标。

(五)生态环境恶化带来的转机

在经济高速发展的中等收入阶段,一方面是各种经济指标数字的攀升,另一方面伴随着环境恶化给民众带来了生活和健康的严重损害。这里尤以日本的"公害病"为代表。20 世纪 50 年代到 60 年代中后期,日本专注发展经济,推行"经济立国"战略,"公害"问题已经凸显,在 1955—1965 年的有关记录中,一些地方因硫氧化物和粉尘造成大气污染,能见度降至 30~50 米,白天行车都得开灯。当时,东京、大阪等大城市由于常年空气污染,被称为"烟都"。随后,"反公害运动"高涨,日本政府"先发展,后治理"的路子已经无法持续下去,"反公害运动"由此成为日本环保史上的转折点,日本政府于 1970 年至 1971 年召开第 65 次国会,集中审议"公害"问题,连续修改和制定了 14 项相关法律。④ 随后,1973 年,世界石油危机爆发,使得能源和资源严重依赖海外进口的日本受到严重打击,更促使日本深刻认识到资源节约与创新技术的开发应用

---

① [韩] 金正濂:《韩国经济腾飞的奥秘》,张可喜译,新华出版社,1993,第 107 页。
② 胡立和、毛铁庄:《析韩国农民如何成长为"新型农民"》,《中国集体经济》2008 年第 8 期。
③ 高秉雄、陈国申:《韩国新村运动与农民权利》,《江汉论坛》2007 第 5 期。
④ 刘昌黎:《日本 90 年代环境保护浅析》,《日本学刊》2002 年第 1 期。

以及完善相关环境法律的重要性。

三、调整和稳定发展阶段

这一阶段，各个经济体在调整中顺利完成了进入高收入行列的目标。面对日益增强的竞争，各经济体也经历了 1997 年东南亚经济危机以及 2008 年金融危机的冲击，在世界整体经济恢复和低迷中继续发展，在经济增长方面虽未及高速发展时期的水平，但总体来讲，经济处于一种稳步发展状态。

（一）加大高新技术的引进和研发

重视对高新技术的引进和研发是成功跨越"陷阱"经济体的共同特征。新加坡从 1986 年开始实施一系列政策措施，发展信息科技、生命科学和其他知识密集型经济，把生命科学作为继电子、化学和工程业的第四根支柱来发展。新加坡制造业也朝着高附加值、资本密集型和技术密集型方向转化，与发展高附加值服务业作为经济发展的双引擎。台湾自 20 世纪 80 年代以来，内外经济环境发生深刻变化。比如出口集中、污染问题、资金过剩、劳动力成本上升导致劳动密集型工业失去比较优势和比较利益，此时转向资本密集型产业又受制于资本、技术以及能源危机等问题，台湾提出健全完善市场经济体制，以开发培育新技术为主，打造通讯、信息、消费、电子、航天等十大新兴产业为支柱产业。从计划实施成效来看，高劳动密度产品 1989 年占 43.45%，2002 年跌为 34.8%；同期，资本中、高密集度产品所占的比重却分别由 50.7%、26.6% 提高到 58.4%、31.9%；高技术密集度产品从仅占 24.3% 增至 46.2%。[①] 可见制造业产品的技术含量提升明显。

（二）重视教育对人力资本的作用

成功跨越"中等收入陷阱"的经济体对教育普遍重视。在具备了一定的经济实力之后，更注重均衡城乡的教育发展。台湾地区在教育方面，针对农民受教育程度低的问题，大力发展了包括农业职业教育、专科和大学方面的农业教育，既为农村居民生活品质的提高提供了保障，也缩小了城乡差距，同时为台

---

① 李非：《台湾经济发展通论》，九州出版社，2004，第 145 页。

湾地区走出"中等收入陷阱"提供了智力支持。新加坡视教育为国家生存和发展的根本保障，在推进教育市场化过程中，国家始终处于主导地位。政府每年教育支出仅次于国防，占总支出的比例稳定在20%左右。[①] 同时高度重视通过宏观经费调控调整教育体系结构，促进教育发展与经济社会发展步伐一致，实现教育投入的效益最大化。

（三）新贸易保护主义

20世纪90年代，韩国经济发展面临新的问题。贸易摩擦不断，新贸易保护主义阻挠，加上东亚周边国家的低价劳动力竞争等因素影响，韩国经济再度低迷。为此，韩国政府制定了新经济增长计划，有步骤、分层次地恢复经济增长。受当时新制度主义影响，韩国政府深刻认识到了制度对促进经济的影响，力图通过改革重振经济，但1997—1998年亚洲金融危机重创了韩国，韩国政府通过接受IMF 210亿美元的援助，在国内大力发展市场经济，扶持中小型企业，同时，倾注全力培育高新产业，终于使本国经济得以较快从危机中复原。日本在石油危机后，1974—1976年经常收支赤字转为黑字，出超幅度扩大，尤其是日美贸易不平衡加剧，双方贸易摩擦激化，直接导致日元大幅度升值。1975—1990年，日本确立了"技术立国"的发展新战略，实际GDP年均增长率为4.5%，[②] 经济的发展越发依靠自主技术研究开发。可见，新贸易保护主义的出现促使各经济体改革力度加大。

第二节　制度创新：成功跨越"中等收入陷阱"的制度基础

分析跨越"中等收入陷阱"成功者的经验，不难看出，"创新"无疑被视为最重要的方面，而在考虑这些成功者与其他国家拉开的技术差距时，我们会发现跨越"中等收入陷阱"的成功者不单取决于研发规模和技术创新，更为重

---

① 国防大学课题组：《新加坡发展之路》，国防大学出版社，2016，第175页。
② 数据根据世界银行网站测算：https://data.worldbank.org.cn/country/japan? view = chart，查询日期：2018年3月13日。

要的是与社会制度的变革联系紧密。纵观世界，英国成为头号资本主义强国的时候，它的成功不仅取决于发明和科学活动的增加，更重要的因素是它在生产、投资和营销活动中采取的特殊方式，以及将企业家和发明进行联系的做法。美国超越英国时，其成功也是由于制度性变革的原因。如今跨越"中等收入陷阱"的成功者同样也是利用了制度创新的优势。

一、市场机制与政府调控相结合

日本和亚洲"四小龙"都是实行市场经济的资本主义经济体。与多数发展中国家与地区相比，"四小龙"经济的自由度非常高，其主要表现是保障私有产权、自由企业制度、劳动力市场灵活、较少干预收入分配。中国香港是自由港，其市场化程度最高，其他四国或地区虽也建立了市场经济体制，但由于市场配置资源存在不足，市场机制作用的盲目性和滞后性，可能产生市场秩序混乱等问题，因而在不同的经济发展阶段，市场机制与政府调控的制度创新体现为侧重点的不同。

在跨越"中等收入陷阱"的过程中，政府的作用经历了一个由强到弱的变化。尤其在经济起飞初期，政府的干预表现在产业政策制定、对外开放、公共服务领域等。在产业升级上，各国政府制定各种经济发展规划和产业政策，进行选择性的产业扶植，推动产业规范有序升级改造和转型发展。在经济起飞初期，政策鼓励劳动密集型产业的出口；当劳动力成本上升、资本有一定积累之后，开始扶持资本密集型行业；当技术水平达到一定程度后，从劳动密集型、污染大、能耗高的低附加值产业转向以航空航天、微电子等为代表的高附加值的知识技术密集型产业。

表 2-3 日本和"四小龙"关键产业的发展阶段

	日本	韩国	中国台湾	中国香港	新加坡
纺织	1900 年—20 世纪 30、50 年代		20 世纪 60—70 年代	20 世纪 50 年代初	20 世纪 60 年代初
服装	20 世纪 50 年代		20 世纪 60 年代	20 世纪 50—60 年代	

续表

	日本	韩国	中国台湾	中国香港	新加坡
玩具、表、鞋			20世纪60—70年代	20世纪60—70年代	
钢铁	20世纪50—60年代	20世纪60年代末			
化工	20世纪60—70年代	20世纪60年代末			
造船	20世纪60—70年代	20世纪70年代末			
电子	20世纪70年代	20世纪70年代末至80年代			20世纪70年代
汽车	20世纪70—80年代	20世纪80年代			
电脑与半导体	20世纪80年代	20世纪80年代末			
银行与金融				20世纪70年代末至80年代	20世纪80年代

资料来源：It o，Takatoshi，" Japanese Economic Development：Are Its Features Idiosyn-cratic or Universal？"，paper presented at the XIth Congress of International Economic Association at Tunis，December 17—22，1995. 转引自林毅夫、蔡昉和李周：《比较优势与发展战略——对东亚奇迹的再解释》，《中国社会科学》1999 年第 5 期。

  各经济体对产业扶持政策基本上是按照比较优势原则进行的，产业结构明显表现出随时间的推移而升级的趋势，综合利用法律、行政和经济手段控制要素流向，保证主导产业具有充足的要素供给，对经济发展作出了巨大的贡献。这种政府扶持与那种不符合经济发展规律、拔苗助长式的进口替代政策不同。而且，在政策扶持的产业之间和同一产业内部的企业之间，存在充分的竞争和优胜劣汰原则，最后胜利者是市场选择的结果。

  比如，日本曾在 20 世纪 50 年代重点扶持煤炭行业，但该行业发展不起来，很快就被日本政府放弃了。这一竞争机制在东南亚国家和拉美国家普遍缺乏，导致产业保护永久化，效率不能提升。韩国的成功也是由于加大了政府参与产业发展进程的力度，其现代化工业发展是在独特的韩国财团主导的范式中产生的。20世纪80代之后，韩国政府将产业重心转移到支持汽车等高新技术产业，这些产业成为带动经济发展的主导产业。新加坡政府在产业升级过程制定各种政策鼓励出口，努力吸收国外资金和先进技术。1979年提出了以"自动化、机械化、脑化"发展战略的"第二次工业革命"，主动通过劳动力成本的提高来迫使企业淘汰落后产能，着力推进资本密集型制造业的发展，大力促进出口型经济，并利用有效的地理区位优势，着力发展炼油业、海事工业和电子电器工业等三大支柱性产业，经济建设取得了巨大成就。另外，在环境问题、收入分配问题以及社会保障等公共服务方面，如果单单依靠市场机制发挥作用是无法解决问题的，政府通过立法为社会发展建立秩序，为市场经济的有效、顺利运行建立秩序，谋求市场自由和社会公平之间的平衡点。

二、科技创新和体制创新相融合

科学技术的创新投入大、风险大、利润低、周期长，如果没有健全完备的配套激励机制，企业创新动能就会严重不足。因此，建立健全科学技术创新的配套体系，即良好的政府机制、社会机制和市场机制，是保证制度创新的良好基础，只有这样才能发挥科学技术创新的重要作用。成功跨越"中等收入陷阱"的一个重要经验是注重科技优先发展和体制创新融合的制度创新。

(一) 工作组织机制的制度创新

工作组织机制不受传统模式束缚，而是与时俱进地进行制度创新。以韩国为例，政府制定重大科技政策、规划和计划，先由国家科学技术委员会做出决定；各界专家分学科、分领域进行讨论，由教育科学技术部拟出初稿；经多次专家会议论证和公众反馈进行修改；再经分科委员会和最高审议机构审查通过。这种工作组织机制保证了决策的正确性和合理性。

(二) 培育科学技术创新的制度创新

科学技术是第一生产力，培育科学技术创新的制度创新是成功跨越"陷阱"经济体普遍关注的重心。韩国在20世纪70年代后期，为了重点培育产业技术创新能力，政府用法律法规的形式，为技术创新提供了制度化保障，先后制定了《技术研究开发促进法》《科技促进法》等相关法律，引导企业部门确立技术创新的主体地位。在相关制度的引领下，韩国不断加大投入科技研发资金，R&D 投入逐年呈上升趋势，20 世纪 90 年代末，该比重超过了 GDP 的 2%，2006 年超过了 3%①，达到世界先进国家行列，高于 OECD 国家的平均水平。日本在 20 世纪中后期，提出了"科技立国"的战略，通过加强法律制度建设来促进科学技术的发展：制定了《高技术工业集中开放促进法》，重点关注"基础性、先导性"的科学技术，重点开发领域限定在生命科学及宇宙开发，配套实施优惠和扶持政策，同步加大科研经费投入。1985 年日本的研发支出占 GDP 比重约为 2.7%，逐步实现了科学技术自主创新与制度的融合发展。新加坡从政策上和制度上提供多方面的优惠和保障，如规定凡属于"研发"的开支，均可获双重扣税；对投资与"研发"的资本（除建筑物外），可享有高达 50% 的投资津贴。1978 年，新加坡用于研究和发展的开支仅占 GDP 的 0.2%，1988 年增至 0.9%，开支为 0.54 亿新元，1991 年则增至 2 亿新元。自 2006 年起的 5 年内，新加坡政府在科技研发领域共投入 135.5 亿新元。到 2010 年，用于研发的支出已达 GDP 的 3%。② 这在当时属于少有的发展速度最快的国家之一。新加坡通过完善知识产权保护等制度，不仅推动了本土技术水平的提升，而且为国外技术的安家落户提供了坚实的基础。

（三）促进科技转化的制度创新

2008 年，韩国知识经济为了促进科技转化，开始实施"专利信托管理制度"。③ 所谓"专利信托管理制度"，是一种为了促进大企业、大学及研究院所等未被利用的技术或专利的转移及产业化。通过制度的形式解决了资金自主、追加研发以及技术转换等问题。日本非常重视科技成果转化的相关法律制度创新，20 世纪 80 年代以来，先后制定了《技术转移交流促进法》《产业技术强化法》等一系列法律，推动了产、学、研的结合，促进了科学技术成果的市场化和产业化。

---

① 数据来源于 KISTEP2008 年统计报告，转引自韩国科技创新态势分析报告课题组：《韩国科技创新态势分析报告》，科学出版社，2011，第 35—36 页。
② 国防大学课题组：《新加坡发展之路》，国防大学出版社，2016，第 30 页。
③ 韩国科技创新态势分析报告课题组：《韩国科技创新态势分析报告》，科学出版社，2011，第 68 页。

三、教育和培训体系相结合

对人力资本的高度重视是跨越"中等收入陷阱"经济体的普遍特征，而教育和培训是提高人力资本最直接的途径。可以说，民众具有的良好教育背景是跨越"中等收入陷阱"经济体的成功经验之一。

（一）重视各级国民教育

日本在"二战"后非常重视教育的发展，首先表现在义务教育方面，通过国家免费进行义务教育来促进民众文化和道德素质的提高；当经济进入快速发展阶段后，又将改革的重点转向中等和高等教育上来，通过发展职业技术教育措施来培养技术创新人才。韩国在经济发展早期，为了培养产业工人，更多地强调中等或职业教育对制造业批量化生产的作用。在20世纪80年代韩国实现了高中教育的普及。教育的扩张给社会和民众带来了诸多的好处，一是适应了产业升级所需的人力资源，二是为社会各阶层创造了向上流动的空间和机会。从20世纪80年代开始韩国进行了一系列教育改革，把改革重心转至高等教育，并且在20世纪90年代实现了大学教育的普及，为韩国跨越"中等收入陷阱"提供了不同层次的大量劳动力。新加坡政府加强技术教育培训，提高工人和国民的文化水平和技术能力，积极为发展技术密集型企业培养各类管理类和技术类人才。

（二）加大教育的投入

新加坡将大量的政府财力投入到了教育领域，并力促教育的现代化。硬件上，各类学校的教学设施及教学设备不断提升；软件上，教职工福利待遇制度和队伍建设逐渐完善，构建了国际化、多层次、重实践的国民教育体系。新加坡的"人均教育经费每年高达1800新币（折合人民币8733.6元）"①。20世纪八九十年代，韩国年教育支出的平均比例高达19%。② 韩国在中等收入阶段对

---

① 《新加坡政府对教育高度重视，连续四年全球人才竞争指数第二》，2017-05-02，http://www.sohu.com/a/137803383_534838，查询日期：2018年3月14日。

② 全毅：《亚太地区发展的路径选择——基于东亚与拉美发展道路的比较研究》，时事出版社，2010，第307页。

教育的投资明显提高，1984 年韩国教育经费占 GDP 的比例高达 13.3%，比 1950 年高达 6 倍之多，随后一直保持在 7%左右，在新兴经济体中名列前茅。①

（三）完善教育和培训制度

新加坡极具优势的人力资本结构的形成，得益于其先进的教育制度。据麦肯锡的调研显示，新加坡教育制度是全球最优质的教育制度之一，高素质的教师、一流的教学和先进的教育体制机制，一方面为经济发展奠定了坚实的人力资本基础，另一方面也为新加坡吸引了大批优秀的海外人才，促进了教育产业化发展。

第三节 对外开放：成功跨越"中等收入陷阱"的战略举措

在进入中上等收入国家（地区）行列之后，成功跨越"中等收入陷阱"经济体均结合本国（地区）资源、市场和社会发展情况，积极融入国际市场，实行对外开放发展战略，有效利用国内、国际两个市场，充分利用国内、国际两种资源，促进了经济持续健康发展。

一、按照循序渐进的原则推进对外开放

纵观成功跨越"中等收入陷阱"的经济体，其成功离不开循序渐进的对外开放步骤，基本上都经历了一个封闭的贸易保护期向出口导向战略再到全方位开放的发展过程。亚洲"四小龙"国内市场狭小，在工业化初期短暂尝试过进口替代之后，及时地采用出口导向型的发展模式，并按照比较优势原则不断实现产业结构升级，始终保持较强的国际竞争力，实际上是通过利用外部市场实现了自身的发展。

以韩国为例，"二战"结束后，韩国一度处于贫穷饥饿、民不聊生的状态中，可以说，韩国政府在当时并没有把经济作为发展的重心，而是更关注政治独立，进而实现国家和民族的独立。在这样的条件下，对外开放缺乏相应的政

---

① 樊继达：《韩国如何跨越"中等收入陷阱"》，《中国对外贸易》2012 年第 8 期。

策和环境支持,因此韩国采用进口替代战略,利用低劳动力成本的优势发展服装、纺织等制造产业,节约外汇资金来购买、引进工业化发展所需要的原料、设备以及技术等。进口替代战略为工业化发展奠定了重要基础,但由于国内市场狭小,进口替代在 20 世纪 50 年代末难以为继。朴正熙上台后,倡导"出口第一"的发展思想。针对经济起飞阶段资金短缺问题,1966 年韩国政府制定并通过了"外资引进法",对外国资本引进的限制逐渐放开,并制定了各种税收优惠政策,鼓励外资直接创办制造业企业,或者直接流向优先发展的制造业。为了改善经济发展的外部环境,韩国政府引流外国资本投资,改善基础建设领域,避免了因过于追求利润而集中在发达领域的外资投入。据统计,1962—1971 年,韩国财政借款比例的 2/3 都投入到了交通能源等基础设施领域。① 由此,出口成为韩国发展的重要动力,弥补了国内空间的发展不足问题。随着世界经济形势不断发展变化,在外国直接投资方面,韩国进一步减少了对其限制力度,主动降低产品进口关税,开展建立自由贸易区谈判,积极扩大对外投资,加快推进市场经济的国际化,构建了贸易、工业和金融三元经济发展战略。表现在金融领域,1988 年采取"引进来,走出去"的金融策略:一是扩大海外基金规模,便于外国投资者对本国证券市场的直接投入;二是为了资本市场国际化运作,同时鼓励韩国企业投资外国证券或股票。这样循序渐进地实现内外全方位开放,有效利用了国际资本,为国内实体经济的发展"输血造血",提高国内经济发展的动力。

中国台湾在"二战"后同样实行了一段短暂的进口替代战略,但到 20 世纪 50 年代末,狭小的岛内经济很快出现了市场饱和、出口停滞的迹象。1958 年,台湾开始进行外汇、外贸等领域政策的改革,在 20 世纪 60 年代初期,开始积极实行以出口为导向的外向型经济政策。在开放过程中,制定出台了大量的法律条例以及出口的优惠政策措施,进而推动了出口和贸易的发展。在进一步扩大开放的过程中,台湾当局也非常注重坚持循序渐进的开放步骤,比如在对外资开放证券市场中,台湾采取了先间接开放,操作了一段时间,积累了相关经验后,又直接开放证券市场。而在直接开放中,先后经过了对专业投资机构

---

① 姜达洋:《战后韩国对外经济战略的演进及其评价》,《当代经济管理》2013 第 10 期。

（QFII）开放和对一般境外投资者（GFII）开放两个步骤，保证了外资的有效利用和市场的稳定。正因为这种稳健的开放步骤，台湾对外经济贸易保持了长时间的高增长时期。

二、通过对外开放实现产业结构转型升级

对外开放与产业结构转型升级的关系应该包含两层含义：一是产业结构转型升级离不开对外开放，在对外开放中推动工业化发展，通过模仿、引进实现产业的从无到有；二是对外开放进一步促进了产业结构的转型升级，从而获取更大、更可观的国际分工利益。对于跨越"中等收入陷阱"的成功者来说，最重要的是在对外开放的过程中，实现了产业结构的转型升级，为经济注入了持续不断的发展动力。

作为"四小龙"当中最大的经济体，韩国在对外开放中推进产业升级过程最完整，从早期的纺织等劳动密集型产业，发展到后来的钢铁、石化、汽车和造船等资本密集型产业，再到后来的电脑和半导体等技术密集型产业。1997年亚洲金融危机之后，韩国又提出要发展知识密集型产业，向制造型国家和创新型国家转变。到了2003年，其影视、音乐、手机及电子游戏4个产业出口额首次超过钢铁，人均GDP也一举超过中国台湾地区。

新加坡通过对外开放，在努力吸收国外资金和先进技术的同时，着力推进从劳动密集型向资本密集型制造业的升级转化，大力促进出口型经济。在此期间，有效利用地理区位优势，着力发展炼油业、海事工业和电子电器工业等三大支柱性产业，经济建设取得了巨大成绩。与此同时，新加坡的对外贸易、交通运输、金融和旅游业也相应地发展起来，并且为后期经济增长奠定了良好的发展基础。1971年，人均GDP达到1075美元①，成功迈入中等收入国家行列。在此阶段，新加坡形成了以制造业为中心的贸易、运输与通讯、金融与商业服务、建筑等五大经济支柱产业，经济产业结构进一步多元化，抵抗风险能力也进一步提升。

---

① 数据根据世界银行网站测算，https：//data. worldbank. org. cn/country/singapore？view =
chart，查询日期：2018年5月23日。

三、在对外开放中加强全方位监管

随着对外开放程度的加深、范围和领域的扩展，一些涉及本国关键领域的开放也变得势在必行，比如服务业、金融业的对外开放。韩国在出口导向政策下，出口额的增长远远大于民众消费能力的增长，实体经济高度依赖国际市场。因而，韩国金融体系受国际金融体系的波动较大，但也促进了韩国国内民主化、制度化和市场化的改革。1997 年东南亚经济危机中，韩国是成功跨越"中等收入陷阱"经济体中受到影响最大的国家，但在 2008 年的全球金融危机中，韩国高度开放的经济和金融体系，并没有让它重蹈 1997 年的覆辙，既没有出现外资大股东的竞相撤离，也没有导致大企业的倒闭。究其原因，对外开放的同时离不开全方位的监管是其中重要的一条。

一方面，韩国先从监管制度着手进行金融改革。1998 年韩国成立了针对金融业的监管委员会机构，制定了关于银行的资本充足率、外汇风险和审计等方面的严格措施规定。针对银行大股东权限过大的问题，限定了规定他们对银行的控股比例分别不超过 10% 和 15%，同时在股东信贷、购买股东股票以及运行影响方面都做了严格限制。可以说，韩国对金融机构的监管，不论在制度层面还是执行层面都是严格按照国际标准进行的。另一方面，实行全方位的监管。韩国将包括银行、保险证券公司的所有金融机构统一由金融委员会机构进行监管。监管内容既包括与贷款紧密相关的房地产业，也包括资产流动性、坏账率及储蓄率等内容。就房地产而言，韩国政府规定了房屋抵押贷款不得超过其价值的 40%—60%。正是得益于严格的监管，韩国的房地产才没有出现大跌大涨的现象。

第四节　环境保护：成功跨越"中等收入陷阱"的生态保障

从世界范围来看，以工业化和城市化为主导的经济发展，在给各经济体带来经济成就的同时，也产生了一些负面后果，其中最显著的就是经济高能耗、资源高消耗以及污染高排放导致的环境污染破坏问题。在成功跨越"中等收入陷阱"的经济体中，新加坡、韩国和日本等经济体在生态环境治理方面积累了很多经验，尤其是日本，在经济发展中遇到的环境问题最大，但其治理的效果也最明显，成为工业化国家在环境保护方面的典范。

一、促进环境保护的法治化

通过环境保护法治化来提升环境保护的效果是跨越"中等收入陷阱"成功者的普遍经验。

日本在现代化进程中，环境污染始终如影相随。20世纪五六十年代日本经历了因经济高速增长而引发各种矛盾的痛苦时代，水污染、大气污染、城市噪声、汽车尾气造成的污染等，尤其出现了震惊世界的四种公害病：足尾矿毒、四日市哮喘、痛痛病和水俣病。公害病给公众造成了巨大的伤害，以水俣病为例，该病被认为是"就受害者之广及受害情形之悲惨，是仅次于广岛、长崎原子弹的人为灾害之后世界历史上最恐怖的公害病"。[1] 1956年，日本"水俣病"导致96人手脚麻木或双目失明，18人死亡。据不完全统计，"水俣病"感染人口已达20万人。日本对于已经严重影响到其执政危机的公害事件，制定并严格执行与环境保护相关的立法工作，立法的目标是建立一个资源"循环型社会"，并且在发展中形成了以环境保护基本法为主，以大气、废物、噪音和水质等环境保护专业法律法以及以工厂废物控制综合法等配套的相关法律，另外还制定了《公害健康损害赔偿法》等。例如，日本政府制定的"大气污染防治法"，规定排放工厂要实行无过失责任和追究连带责任。政府根据实际需求，制定了环境纠纷处理和被害者救济制度，这些严苛的制度促使企业为了避免可能由污染引起的巨额赔偿，而积极采取措施制止污染。因此，法律法规的制定对于控制环境污染、节约利用资源起到了积极的保障作用。

新加坡也是环保法治化的杰出代表，比如其循环经济的主要法律依据《公共环境卫生法》，是融环境污染防治法、公共环境卫生保护为一体，对工业废物的处置、处理和循环利用进行专章规定，在执行方面，实行预防、执法、监督和教育为一体的系统模式。

---

① 包茂宏：《日本环境公害及其治理的经验教训》，《中国党政干部论坛》2002第10期。

韩国在治理环境问题时，制定和形成了以《环境政策基本法》为中心的环境保护法法系，关于一般性的法令有《环境政策基本法》《环境可持续发展法》等 14 个；此外还有针对不同领域的环保规定，为保护和改善环境提供了有力的法律保障。

二、实现环境保护的市场化和产业化

环境保护的市场化即指由专门的环保企业向污染责任者提供污染防治或治理的服务工作。环境保护的产业化即指使用科学技术进行环境治理而形成的制造业或服务业等环保产业。实现环境保护的市场化和产业化是治理环境的长效机制。

以日本为例，日本为解决石油资源匮乏的问题，推进了节约型能源和低碳能源的利用。20 世纪 70 年代，以"绿色化"产业为核心，通过开发节能技术，大大促进了产业结构升级，加快促生了一批环境保护产业。日本非常重视对环境保护的科研投入。2000—2004 年，日本的环境保护研究经费从 5326 亿元增至 8252 亿元，年均增长率达到了 11.56%。2006 年，日本的研发费用总额为 18.5 万亿元，占 GDP 的比重为 3.61%①，日本政府职能创新与市场调节相结合发挥了良好的作用。在治理与保护生态环境的过程中，环境立法、民间维权、技术研发、政府投资以及市场激励政策等各个环节都不可或缺。政府、企业和民众等都是参与环境治理的主体，从而凝聚了一股环境治理与保护工作的社会合力，形成了"政府主导，企业主动，全民参与，根植基层，覆盖全社会"的环保模式。在统一理念的指导下把多种手段和力量联合起来形成综合性的工作，这构成了日本在环境治理过程中政府、民间、企业和国际等各方合力治理的模式。

韩国在环保产业化方面也取得了明显成果，为了治理工业化带来的大气污染，政府与企业合作开发了排烟远程监控系统的新技术，对韩国部分烟囱进行了严格检测，取得了良好的效果。②

---

① ［日］文部科学省：《科学技术白书》，转引自马远之：《中等收入陷阱的挑战与镜鉴》，广东人民出版社，2015，第 116 页。

② 李晓西、张琦、赵峥、荣婷婷：《韩国开展城市环境治理的经验与启示——韩国考察调研报告》，《全球化》2013 第 9 期。

再如中国台湾，伴随着加工出口经济的快速增长，岛内环境污染日益严重。无论是工厂噪音、黑烟、废水和废弃物，还是交通废气或家庭垃圾，都成为20世纪80年代台湾环境公害的焦点。针对这些问题，台湾将第二次进口替代战略从以重化工业为重点转向以战略性工业为重点，即发展低消耗低污染的能源与原材料的知识技术密集型产业，生产附加价值高、竞争力强的优势产品，改善出口产品结构，提高工业技术水平，从而促进了环境保护的产业化。

新加坡制定了清洁能源发展蓝图计划，从推进再生能源技术，到协助企业建立大规模生产设施；从开发研制新的清洁能源产品，到重点培育相关人才，涉及科技和经济领域，注重向"知识密集型"经济转变，也培育了一批致力于环保产业化的企业。

三、推进环境保护的全民化和常态化

环境保护的全民化是指人人都参与到环境保护事业中，而环境保护的常态化是指时时都要参与到环境保护事业中。要做到环境保护的全民化和常态化，宣传教育是治理生态环境问题的根本。

在工业化过程中，各经济体以经济增长为目标，对环境问题认识不足。日本一度出现了发展经济未充分考虑环境问题的情况。无论是政府、企业还是国民，对于环境问题缺乏科学认识，对于环境问题的处理也缺乏经验。当环境被破坏时，没有足够的能力来认识和处理这些问题，实施对策的行动也显得迟缓，从而加重了问题的严重性。在经历了深刻的教训之后，日本很快修正了发展道路，之所以如此高效地实现环境问题的改善，其中关键的一条就是转变思想观念，更新发展理念，正确处理经济发展与资源环境之间的关系。而这中间政府发挥主导作用，对人们进行扎实的环保教育起到了治本的作用。

新加坡同样重视国民环保教育。在制定法律并严格执法的同时，新加坡政府意识到解决环境污染的根本之道还在于全民树立环境保护的意识，人人参与环境建设。因此，新加坡政府从娃娃就开始熏陶，每年开展丰富多样、层次各异的环境保护活动，比如"清洁周"和"绿化周"等活动，将环境保护视为民众的终生教育。

韩国政府非常重视对国民的环保意识教育，采用多种形式，分不同层次并

由不同组织参与实施。比如政府对环境产业从事者采取有针对性的系统教育，环境非政府组织也参与到对民众的宣传和普及等，各方齐动形成合力，取得了良好的效果。

第五节　社会协调：成功跨越"中等收入陷阱"的社会支撑

协调与失衡是一对对立统一的范畴。历史上，一些国家落入了"中等收入陷阱"、止步不前，就是由于发展中出现了失衡现象。成功跨越"中等收入陷阱"的经济体在经济发展过程中，注重推进社会协调，在物质与精神、城乡发展以及收入分配等问题中积累了不少经验。

一、推动文化软实力建设：为发展注入精神动力

当一个国家进入中等收入阶段后，社会结构会发生很大变化，社会利益更加复杂化，社会矛盾明显增多。通过研究分析得知，成功跨越"中等收入陷阱"的经济体，其社会内部国民良好的价值信仰与经济发展的协调推进是密不可分的。有些学者指出东亚这几个跨越"中等收入陷阱"的成功者同属于东亚儒家文化圈，这种文化为其经济发展提供了精神动力。① 新加坡在文化软实力建设方面尤其值得一提。作为一个深受西方影响的东方国家，在现代化发展过程中，面临着东西文化的双重影响。因此，新加坡进行了准确的定位，坚持"技术上依赖西方，精神上固守东方"的理念，建立起强大的精神信仰体系。

（一）始终坚持文化软实力建设

20 世纪 70 年代开始，新加坡经济得到了快速发展，在强调物质发展坚持"技术上依赖西方"的同时，新加坡不断加强了东方价值观的建设力度，特别是借鉴了以儒家思想为重点的中华民族优秀传统文化。事实证明，这种模式在新加坡精神价值中发挥了主导作用，并对由资本主义经济发展所带来的一些消极后果，尤其是极端个人主义思潮的侵蚀，起到了极大的抑制作用，使新加坡了礼仪之邦。

---

① 马远之：《中等收入陷阱的挑战与镜鉴》，广东人民出版社，2015，第116页。

(二) 重视学校教育，明晰教育层次

新加坡把学校教育看作是青少年思想道德建设的主要阵地，从小学到中学每个年级都开设有思想品德课。在对学生进行思想品德教育时，格外强调教师的重要性，称他们是"道德精神和社会精神的主人"，应当受到社会的尊重，并把知识和道德作为选择教师的两个最基本条件。在教育过程中针对学生身心发展规律及其认识特点，分阶段、分层次展开，比如在低年级学生中重点是培养良好的行为习惯；而在高年级学生中，将注重社会责任感的培养作为教育核心。

(三) 注重家庭美德教育，注重世代传承

新加坡政府认为，家庭是社会大厦的基础，是培养年轻公民具有正确价值观不可缺少的地方，通过家庭成员间的和睦相处、尊老爱幼来教育感染子女，使传统道德价值观由祖辈、父辈潜移默化地传给下一代，世代传承，发扬光大。

(四) 开展社会运动，让道德教育与社会实践相结合

据统计，新加坡每年举办各种全国性公德教育宣传活动多达 20 多个[1]，其中包括如讲礼貌运动、国民意识周、华族文化月、马来族文化月等经常性的运动。在新加坡，几乎每月都有重要的运动或专门的活动周或活动月。在开展各种社会活动的过程中，新加坡政府力戒哗众取宠，讲求实际效果，注重形式和内容相结合，不仅提高了国民的整体素质，而且奠定了良好的社会环境和投资环境，促进了新加坡经济的发展，使精神文明建设与经济建设得到共同加强。

二、注重乡村建设：突破城乡二元结构

在由中等收入阶段向高收入阶段迈进的过程中，如果城乡之间的关系处理不好，就极易陷入"中等收入陷阱"。而城乡之间的问题主要表现在乡村发展滞后、城乡差距严重等方面，因而，注重乡村建设成为协调城乡发展的突破口。韩国在跨越"中等收入陷阱"的过程中，在城乡协调方面做出了很好的表率，在处理城乡关系上实施"新村运动"，进行了一系列的经济社会改革，对于缩小城乡差距、实现城乡经济社会协调发展和城乡居民收入同步提高、跨越"中等

---

① 新加坡文献馆：《新加坡共同价值观及其启示》，http://sginsight.com/xjp/index.php? id=259，查询日期：2018 年 5 月 1 日。

收入陷阱"提供了有益借鉴。概括来说，韩国的"新村运动"的主要经验有以下几点：

（一）加强政府的主导作用

"新村运动"是政府主导的一项为了促进乡村全方位发展的综合性运动。"新村运动"以"勤劳、自助、合作"为精神主旨，以"村"为单位，主要发挥农民的自主性来建设农村，而政府的主导作用主要体现在顶层设计目标的确立、政策推进、资金筹措分配以及技术的应用开发等方面，同时提供辅助措施的支持。

（二）完善财政投入

在韩国"新村运动"中，建立了以国家投入为主体的多元化农业投资机制，特别是在前期，政府给予大量的人力、物力和财力支持农村基础设施和居民建设，后期随着农民整体收入的提高，比例也在不断加大。以1974年韩国"新村运动"资金投入为例，财物总量达132790百万韩元，其中政府投入占23%，农民分担63%，其余14%由民间团体和公司承担（见表2-4）。

表 2-4 1974 年韩国"新村运动"总资金投入及用途

品种	总计		政府投入（百万韩元）				村民投入（百万韩元）					贷款与捐助（百万韩元）
	数量（百万韩元）	占比（%）	中央	地方	补贴	合计	现金	劳动	物质	土地	合计	
生活环境	43237	32.6	3788	4820	0	8558	4755	19879	6035	1610	32297	0
增收项目	27065	20.4	1390	3990	205	5585	9274	7718	68	0	17060	4420
绿化荒山	6718	5.0	1195	1484	0	2679	0	3945	0	94	4039	0
保健福利	28771	21.7	2481	3891	34	6406	123	19227	0	0	19350	3015
精神启蒙	3237	2.4	2058	937	41	3036	156	6	36	0	198	3
合计	122242	92.1	12089	15802	1362	29253	15463	52629	6168	1704	75964	17025
城市 NCM	10548	7.9	0	1527	0	1527	2460	1510	3921	184	8075	946
总计（百万韩元）	132790	—	12089	17329	1362	30780	19732	54139	10089	1888	854039	17971
合计（%）	—	100	9.1	13.1	1.0	23.2	13.5	40.8	7.6	1.4	63.3	13.5

资料来源：贾祖国，韩国新村运动的启示，首席财务官，2006 年第 5 期；韩国民政部编《新村运动·1974》。

（三）健全组织管理

韩国"新村运动"从中央到地方建立了一套组织领导体系。中央政府成立了"中央协议会"，并由内务部部长任议长；地方各级政府按照中央模式，设置相应的地方协议会；村级设立开发委员会，由村里 10~12 名有识之士及农民代表、新村指导员组成，具体筹划、协调和执行村级"新村运动"。"新村运动"经历了一个有序升级的过程，第一阶段重点是增加农民收入，提高农民生活质量。第二阶段通过"第二次增加农渔民收入计划事业"，主要开发禽类、养牛、水产养殖和香菇等 21 个品种，以郡（县）为单位，在全国 137 个地区开展，参加农户 75 万多个，各地区因地制宜，发挥各自优势，广开生产经营门路。同时，政府还鼓励农村就地建厂，对农产品进行深加工，实现增产增收。第三阶段推出"建设新村运动，增加收入综合开发事业"，鼓励发展以农产品加工为主的农村工业，将原来以家族式的小农经营的单一产品扩大到以县、邑为单位的生产基地，形成生产、销售和加工为一体的综合经营体系。经过了新村运动的实施，城乡在收入均衡方面取得了良好效果（见表 2-5）。

表 2-5　1965—1995 年韩国城乡家庭收入比较

年份	农户家庭所得（A） （千韩元）	城市家庭所得（B） （千韩元）	所得比（A/B） （%）
1965	112	113	99.1
1970	256	381	67.2
1975	873	859	101.6
1980	2693	3205	84
1985	5736	6044	94.9
1990	11026	11320	97.4
1995	21803	22933	95.1

资料来源：詹德斌，韩国新村运动的起因及作用再考察，二十一世纪网络版，2006年 11 月号，总第 56 期；朴基赫，韩国农业经济，博英社，1990 年；[韩] 农协中央会：农协年鉴 1996 年。

三、调整分配结构：促进发展的普惠性

收入分配结构是实现收入均衡增长，进而跨越"中等收入陷阱"的关键环节。日本和亚洲"四小龙"之所以能够成功跨越"中等收入陷阱"的原因之一，就在于其构建了良好的收入分配结构。收入分配结构合理不仅有利于居民增加消费，形成消费主导型的经济增长模式，而且对于避免贫富分化具有重要的作用。

（一）通过分配调整行业差距及地区差距

以日本为例，在 20 世纪 60 年代初，日本出现了消费能力不足、过度依赖投资以及劳动力红利降低等问题。通过"国民收入倍增计划"，各经济主体的利益分配得到了较好的协调，各种级差逐步降低。不同职业的劳动力工资收入差距呈现放缓下降的趋势，1961—1970 年工资收入差异上升趋势放缓，个别年份甚至下降；1970 年后，职业间的收入差距快速下降。国民收入倍增计划的实施缩短了地区收入水平差距，降低了不同类型劳动力收入和地区差别，进而缩小了贫富差距。据统计，日本 47 个县级行政区的人均 GDP 和工资水平的变异系数都呈下降趋势，分别由 1960 年的 0.38 和 0.13 下降为 1970 年的 0.28 和 0.12。[①]

（二）兼顾经济发展和社会公平

韩国在经济起飞阶段，城乡二元经济结构也很显著。在 20 世纪 70 年代，韩国实行"增长第一、分配第二"的发展政策，但到 20 世纪 80 年代这种政策带来的分配过度恶化引发了民众的不满情绪，韩国改变"先增长后分配"政策，在经济发展的同时，通过不断促进收入分配公平化，基尼系数从 1970 年的 0.35 下降为 1995 年的 0.32，始终低于 0.4 的警戒线，处于比较平均和比较合理的区间内。日本通过"国民收入倍增计划"，到 20 世纪 80 年代中期，基尼系数一直维持在 0.26 的低水平，社会矛盾趋于缓和。

日本和韩国的经验显示，他们在经济发展过程中基本克服了"维护既得利益集团的利益而忽视下层民众利益"的制度弊端，因而能够避免陷入"中等收

---

① 张车伟等：《日本"国民收入倍增计划"及其对中国的启示》，《经济学动态》2010 年第 10 期。

入陷阱"的一系列问题。2011 年 5 月,亚洲开发银行发布的《亚洲 2050——实现亚洲世纪》报告中称,韩国是通过培育中产阶级和知识经济而成功摆脱"中等收入陷阱"的模范国家。而日本的国民收入倍增计划帮助日本形成了将近 1 亿人口的"中产阶层",他们为社会转型提供了"橄榄型"的稳定架构,造就了日本经济高速增长的 10 年,堪称日本的"黄金时代",为日本跨越"中等收入陷阱"奠定了基础。

本章小结

本章通过回顾以日本和亚洲"四小龙"为代表的成功跨越"中等收入陷阱"的历史进程,即从总体上将其发展过程归纳为战后恢复和经济起飞准备、经济起飞和高速发展以及调整和稳定发展等三个阶段。对成功跨越"中等收入陷阱"的经验教训进行了总结和归纳。

分析跨越"中等收入陷阱"经济体的成功经验,首要经验就是坚持了制度创新,通过吸取新制度主义经济学的观点,制度创新作为决定经济发展的重要因素,市场机制和政府调控的宏观经济体制创新是最主要的制度创新前提,科技创新和体制创新相融合的制度创新主要服务于科技创新体系,教育和培训体系结合的社会制度创新为创新提供人力资本支持。可见,这些宏观制度和微观制度相结合的制度创新为跨越"中等收入陷阱"提供了经验支持。

跨越"中等收入陷阱"经济体的成功经验也依赖于良好的国际环境因素,即全方位对外开放。成功跨越的经济体大都按照循序渐进的对外开放原则,利用对外开放、抓住国外有利的产业转型阶段实现了自我的产业结构转型升级和优化,在对外开放的过程中,尤其是在金融等服务业的开放中,加强全方位监管是对外开放最重要的政策保障。

注重环境保护为成功跨越"中等收入陷阱"提供了生态保障。环境保护解决了经济发展与资源环境能源之间的突出矛盾,为经济的可持续发展提供了可能。可见完善环境保护的法治化、实现环境保护的市场化和产业化以及推进环境保护的全民化和常态化为成功跨越"中等收入陷阱"提供了生态方面的支持。

　　社会协调是成功跨越"中等收入陷阱"的必不可缺的社会支撑。仅注重经济的发展无法跨越"中等收入陷阱",只有社会协调、民生改善才能实现"中等收入陷阱"的跨越,进入高收入行列。这里主要从协调发展和社会发展两个视角总结了推动文化软实力建设为经济社会协调发展注入精神动力、注重乡村建设为城乡协调发展突破发展瓶颈以及调整分配结构是实现收入均衡增长的关键环节等三个方面的经验。

第三章

落入"中等收入陷阱"经济体的历史教训

经验是直接性的展开，而教训可以提供反向思考。本章将落入"中等收入陷阱"的经济体分为以拉美国家为代表的拉美模式和以部分东南亚国家为代表的类拉美模式两种。在拉美模式里主要选取了巴西、阿根廷、墨西哥和智利4个典型经济体，其中智利作为拉美模式的例外，已于 2011 年人均 GDP 突破 1.4万美元，成为首个走出中等收入陷阱的拉美国家①。在类拉美模式中主要以马来西亚、泰国、菲律宾以及印度尼西亚为例。通过回顾这两类不同发展经历、不同文化背景经济体的历史，总结归纳其落入"中等收入陷阱"的教训，以期为后来者提供警示及有益借鉴。

第一节　落入"中等收入陷阱"经济体的历史回顾

一、拉美模式的历史回顾

拉美是全球中等收入经济体最为集中的地区，也是"中等收入陷阱"表现最为突出的地区之一（见表 3-1）。根据世界银行人均收入分组标准，这几个国家进入下中等收入的时间大概在 20 世纪 60 年代左右。而今，半个世纪过去了，

---

① 根据 2011 年 7 月世界银行公布的标准，人均 GNI 超过 12276 美元为高收入组。参见郑秉文、齐传钧《智利：将走出"中等收入陷阱"的首个南美国家——还政于民 20 年及其启示》，载《拉丁美洲和加勒比发展报告（2010—2011）》，社会科学文献出版社，2011 年版。

这几个经济体都还没有进入高收入行列（见表3-2）。在理解拉美现实时需要运用长时段、多阶段的观点，同时也需要用全球化、整体性的观点进行研究。因为拉美的起源是与世界经济以及当时霸权中心的需要结合在一起的，因而如果没有对世界历史和世界总体的分析，就不能对拉美跨越"中等收入陷阱"做准确的分析。

表3-1　按三个收入组划分的拉美经济体

按收入划分	低收入国家组	中等收入国家组，人均996~12915美元		高收入国家组
		下中等收入国家	上中等收入国家	
人均收入标准	995美元及以下	996~3945美元	3946~12195美元	12196美元及以上
数量	1个	8个	20个	4个
拉美在该组别中的经济体	海地（625.6美元）	玻利维亚、厄瓜多尔、萨尔瓦多、危地马拉、圭亚那、洪都拉斯、尼加拉瓜、巴拉圭	阿根廷、伯利兹、巴西、智利、哥伦比亚、哥斯达黎加、古巴、多米尼克、格林纳达、牙买加、墨西哥、巴拿马、秘鲁、多米尼加共和国、圣基茨和尼维斯、圣文森特和格林纳丁斯、圣卢西亚、苏里南、乌拉圭、委内瑞拉	安提瓜及巴布达、巴哈马、巴巴多斯、特立尼达和多巴哥

资料来源：人均GDP来自2010年拉美经贸会统计年鉴。

从研究对象的选取来看，巴西是拉美第一经济大国，国土总面积854.74万平方公里，居世界第五，总人口2.02亿，是个多民族文化的国家；墨西哥是拉美第二经济大国；阿根廷是拉美第三大经济体，也是综合经济实力较强的发展中国家；智利经过几次跨越，终于在2011年跨过"中等收入陷阱"。这4个经济体均具有典型代表性。从研究的时间起点来看，考虑到拉美独立时间较早和经济周期变动的客观情况，本章考察的时间段是拉美获得独立解放的 19 世纪 20 年代末至今，这 4 国经历了大致相同的发展阶段，可以从经济发展模式的角度分为以下几个阶段。

表 3-2 1960—2010 年拉美部分国家人均国内生产总值 单位：美元

	1960 年	1970 年	1980 年	1990 年	2000 年	2010 年
阿根廷	1943	2531	2736	4333	7701	11464
巴西	1049	1382	1930	3087	3766	11318
墨西哥	1327	1940	2763	3052	6581	8916
智利	555	938	2464	2388	5133	12700

数据来源：根据世界银行网站数据测算，https：//data. worldbank. org. cn/。

（一）出口初级产品的外向发展模式（19 世纪 70 年代—20 世纪 30 年代）

这个阶段是现代化进程的第一阶段，由于初级产品出口繁荣和早期的工业发展，拉美各国普遍实行了初级产品出口发展模式。其特点如下：

政局稳定促进经济增长。独立后长达半个世纪的战乱和所谓的自由主义改革，拉美各国统治阶级和人民都认识到经济发展是首要的，经济要发展政治上必须稳定。由此在"政府、大地主、资产阶级及外国资本"等四者统治下，实现了国家统一和稳定。

巨大的出口贸易加大了市场繁荣。适逢当时以英国等国家为代表的资本主义强国在第二次工业革命时期对拉美国家原料日益增长的需求，拥有丰富矿产和农产品的拉美国家急需资金来发展自己，因此，拉美国家通过初级产品出口来引进外资获得所需资金成了一种必然之选。1877—1900 年，墨西哥的出口额翻了四番。1833—1889 年，巴西外贸总值增长了近 7 倍。出口贸易大大提高了经济增长，墨西哥在 1820 年至 1870 年，年人均 GDP 增长率为-0.1%，而在 1870 年至 1913 年则提高到 1.7%，阿根廷此时已经是世界上最富裕的国家之一。

开放的资本市场推动了经济发展。由于有丰富的原料出口作担保，拉美国家负债累累，但仍不能吸引外国的投资。于是，在欧美自由主义经济思想的指导下，拉美国家大都开始对外开放本国的资本市场，英国是整个 19 世纪拉美国家最重要的外国投资者，占 1913 年拉美外国投资的 2/3；但到 19 世纪末 20 世纪初，美国企业发挥的作用越来越重要。

技术革新与教育改革相结合。19 世纪中叶以后，一些主要的拉美大国，大都引进欧洲的教育制度，开始着手教育改革。以阿根廷为例，政府曾经在鼓励铁路建设和自由移民的同时，于 19 世纪 70 年代建立了一个全国性的民众教育体系，并创立了新的科研机构。19 世纪末最重要的革新是新技术冰冻条件下肉类长途运输技术的开发，这些技术革新为阿根廷的肉类出口打开了广阔的市场，并推动了食品加工包装厂和冷冻汽船的建设。

内外原因重挫黄金时代。从 1914 年第一次世界大战爆发开始，拉美出口导向增长的黄金年代结束了（见表 3-3）。其外部原因直接始于战争爆发，内部原因则表现为：一是在民族独立进程中所遗留下的领土争端问题使拉美国家的阶级矛盾和民族矛盾日益激烈；二是依附性现代化经济自由政策造成了严重的城乡二元结构；三是收入高度集中在依附外国资本的农矿业寡头集团，大多数居民没有获益。

表 3-3 1929—1933 年拉美部分国家的实际人均生产指数

年份	阿根廷	巴西	智利	墨西哥
1929	100.0	100.0	100.0	100.0
1930	93.5	93.6	92.0	91.2
1931	84.9	89.0	68.7	92.9
1932	80.1	89.4	67.2	76.5
1933	81.8	99.0	78.7	83.3

资料来源：Eliana Cardoso, Ann Helwege, Latin America's Economy: Diversity, Trends, and Conflicts, The MIT Press, 1992. p50. 转引自曾昭耀：《拉丁美洲发展问题论纲》，当代世界出版社，2011，第 85 页。

（二）进口替代工业化的内向发展模式（20 世纪 30 年代—20 世纪 90 年代初）

这个阶段是现代化的第二阶段，受到资本主义经济危机的影响，部分拉美国家意识到依附外国发展的弊端,进而转向进口替代工业化阶段。20 世纪 30 年代,资本主义经济危机的冲击迫使拉美国家改变旧模式,阿根廷、巴西和墨西哥率先开始推行初级进口替代工业化战略,并且持续到了 20 世纪 80 年代初。这半个世纪的时间又可以大致分为起飞、稳定发展和危机三个阶段。在这三个阶段中,大多数拉美国家实现了由人均 GDP 1000 美元到 3000 美元的跨越。

进口替代工业化起飞阶段大约从 20 世纪 30 年代到 20 世纪 40 年代,主要是非耐用品进口替代阶段。在这个阶段,受拉美国家诸多学者和政客的影响,拉美国家对进口替代工业化模式广泛采纳,以满足以国内市场需求为中心的工业化运动兴起。"被迫进行的进口替代工业化在两次世界大战之间的危机时期就开始了,但只是到第二次世界大战以后,在普雷维什的结构主义启发下,进口替代工业化才成为一种长期的发展战略。"[1]

1950 年到 1973 年是进口替代工业化稳定发展的阶段。"二战"后,在拉美结构主义思想以及国际民族解放运动高潮的推动下,拉美地区工业化浪潮进一步高涨。

进口替代战略局限初显。20 世纪 50 年代中期,像阿根廷、智利等少数先行实行进口替代的国家已开始面临国内市场狭小的限制。进入 20 世纪 60 年代后,先行国家开始从非耐用消费品进口替代推进到部分中间产品和资本化的进口替代,与此同时,拉美国家采取了地区经济一体化和促进工业品出口的方针,以扩大工业品的销售市场。

产业结构调整效果明显。在产业结构方面,完成了农业经济向工业经济的过渡,产业结构也逐步从劳动密集型产业转向技术密集型工业,制造业在 GDP 中的比重大幅提高,从 1950 年的 19.9% 增至 1973 年的 28.3%[2]。产业调整反映在就业结构上,从事第二产业、第三产业的就业人员所占比重明显增加,而第一产业劳动者比重显著减少,由此带来的城乡和消费结构等方面的变化突出。

---

① James L. Dietz and Dilmus D. James, eds., *Progress toward Development in Latin America: from Prebisch to Technological Autonomy* (Boulder: Lynne Rienner Publishers, 1990), p. 7, 转引自苏振兴:《拉美国家现代化进程研究》,社会科学文献出版社,2006,第 34 页。

② 苏振兴、张勇:《从"进口替代"到"出口导向":拉美国家工业化模式的转型》,《拉丁美洲研究》2011 年第 4 期。

　　发展造就经济奇迹。由于实行工业优先政策，其中巴西和墨西哥还一度创造了经济高速增长的"奇迹"。比如巴西在 1951—1980 年的 30 年间，年均经济增长率达 6.8%，其中 1968—1973 年"经济奇迹"时期分别达到了 11.2%、10.8%、12.0%、11.1%、14.0% 和 14.0%，年均增长率高达 10.1% 以上。① 在贫富差距方面，按照联合国统计数字，20 世纪 70 年代初，阿根廷是社会公平和缩小贫富差距的标杆，阿根廷常常自夸是"一个没有穷人的国家"。具体表现为和发达国家相差无几的指标，1974 年的基尼系数为 0.345，贫困人口只占总人口的 8%，20% 高收入的富人与 20% 低收入的穷人相比，两者在社会总收入中占的比重之差约为 6 倍。②

　　城市化趋势进展迅速。例如墨西哥 1940 年还是农业社会，城市居民只占居民总数的 18%；到 20 世纪 70 年代末，城市居民已远远超过居民的半数，经济自立人口中农业的人口从 21 世纪初的 70% 左右下降到 40% 以下，而工业的人口则从大约 10% 上升到 30%，城市化进程可以说是突飞猛进。应该说，这个阶段拉美的发展成就是巨大的，但是这种发展是以令人惊愕的贸易赤字和财政赤字为代价获得的。

　　债务危机弥漫整个市场。在国际布雷顿森林体系解体和石油价格大幅下跌的双重打击下，拉美国家从墨西哥开始爆发了历史上空前严重的债务危机，负债率以巴西、墨西哥和阿根廷位居前三（见表 3-4）。拉美国家普遍进入经济危机阶段。例如到 1969 年，墨西哥制造业的增长率下降了 1/3；农业增长率下降得更多，几乎下降了 1/2，以致粮食的供应满足不了人口的需要；全国收入的增长率也下降了 1/2，国民收入分配两极化的情况越来越严重，5% 的富豪家庭占了全国收入的 36%，而 20% 的贫穷家庭的收入却只占全国收入的 4%，41% 的学龄儿童上不了学，1120 万人吃不上鸡蛋。③ 20 世纪 80 年代也是巴西现代化进程中经济停滞不前、社会倒退与政治松动的时期。GDP 增长率总计只有 17%，人

---

① 李春辉、苏振兴、徐世澄主编《〈拉丁美洲史稿〉第三卷》，商务印书馆，1993，第 435 页。

② 阿根廷经济危机分析：《政治腐败加剧经济衰退》，新浪网，2011 年 3 月 13 日，http://news.sina.com.cn/w/sd/2011-03-13/142522106276.shtml，查询日期：2018 年 3 月 21 日。

③ Miguel Basanez, La Lucha por la Hegemonla, 1968—1980, Siglo XXI Editores, pp. 142, 143. 转引自曾昭耀：《拉丁美洲发展问题论纲》，当代世界出版社，2011，第 101 页。

均年 GDP 为 2000 美元以内。1981—1990 年的 10 年间，人均 GDP 竟有五年出现负增长。政府财政赤字严重，投资额急剧下降，从 20 世纪 70 年代的平均 26.6%降至 20 世纪 80 年代的平均 17.6%。通货膨胀率从两位数升至三位数，甚至达到四位数。

表 3-4　1989 年拉美国家的债务与偿债情况

国家	1989 年债务（10 亿）	1988 年负债率	
		债务/国民生产总值（10 亿）	利息/出口总值（10 亿）
阿根廷	61.9	60.5	27.5
玻利维亚	5.8	135.5	17.2
巴西	112.7	30.7	36.1
智利	18.5	96.6	15.1
哥斯达黎加	4.6	100.0	13.4
厄瓜多尔	11.5	113.3	12.7
洪都拉斯	3.4	81.9	15.6
墨西哥	102.6	58.0	27.3
秘鲁	19.9	47.3	5.6
乌拉圭	4.5	50.1	18.3
委内瑞拉	34.1	57.7	24.1
拉丁美洲	434.1	53.6	22.3

资料来源：Eliana Cardoso, Ann Helwege, Latin America's Economy: Diversity, Trends, and Conflicts, The MIT Press, 1992. p111. 转引自曾昭耀：《拉丁美洲发展问题论纲》，当代世界出版社，2011，第 101 页。

两极分化严重。拉丁美洲的经济危机实质，一方面是源于南北两个世界国际经济矛盾长期发展的结果，另一方面是由于长期社会分化造成的。拉美国家的土地制度造就了一个财富分配不公、阶层等级森严的社会。在现代化过程中只重视经济增长而忽视社会公平,从而成为"世界上收入分配最不公平的地区"。1980 年前后,拉美国家的基尼系数均高于世界平均基尼系数 0.4 的标准,11 个主要国家的基尼系数在 0.5 以上①;在收入分配方面,5%的富人占据了 25%的国民总收入,10%的富人占据了 40%的国民总收入②。正如拉美经济学家普雷维什所说,"从社会观点来看,发展已偏离方向","一极是繁荣以致富足,另一极则是持续的贫困"。③

(三) 出口导向和新型发展模式过渡的转型阶段(20 世纪 90 年代至今)

20 世纪 90 年代至今是拉美现代化进程重新调整和改革的转型阶段。受到当时世界格局的影响以及全球化浪潮的兴起,加上拉美国家自身需要放弃旧模式转向新型发展模式的需要,拉美各国放弃进口替代战略和过去忽视农业的做法,从国家主导的自主现代化道路转到新自由主义的道路上。

新自由主义兴起。新自由主义首先通过智利(1973)和阿根廷(1976)等国的经济改革进行试验,20 世纪 80 年代拉美国家普遍陷入经济危机,成为新自由主义取代拉美结构主义的良机。20 世纪 90 年代新自由主义在拉美地区开始居于支配地位。如在工业方面拍卖国有企业,实行国有企业的私有化;在农业方面颁布新的土地法,实行村社土地私有化,取消土地社会所有制;在金融开放方面,鼓励外国资本开放投资;在政府财政方面,缩减政府开支,削减对基本食品供应的补贴以及保健和教育服务等;在劳工方面,实行"劳工市场灵活化"改革;在外交方面,摈弃原来反对霸权主义的"旧民族主义政策",采取疏远发展中国家而与美国"特殊接近"的所谓"外围现实主义"政策等。以巴西为例,政府提出"新巴西计划",意在减少国家干预并实行国有企业私有化,强调重视科技和教育的工农业现代化。④ 1991—1994 年是巴西 20 世纪 80 年代持续衰退以来的首次恢复增长期,到 1994 年已经接近债务危机前的水平。

新自由主义受挫。事实证明,新自由主义并不能解决拉美的发展问题。相

---

① Inter American Development Bank, *Economic and Social Progress in Latin America*, 1998—1999 Report (Washington. D. C., Johns Hopkins, University Press, 1998), p. 11. 转引自江时学:《拉美国家的收入分配为何如此不公》,《拉丁美洲研究》2005 年第 10 期。

② 江时学:《拉美国家的收入分配为何如此不公》,《拉丁美洲研究》2005 年第 10 期。

③ 劳尔·普雷维什:《外围资本主义:危机与改造》,商务印书馆,1990,第 9 页。

④ 江时学:《拉美国家的经济改革》,经济管理出版社,1998,第 171 页。

反，在实行新自由主义政策的十几年中，墨西哥、巴西和阿根廷分别在20世纪
90年代接连发生了3次大的金融危机或经济危机，这是因为新自由主义思想与
发展中国家的工业化目标背道而驰，全方位开放带来了外来商品对本国制造业
激烈的冲击；新自由主义极力倡导发挥比较优势，导致拉美国家的工业化重新
走上以资源加工业的发展道路；完全把现代化交给市场力量来实现，造成经济
与社会不能协调发展，从而引起了社会不稳定和政治动荡。20世纪90年代以后
的10多年间，拉美国家已先后有5位民选总统在民众的抗议运动中被迫下台。
而此时大部分民众则认为，"经济发展比民主更重要"；在是否支持专制政府方
面，"如果一个专制政府能解决经济问题，他们将支持专制政府"。[①] 所以，出
于对经济发展重心的考虑，有学者提出："必须对全盘贸易自由化这种战略给予
重新考虑，因为它对工业的结构有严重的破坏性影响。"[②] 庆幸的是，21世纪以
来，由于拉美一些国家开始重新思考和扬弃新自由主义思潮，现已呈现出突破
"中等收入陷阱"的良好势头。所有这些都证明，在经济全球化迅速发展的形势
下，国家具有维护社会和政治稳定的职能，在现代化进程中的作用不但不应该
缩小，反而应该适当强化。

　　新型发展模式整装发力。进入21世纪以后，拉美各国根据本国情况进行了
经济政策改革的重新调整。一大批反对新自由主义、主张维护社会公平的左翼
政党取得执政地位。巴西政府追求"公平和独立"的改革，采用谨慎的财政和
货币政策，在控制通货膨胀、降低外债和社会发展等方面取得了显著成果，促
使巴西自20世纪70年代"经济奇迹"以来开始了第二次经济增长周期。就通
货膨胀来看，巴西以高利率手段控制通胀率降至一位数，成为当前通货膨胀率
在"金砖四国"中最低的国家；外债总额方面，巴西一直处于下降态势，1999

---

① 联合国开发计划署：《思想与贡献：拉丁美洲的民主》，Ideas y aportes, la Demoeracia en
America Latina, http://www.undp.org/dpa/Spanish/press Rel Archive/proddal/Ideas-y-A-
portes-Partel.pdf, 转引自苏振兴：《拉美国家现代化进程研究》，社会科学文献出版社，
2006，第40页。

② Gerado Otero, Neoliberalism Revisited, *Economic Restructuring and Mexicos Political Future*
(Westview Press, 1996)，p.81.

年为 45.4%，2008 年降至 14.7%。[①] 在社会协调发展方面，巴西卢拉政府推行 "零饥饿计划"等一系列社会政策，积极创造就业岗位，扩大中产阶级比例，实现了经济与社会并重的发展模式。2008 年，基尼系数降至 0.515，低收入阶层和超低收入阶层较 2003 年分别下降了 15.5% 和 37%，而中产阶级增加了 23.1%。[②]

总的来看，这个阶段拉美国家遭遇了经济全球化的严重挑战，由于拉美国家应对经济全球化挑战战略的失误，导致拉美社会进一步两极分化，社会冲突激化。通过对拉美历史的简要考察，我们看到，拉美近两个世纪的现代化进程三起三落，一次又一次的启动、一次又一次的失败，大多数国家至今也未能完成现代化、缩小同发达国家差距的进程。但进入 21 世纪以来，拉美国家政局相对稳定，政府发展意识明显，且效果突出，实力稳步提升，成为最具增长活力和发展潜力的新兴地区之一。[③]

二、类拉美模式者的历史回顾

马来西亚、泰国、菲律宾和印度尼西亚这四个东南亚国家与拉美有相似点，技术上具备后发优势，大多土地广袤且矿产丰富。"二战"后，四国基本也经历了相似的发展历程，大致分为以进口替代发展模式为主的经济起飞阶段、以出口导向发展模式为主的经济发展阶段以及反危机和改革调整阶段等三个阶段。特别是在出口导向阶段，即 20 世纪 80 年代到 20 世纪 90 年代中期，东南亚四国的经济凭其高于世界平均水平经济增长，被称为崛起的亚洲"四小虎"。但是，1997 年爆发的金融危机，使东南亚四国持续了十多年的经济高速增长戛然而止，经济发展中积累的一系列问题集中爆发，导致四国落入了"中等收入陷阱"。

---

① 周志伟：《从"永远的潜在大国"到"崛起的金砖"——试论巴西发展模式的转变》，《当代世界》2009 年第 11 期。

② 周志伟：《从"永远的潜在大国"到"崛起的金砖"——试论巴西发展模式的转变》，《当代世界》2009 年第 11 期。

③ 苏振兴：《国际变局中的拉美：形势与对策》，知识产权出版社，2014，第 1 页。

表 3-5　东南亚四国 2010 年国内生产总值情况

	国内生产总值		按 PPP 计算的国内生产总值		
	总额 （亿美元）	世界排名	总额 （亿美元）	人均 （美元）	人均 GDP 世界排名
印度尼西亚	6951	18	10330	4330	155
马来西亚	2190	37	4167	4700	77
菲律宾	1887	46	3552	3500	161
泰国	3126	30	5803	8700	118

资料来源：根据 2010 年国际货币基金组织数据编制。

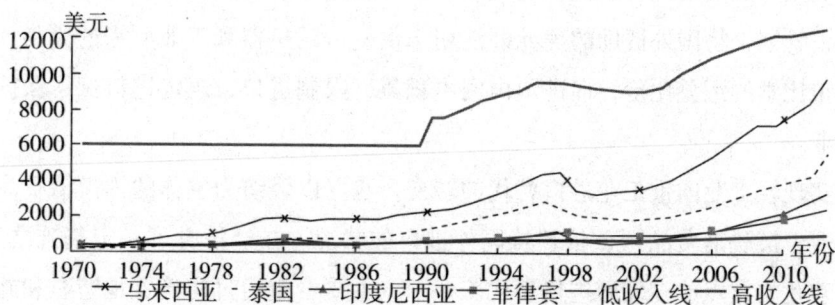

图 3-1　1970—2011 年东南亚四国人均 GNI 增长情况

注：两条标准线以 1987 年水平为准。

数据来源：根据世界银行网站数据库绘制。转引自黄继伟、全毅：《东盟国家落入"中等收入陷阱"的原因与教训》，《当代经济管理》2014 年第 7 期。

按照世界银行的分类，目前在世界上 200 多个国家和地区中，东南亚四国的经济规模排名在第 18~46 位之间，如表 3-5 所示，马来西亚、泰国、菲律宾和印度尼西亚属于中等收入国家。具体来看，泰国、印度尼西亚和菲律宾三国长期处于中低收入组（见图 3-1），马来西亚则处于中高收入组。

（一）以进口替代发展模式为主的经济起飞阶段（1950—1960）

二十世纪五六十年代，是东南亚现代经济的起步阶段。东南亚国家多年受殖民统治影响，经济结构片面发展，高度依赖初级农矿产品换取工业制成品的模式。为了摆脱战后国内面临的经济发展不平衡、经济结构单一等因素，各国开始推行以国家资本为主导的进口替代战略,大力扶持国有企业,限制私营企业。

充分利用国家政权的力量,进行民族资本积累。例如印尼采取了接管的方式,将原殖民地政府经营的铁路、邮电和港口等收归国有。泰国政府利用政府主导,排斥私人投资,组建国有企业,后来由于这种方式所建立的国有企业普遍效益不佳,又发展为农业多种经营和私人资本主导性发展。

进行农村土地改革。通过土地改革,开辟国内市场,为工业化生产提供劳动力,同时将土地资本转为工业发展的积累资金。比如泰国非常注重加速农产品的出口,为工业发展提供了积累。

利用外国援助进行基础设施建设,发展制造业和重化工业。比如菲律宾实行外汇管制,将国外援助的美元外汇用于供进口的机器和工业所需的原料;提高菲币比索的汇兑比价,促进国内资本积累,限制进口,规定进口额,保护国内工业。

实现轻工业向重工业进口替代的转变。建立以轻纺为主体的内需消费品制造工业,摆脱消费品严重依赖从国外进口的状况。在经济有了一定基础之后,把工业化的重点放在发展进口替代工业上,主要希望通过构筑关税壁垒和施行进口限制为本国工业品开辟市场,通过在国内生产那些过去依靠进口的工业产品来节约外汇储备,以解决外汇储备增长问题。进口替代工业化在泰国是卓有成效的,1961—1971年泰国年均经济增长率超过8%,工业产值的年均增长率超过11%。[1]

1951年,菲律宾纺织品的平均进口额为790万美元,占进口总额的20%。1951年以后,替代纺织品进口的工业取得显著进展,到1961年,纺织品国内生产约占国内消费量的80%,纺织品进口额急剧下降。[2]

(二)以出口导向发展模式为主的经济发展阶段(1970—1980)

这个阶段是东南亚四国经济取得高速增长的阶段。20世纪70年代初开始,

---

① 根据世界银行网站测算,https://data.worldbank.org.cn/country/thailand? view = chart,查询日期:2018年4月12日。
② 转引自刘世锦:《陷阱还是高墙?》,中信出版社,2011,第290页。

东南亚四国开始转向出口导向发展阶段。

有利的国际环境变化促进产业升级调整。国际大环境变化主要表现为发达国家在全球范围内进行的产业结构调整，把一部分由于劳动力成本提高而失去竞争优势的劳动密集型企业以及高能耗、高污染的企业，转移至能发挥比较优势的发展中国家。东南亚国家通过引进这些技术水平高出本国现有水平的劳动密集型产业，迅速增加了企业数量和就业机会，使东南亚国家把视野从相对狭窄的国内市场转向容量巨大的国际市场，进而快速增强了工业实力。马来西亚制造业在1987年首次超过农业位居第一（制造业22.5%，农业21.9%），以后一直稳居首位（如1990年占27%，1995年占33.1%，1997年占34.4%）①。1984年泰国贸易结构也发生重大变化，制造业产值首次超过农产品出口总值。东南亚四国也开始重视发展旅游、贸易、银行、金融等服务型经济。

国内平衡的产业政策。从东南亚四国1997年以前的经济发展状况看，各国依据本国国情，将合理的产业政策建立在正确的经济发展战略上，采取从紧的财政与货币政策，维持了国内经济平衡的状态，表现为低通货膨胀高增长的经济运行态势，这也是东南亚颇具特色的发展模式。

亚洲金融危机的爆发。随着贸易自由化进程加快，四国作为WTO成员方，均大幅削减了关税和非关税壁垒，20世纪80年代中期后，受西方金融自由化影响，东南亚四国大力推动放松政府管制、开放金融市场的金融自由化改革，在生产国际化程度提高的同时，带来的则是国际资本涌入的副作用以及国际收支的严重不平衡。据统计，到1997年6月，泰国外债总额已经高达900亿美元，印尼外债总额大约1200亿美元，分别占国内生产总值的47%和48%。② 这种对外依赖程度高的经济模式，在高速增长的同时必然伴随着不稳定性和脆弱性。1996年，受全球性电子产品供给过剩影响，泰国出口从1995年的22.5%降到1996年的3%，经常项目赤字逆差高达162亿美元，③ 成为1997年泰铢急剧贬

---

① 转引自刘晓平：《论马来西亚政府在工业化进程中的作用（1970—1990年）》，《经济与社会发展》2005年第11期。

② 《在这世界闯荡，谁能安然无恙？东南亚金融危机启示》，搜狐财经，2016-2-24，http://www.sohu.com/a/60353805_116182，查询日期：2018年4月15日。

③ 樊志刚：《东南亚金融危机的成因、影响及启示》，《城市金融论坛》1997年第12期。

值并引发经济危机的原因之一。20 世纪 90 年代以来,东南亚四国经济增长迅速,保持了 7%~8%的增长率,但产业发展出现泡沫现象,大量资本流入如房地产和股票投资等高收益领域。因此,东南亚四国的贸易收支进入 20 世纪 90 年代后仍保持着赤字,并由此累积了巨额的外债。

总体来看,在 1997 年金融危机爆发之前,在全球性和区域性贸易自由化浪潮的推动下,东南亚四国的贸易自由化进程不断加快。20 世纪 80 年代中后期,席卷西方国家的金融自由化改革在东南亚四国的影响也开始显现。

(三)落入"陷阱"的中等收入发展阶段(1997 年至今)

20 世纪 90 年代初期,由于国际资本尤其是短期资本和追逐高额利息的"热钱"流入,虽然弥补了经常账户的赤字,但超常的经济高速增长聚集大量的泡沫,创造出虚拟的经济繁荣和国际收支表面上的平衡,掩盖了经济运行背后的严重隐患。经济开放过快过急和严重依赖外部市场,在没有中央银行担保的前提下,允许私人大公司和金融公司向外借贷巨额短期贷款,投资于利润回报率高的房地产等非生产部门。由于私人的借贷行为具有很强的隐蔽性,东南亚四国的中央银行和金融机构又缺乏必要的金融监管,在国际货币投机者的狙击之下,金融危机最终爆发。

危机造成经济衰退。1998 年东南亚地区国内生产总值比 1997 年整体下降了6.9%[1]。其中印度尼西亚受影响最严重,据统计,1998 年国内生产总值比 1997年同期下降了 13.9%[2]。泰国生产总值下降的幅度仅次于印尼,1998 年泰国国内生产总值比 1997 年下降 8%。马来西亚也出现了自 1985 年以来的首次国内生产总值下降,1998 年的国内生产总值比 1997 年下降 6%[3]。

国内推行经济重组与调整。东南亚四国在面临经济形势急剧变化的情况下,开始通过扩张性宏观政策等短期经济政策进行调整,进行产业结构重组,进而实现出口市场的重新调整。同时也注重了经济发展的中长期规划,着眼于顺应

---

[1] 国际商报,1998 年 12 月 2 日。转引自马勇:《东南亚目前经济衰退的特点及其前景》,《云南经济管理干部学报》1999 年第 2 期。

[2] 同上。

[3] (马来西亚)南洋商报,1998 年 12 月 16 日。转引自马勇:《东南亚目前经济衰退的特点及其前景》,《云南经济管理干部学报》1999 年第 2 期。

经济全球化和信息化的趋势,以期实现经济发展结构和战略的调整。

经济增长的艰难前行。2001 年东南亚经济复苏势头遭受重挫,经济增长率不到 3%。从中长期看,东南亚经济增长速度难以再现金融危机前高速增长的势头。一方面,因为日本主导的产业转移使得区域内赖以高速发展的增长动力机制和产业循环机制难以照旧运行;另一方面,东南亚经济在未完成产业升级换代前,就面临后起国家在劳动力资源优势、技术的吸收消化效率以及资本流入的吸引力等方面的挑战。随后 2008 年又受到国际金融危机的冲击,贸易低迷,出口下滑,经济发展明显放缓,总体来看,这些国家的经济在缓慢复苏。印尼在 1997 年金融危机中受冲击最严重,但印尼政府通过整顿银行体系、紧缩财政、削减对大型建设项目的支出、重组私人部门的外债以及重点扶持中小企业的恢复和发展等措施来挽救危机,事实证明,这些反危机措施是有成效的。2003 年,印尼人均 GDP 增长为 1077 美元①;2016 年,印尼人均 GDP 折合为3605 美元。② 与泰国、印度尼西亚、马来西亚相比,尽管菲律宾受到的影响相对较轻,但毕竟是最先受到打击的国家。第二次危机中菲律宾受到的影响则更严重更长久,另外与第一次危机相比是短期外债和外汇储备不同。外债结构发生变化,长期外债增加,短期外债比例减少。菲律宾政府采取了应对政策,比如采取宽松的货币政策,大幅度降低利率;对外资实行空前的优惠政策;重视中小企业的发展以及加强基础设施的建设,经济结构不断向服务业倾斜。这一系列的经济政策也产生了不错的效果:财政状况不断改善,外劳汇款强劲支撑消费,外贸下滑幅度不大,投资拉动经济发展。2012 年至 2016 年菲律宾国内生产总值(GDP)增长分别为 6.8%、7.2%、6.1%、5.8%、6.8%,2016 年 GDP总值达 3042.6 亿美元,人均 2920 美元。③

总之,尽管东南亚各国经济高速增长因 1997 年东南亚金融危机和 2008 年世界金融危机被迫中断之后,一直在中等收入陷阱里徘徊,但随着全球经济的复

---

① 根据世界银行网站数据整理,https://data.worldbank.org.cn/country/indonesia? view = chart,查询日期:2018 年 4 月 23 日。

② 同上。

③ 根据世界银行网站数据整理,https://data.worldbank.org.cn/country/philippines? view = chart,查询日期:2018 年 4 月 24 日。

苏，东南亚经济已成为世界经济增长的热点地区。尤其自 2010 年以来，各国逐渐摆脱金融危机的阴影，马来西亚、泰国已处于上中等收入阶段，菲律宾、印度尼西亚即将由下中等阶段迈进上中等阶段，四国发展势头已成为推动亚太地区乃至世界经济发展的重要增长极。

第二节 动力不足：落入"中等收入陷阱"的首要因素

落入"中等收入陷阱"的原因有很多，在分析失败教训的时候，发展动力不足是首要因素。具体来说，可以归纳为错失经济增长转变的时机、缺乏自主技术创新能力以及僵化理解市场经济体制等三个方面。

一、错失经济增长方式转变的时机

拉美在迈向现代化的进程中经历了三个发展阶段，即初级产品出口阶段、进口替代工业化模式阶段和外向发展模式阶段。有学者把这种"外向—内向—外向"模式的"断裂式"转化称为模式选择的"钟摆现象"。① 事实上，在不同的发展阶段和历史条件下，不同模式的选择都有其合理性，但是这种"钟摆现象"的发展模式带来的弊端是后一种模式对前一种模式的否定和政策的大转向，从而造成了发展过程连续性的脱节和中断以及对生产力的破坏。

例如，拉美国家的初级产品出口模式持续了 60 年，其弊端早在二战时期就已开始显现，但拉美国家错失调整时机，结果造成大萧条对经济的致命破坏。进口替代战略实行了半个世纪，早在 20 世纪 50 年代就表现出对工业化的制约发展，但同样错失调整时机，导致严重的结构性危机，随之又转为新自由主义的激进式改革。之所以采取这种大跨度的模式转换方式，源于忽视内外环境和条件的变化，以及碍于自身认识水平的局限，遇到危机就从一种极端到另一种极端，从而加剧了这种激进式的改革。

东南亚四国同样存在错失经济增长方式转变时机的情况。20 世纪 70 年代以

---

① 苏振兴：《拉美国家现代化进程研究》，社会科学文献出版社，2006，第 3 页。

后，东南亚四国开始转向出口导向发展模式，经济增长主要依靠出口低成本产品来拉动。以泰国为例，从 1980 至 1996 年，出口约增加了 7.8 倍，进口也增加了 6.8 倍，[①] 进口依赖程度高是因为需要通过原材料、设备、机械和零件进口来支撑生产和出口。到了 20 世纪 90 年代，尤其在 1997 年亚洲金融危机后，面对低成本人口红利、要素等优势的丧失，以及新经济增长点的匮乏，这些国家未及时调整经济增长方式，导致经济发展缓慢，迟迟在中等收入阶段徘徊。泰国在 1982 年进入中等收入阶段，时隔 30 年后人均 GDP 仍只有 4100 美元。印尼在 1995 年人均 GDP 为 1065 美元，1998 年又跌入低收入阶段，人均 GDP 仅为 482 美元，直到 2003 年又重回 1094 美元，最近十几年呈缓慢增长势头，2016 年人均 GDP 为 3605 美元。菲律宾发展相对最缓慢，1994 年人均 GDP 为 1049 美元，2016 年只有 2920 美元。[②]

事实证明，不论是拉美模式还是类拉美模式，在随后的改革过程中开始偏重实用主义作风，将优秀先进的经济思想为己所用，根据本国的国情来进行改革之路。比如，巴西政府制定了"新巴西计划"，从工农业现代化等各方面进行经济改革。其"雷亚尔计划"的实施，对于遏制恶性通货膨胀，实现宏观经济的稳定，进而稳定饱受 30 年物价波动影响的巴西社会起到了促进作用。墨西哥与工商企业、劳工三方代表签署了"社会稳定和经济发展契约"，其主旨为减少经济调整过程中的利益摩擦和冲突保证。[③] 智利作为拉美的例外，于 2011 年跨越"中等收入陷阱"，被认为是有效防止拉美国家模式转型"钟摆现象"的典型国家，避免了其他拉美国家从一个极端到另一个极端的做法。智利是引进新自由主义国家的先行者，但其新自由主义已经是在结合本国国情的基础上运行的经济体系，不同于欧美的新自由主义，智利在坚持市场化改革的同时，加强了国家对经济及其他领域的宏观调控，并且智利政府对内重视经济结构调整，扶持中小企业，大力鼓励创业创新；对外则全面拓展国际市场，加大贸易自由

---

① 转引自［日］藤田和子：《东南亚的工业化与跨国企业》，乔云译，《南洋资料译丛》2003 年第 1 期。

② 数据根据世界银行网站测算，https：//data. worldbank. org. cn/country/philippines？view＝chart，查询日期：2018 年 4 月 27 日。

③ 王海军：《拉美国家的经济调整及其经验教训》，《经济科学》1991 年第 1 期。

化进程,这些措施均取得良好效果。

二、缺乏自主技术创新能力

拉美和东南亚在进入中等收入阶段后,由于过度依赖于技术引进,没有将自主创新能力转化为经济发展的动力,致使其长期停留在"中等收入陷阱"。在技术进步方面,拉美国家和东南亚国家明显滞后于日本、韩国等经济体。阿根廷在1993年的高技术产品出口占制造业产品出口的比例为6.48%,到2012年仅增加了1.22%;巴西在1988年为6.3%,到2012年仅增加了4.19%;墨西哥2003年为21.29%,与1988年相比仅增加了11.19%;在1988年,印度尼西亚高技术产品出口占制造业产品出口比例为1.45%,2003最高时也仅为16.39%。[①](见表3-6)在亚洲金融危机之后,印尼、马来西亚等国家的经济增长乏力,与自主技术创新动力的缺失直接有关。

表3-6 部分国家高科技产品出口额占制成品出口额的比重

	1988	1993	1998	2003	2008	2012
阿根廷	—	6.48	5.91	8.9	9.02	7.8
巴西	6.3	4.6	13.17	11.59	19.25（2010）	10.49
墨西哥	10.10	13.94	20.75	21.29	18.18	16.33
日本	23.93	24.59	26.15	24.43	17.31	17.41
韩国	15.94	20.25	27.08	32.32	27.60	26.12
印度尼西亚	1.45	6.65	10.37	16.39	12.87	7.3

数据来源:G20高科技产品出口额占制成品出口额的比重 [EB/OL]。百度文库,2015-4-19,https://wenku.baidu.com/view/5e0a8bf76529647d2728527b.html。

自主技术创新能力的不足与对研发投入不够以及人力资本的教育重视程度不够有关。就研发投入而言,拉美国家的研发投入与发达国家相比一直处于较低水平。1995年,OECD国家研发投入占GDP均在2%以上,而拉美地区则为

---

① 《G20高科技产品出口额占制成品出口额的比重》,百度文库,2015-4-19,https://wenku.baidu.com/view/5e0a8bf76529647d2728527b.html,查询日期:2018年4月28日。

0.59%。到了2003年，日本、韩国均超过2.5%，拉美反而下降到了0.57%。[1]即便是拉美研发大国的巴西，虽然其研发支出规模高出该地区所有国家近6成，但是其研发支出占GDP比例（从1995年的0.87%提高2003年的0.95%），[2] 与发达国家平均水平仍相距甚远。由研发支出占GDP比重可见，拉美对研发投入不足是导致自主技术创新能力不足的原因之一。

就人力资本投入方面而言，在从低收入阶段迈向高收入阶段时，人力资本质量往往起着决定性作用，而教育又是决定人力资本质量的重要因素。教育投入不足影响拉美和东南亚的人力资本质量，进而阻碍创新能力的提升。拉美教育的特点是重视高等教育，忽视初等教育。20世纪70年代，拉美国家的人均教育开支占人均GDP的比例分别是：初等教育为11%，中等教育为22%，高等教育为121%。高等教育的人均开支约为初等教育的11倍，中等教育的人均开支为初等教育的2倍。而同期的OECD国家，高等教育的人均开支为初等教育的3.4倍，中等教育的人均开支为初等教育的1.3倍。[3] 拉美成年人口直到2000年才总体上完成了初等教育，相比，美国到2000年完成的是中等教育的普及。拉美对初等教育的重视不足直接导致产业劳动力供给不足，严重影响了向技术密集型产业的转移。同时也造成了科研人员的储备不足且配置不合理，限制了研发和创新能力。在拉美，大多数科研人员主要集中在高等院校和政府部门，而企业作为社会经济活动的细胞和主体，在人力储备以及政府资助方面都明显不足，从而造成产品与现实的结合度不够，不利于科研成果推广和转化。东南亚由于过去受到殖民统治，相对来说，对教育投入比较重视，人口受教育水平较高。2010年，印尼公共教育支出占GDP的4.6%，泰国和菲律宾分别为3.8%

---

[1] 齐传钧、郑秉文：《拉美地区落入"中等收入陷阱"的考察：全要素生产率的分析框架》，社会科学文献出版社，2012，第33页。

[2] IDB, "*Science, Tecgnology, and Innovation in Latin America and the Caribbean, A Statistical Compendium of Indicators*" (2010), p.14, Figure 12. 转引自齐传钧：郑秉文：《拉美地区落入"中等收入陷阱"的考察：全要素生产率的分析框架》，社会科学文献出版社，2012，第33页。

[3] 苏振兴：《拉美国家社会转型期的困惑》，中国社会科学出版社，2010，第301页。

和 2.7%，而马来西亚则高达 5.8%。① 但东南亚的问题在于，未能将高素质的人才资本与产业发展进行较好结合，出现了产学脱钩的情况，同时，高素质的人才资本也存在向海外流失的现象，这也是导致东南亚落入"中等收入陷阱"的原因之一。

三、僵化理解市场经济体制

市场经济体制要求市场作用和国家干预共同发挥作用，肯定市场作用，不意味着否定国家干预；肯定国家干预，也不意味着否定市场作用。在不同的阶段，市场作用和国家干预的侧重点是不同的。拉美国家中政府作用在不同的发展阶段有不同的表现。在内向型的进口替代发展模式阶段，需要政府扩大干预才能有效推行进口替代战略。在这个阶段，国家广泛干预经济和对国内经济的高度保护政策占主导地位，不可否认，政府干预在推动进口替代发展战略方面起到了巨大的作用，但是政府的管理思想、理念和政策体系具有相对稳定性，一旦市场运行趋于成熟时，政府干预的滞后性和定势性将导致不能适时地对自身与社会、市场做出调整。在进口替代模式失效之后，受到新自由主义思想的影响，普遍政府发挥职能有所减弱。在实行新自由主义改革时期，受西方成熟市场经济体制国家的影响，市场万能论在拉美大行其道，以为市场是万能的，只要国家不干预经济，让市场和企业完全自由地运作，把蛋糕尽量做大，就可以解决贫困人口问题，实现社会的公平发展。这个阶段以市场万能论为基调，否定国家干预的积极作用，导致拉美国家对经济调整及金融的失控。

东南亚国家市场经济体制，在创造经济高速增长的同时，由于过分强调经济效益，相对忽略科技创新、外资管理和经济质量的提高，因而也付出了高昂的代价。进入 20 世纪 90 年代以后，新兴经济体的开放程度进一步加大，备受发达国家投资者的青睐，大量资金流入房地产、证券部门等非经济实体部门。而东南亚政府往往只注意改善外资环境，却忽视对内部进行外资管理和限制的改革，造成了投资结构的比例失衡，致使大量外资流入，导致产业结构失调和

---

① 转引自黄继伟、全毅：《东盟国家落入"中等收入陷阱"的原因和教训》，《当代经济管理》2014 年第 7 期。

经济泡沫。

拉美和东南亚国家受到僵化理解市场经济理论的影响，许多国家在社会政策方面往往无所作为或无能为力，政府从生产、公共服务等领域大范围退出，放弃了本该由政府行使的职能，但事实表明市场并非万能，政府的干预应该顺应国内外经济环境的变迁，不断改善政府干预方式以及调整政府对经济干预的范围和程度。比如，拉美国家之所以在 20 世纪 70 年代后经济徘徊不前，不能摆脱对外资和外债依赖的根本原因，就在于技术创新能力低下。而技术创新能力的提高，在于国家利用行政力量进行干预与引导，涉及公共财政对研发的投入，对教育的投入等系统性的规划和设计。应该说，拉美国家在政府干预与市场运作方面还没有找到一个结合点。[①]

第三节 过度城市化：落入"中等收入陷阱"的结构因素

过度城市化作为发展失衡的一个主要表征，是落入"中等收入陷阱"的结构因素。在进入中等收入阶段之后，地区发展的不平衡往往由于地理位置、资源禀赋、人口规模及气候条件等差异，成为制约经济发展的影响因素。落入"中等收入陷阱"的经济体在开发落后地区、缩小发展差距方面有许多经验教训值得吸取借鉴。尤其以拉美国家城市化的过度发展，引发的一系列问题成为其落入"中等收入陷阱"的结构性因素。

一、政府的宏观规划与政策支持作用有限

纵观拉美国家的城市化过程，政府的适度引导或规划的作用非常有限。主要表现如下：

第一，作为发展中国家，拉美国家的城市化没有任何同类国家的经验可供参考。"在拉美和加勒比，城市化出现得很早，当时其他发展中地区依然是农村社会，关于欠发展问题的讨论还很少与城市发展联系起来。在当时还没有关于

---

① 苏振兴：《拉美国家社会转型期的困惑》，中国社会科学出版社，2010，第 473 页。

在资源稀缺的地方如何治理城市的经验的情况下，拉美国家就采用了发达国家当时正在实行的城市发展模式。与此同时，既没有相应的经济支撑来实施城市发展所需要的投资，也未能对本地城市呈现出的差异性给予应有的预见与关注。结果，在拉美许多国家都出现了碎片化的城市，那里既有发达世界那种'现代'城市的街区与要素，也有满目贫穷、生活朝不保夕的居民区。"① 可见，把发达国家的城市化模式直接拿来，没有与自己城市的实际情况相结合，忽视自身城市的差异化现象，没有统筹规划，投入严重不足等因素造成了"一个城市，两个世界"的结局，反映出城市化过程中政府"缺位"的深刻教训。

第二，各国政府通过城市化来缓解农村社会冲突的现象。拉美国家农村土地高度集中于少数人手中，农业现代化的"技术变革"导致农村所需劳动力减少，广大农民的生活迅速地贫困化，引发了农村严重的社会冲突。各国政府对农民自发迁向城市的行为采取了默认政策。

第三，受思想理论界对城市化过分乐观的影响，政府的决策也产生了某种程度的误判。比如，工业化有助于把初级产品出口部门的大部分利润留在国内；工业可以创造新的就业岗位并鼓励农民向城市迁移，从而减少土地问题的压力；城市在增加工业就业的同时，商业和服务业等"非生产性"就业也会大量增加等。这些观点并非谬误，在拉美城市化过程中也确实发挥了不同程度的积极效应，但作为一般性的道理或推论，根本没有与拉美国家自身的实际，特别是没有与工业化的独特模式联系起来加以研究，给人们造成城市的发展空间是无限的、工业部门增加就业的潜力也是无限的这样一种片面乐观的预期。②

二、城市化畸形是地区发展不平衡的突出表现

在现代城市化进程开始以前，部分拉美国家的城市人口比例已经比较高。

---

① Ricardo Jordán y Rodrígo Marítnez, *Pobreza y Precariedad Urbana en América Latina y el Caribe: Situación actual y financiemiento de políticas y programas*, （CEPAL, enero de 2009），p. 30. 转引自苏振兴：《拉美国家社会转型期的困惑》，中国社会科学出版社，2010，第482页。

② 参见 Bryan Roberts, *Ciudades de Campesinos: la Economia politica de la Urbanizacion en el Tercer Mundo* (Siglo veintiuno editors, Mexico, D. F. , 1980)，PP. 112, 113. 转引自苏振兴：《拉美国家社会转型期的困惑》，中国社会科学出版社，2010，第483页。

例如，1920 年，拉美地区城市人口已占总人口的 22%。1960 年，阿根廷、智利的城市人口比例分别达到 73.6%、69.6%。① 2005 年，阿根廷高于 90%，巴西、智利高于 80%，墨西哥高于 70%。② 拉美仅用了 25 年，即欧洲一半的时间，便将城市人口从 40% 快速提升至 60%。③ 1980—2000 年，超过 50 万人口以上的大城市由 53 个增加到 102 个，其中在全球最大的 25 个"超大城市"中，拉美就占据 5 个。④

东南亚各国由于出口导向发展战略的实施，也出现了农村人口集中到城市的现象。由于政府缺乏城市规划，大批量的农村人口无序流入城市，然而就业岗位有限，出现大量失业或在非正规部门求职等现象，引发了更尖锐的社会问题和冲突，其深度原因在于城市化不适应经济发展的水平所致。城乡居民之间的收入分配、就业以及公共服务等配套措施严重不足。尤其在拉美，许多像墨西哥城、里约热内卢等大城市被包围在贫民窟里。由过度城市化带来的副作用不仅影响经济的发展，而且对本国的社会治安和安宁稳定造成了极大的影响，贫民窟各类犯罪活动成为社会动乱的根源。⑤

三、过度城市化造成的环境污染

20 世纪下半叶以来，城市化过程伴随着工业化的发展，落入"中等收入陷阱"经济体面临不断恶化的资源和生态问题，主要表现是自然资源和环境遭到破坏或污染。一方面，工业化加速并加剧环境资源的恶化。拉美国家在发展的高速期，奉行经济优先计划，对矿藏、耕地等无度开发，造成生态破坏严重，资源消耗剧增。东南亚国家虽然实施了相关环境保护机制，但是众多中小企业

---

① CEPAL, *Anuario Estadistico de America Latina y el Caribe*, 1989（Santiago de Chile, 1990），p. 7. 转引自苏振兴：《拉美国家社会转型期的困惑》，中国社会科学出版社，2010，第 476 页。
② Gonzalo Martner, *America Latina Hacia el 2000: Opciones y Estrategias*,（Editorial Nueva Sociedad, Caracas, 1986），p. 38-39. 转引自苏振兴：《拉美国家社会转型期的困惑》，中国社会科学出版社，2010，第 476 页。
③ 苏振兴：《发展与社会边缘化》，《世界经济与政治》2001 年第 11 期。
④ Naciones Unidas, *World Urbanization Prospects*. The 2001 Revision, Nueva York, 2002. 转引自苏振兴：《拉美国家社会转型期的困惑》，中国社会科学出版社，2010，第 478 页。
⑤ 转引自刘世锦等：《陷阱还是高墙？》，中信出版社，2011，第 283 页。

因缺乏治理资金,往往直接向河流湖泊排放污染物;另一方面,过度城市化造成了大气污染、水污染及土地污染等严重后果。首先是大气污染。比如,拉美最大的工业中心圣保罗市,1970—1997 年,人口只增加了 2 倍,而小汽车却增加了 6 倍。[①] 汽车尾气的排放,造成了环境污染,严重影响居民健康。泰国北部的褐煤发电站也是本国大气污染固定发生源。其次是水污染。人口增加导致水需求供应紧张,尤其在工业化过程中,工业生产较多集中在城市,有毒化学品及诸如铅汞等重金属的排放污染了河流,地表水遭到污染,影响了家庭用水和灌溉用水。水资源污染已成为制约经济发展的重要因素之一。[②]

第四节 全球化风险:落入"中等收入陷阱"的外部因素

全球化作为世界各国经济发展趋势的客观选择,随着对外开放的进一步加深,各个国家面临更大的挑战与风险。落入"中等收入陷阱"的经济体就存在未能处理好对外开放与发展阶段的关系,未能发挥好外资的技术效应以及未能处理好对外开放与对内改革的关系等问题,这是在对外开放过程中应该着重吸取的教训。

一、未能处理好对外开放与发展阶段的关系

对外开放的速度、范围和程度要与本国的发展阶段相适应。对于发展中国家来讲,对外开放的过程应该遵循循序渐进、"先易后难"的原则,并且要根据国内外变化的情况,不断地发现问题、总结经验。拉美具有正反两方面的经验,智利作为成功跨越"中等收入陷阱"的经济体,在开放过程中从本国所处的发展阶段出发,遵循了先放开外国可以直接投资的限制,再放松外国间接投资的

---

① Brasileiro, Anisio . 2005. "Urban Mobility, Social Ex clusion and Public Tra nsporta tion-In-formation o f Brazilian Ex periences",卓健译,载《国外城市规划》,Vo l. 20, No. 3. 转引自《城市化进程中巴西圣保罗市环境问题探析》,《武汉大学学报(哲学社会科学版)》2008 年 3 月。

② 宋心德:《"联合国称拉美环境造成严重后果"》,新华网,2004-03-05, http://news. xinhuanet. com/st/2004-03/05/content_ 1347064. html,查询日期:2018-6-21。

管制；先放开资本流入，后放开资本流出；先开放股票市场和债券市场，后开放金融衍生产品市场；先资本市场，后货币市场的顺序。① 而墨西哥等国并没有遵循此顺序。东南亚国家在对外开放过程中同样没有处理好发展阶段不同的问题。

二、未能发挥好外资的技术溢出效应

拉美和东南亚国家除了对外资依赖性较大之外，还有一种外资越多经济增长就越快的错误观念。在这种观念下，大量涌入拉美和东南亚的投资带来了很多负面效应。

一是跨国公司直接投资的大量利润严重外流（如墨西哥北部边境地区），导致这些国家出现"增长不发展"的问题。例如，早在1988年，马来西亚为非居民支付生产要素所得而流出国门的资金就高达50亿美元，占当年国内生产总值的5.5%。②

二是东南亚外资投入领域经常是与本土经济缺乏产业上的关联性，对东南亚产业升级换代的作用很小。最典型的例子是大量投资于东南亚自由贸易区的电子产业，利用东南亚的低人力成本和基础条件进行生产，而原材料来自进口，产品制成用于出口，当这种生产比较优势不存在时，外资就会大规模撤离。正是这种对外资深度依赖和利用没有真正融入本国经济体系，致使东南亚无法根本超越在全球经济、全球分工中的依附式发展模式，导致国内经济结构单一化，经济发展失衡。1982年墨西哥外债危机和1994年墨西哥金融危机充分说明，不能只看到大量外资特别是短期外资的短时效应，而应在不以依赖外资为目的的前提下，积极引进外资，努力提高国内储蓄率。

三是依赖外资是希望学习发达国家的技术，发展起自身产业，逐渐形成国家和企业的核心竞争力。通过引进外资发展自身产业是拉美国家的用意，但跨国公司不可能轻易出让核心技术，导致外资的技术溢出效应有限，当地工业发展技术水平没有发生实质变化。很长一段时期以来，拉美的食品加工、制药等

---

① 江时学：《拉美国家开放资本项目的经验教训》，《世界经济与政治论坛》2004年第1期。

② 刘世锦：《陷阱还是高墙?》，中信出版社，2011，第297页。

制造业中许多先进核心技术，被跨国公司控制，墨西哥、智利等国半数以上的技术专利权，被外国企业掌控。① 另外，本国企业发展受到大量优惠政策吸引来的外资企业影响，发展空间受限，本国自主产业更加处于劣势地位，不可能迅速成为全球工业中的有力竞争者。

三、未能处理好改革与开放的关系

谈及拉美、东南亚落入中等收入陷阱的原因，很多人认为是由于对外开放过度造成的，其实对外开放过度还只是一方面，另一方面是由于对内改革不够彻底造成的。1997 年自泰国开始的亚洲金融危机便充分说明了这一点。泰国实行对外开放政策后，随着开放程度和范围的加深，外资涌入到泰国的各个行业和领域，但此时的泰国并没有完善的配套制度建设，加之国内法治化进程滞后，尽管泰国加入了 WTO 组织，但对世贸组织的规则制度不甚了解，这些原因成为外资嚣张的理由，致使泰国出现了严重的金融危机。因此，尽管经济全球化可以促使资源最有效率地在全球范围内配置，但鉴于资本的逐利性，经济体个体差异巨大，并不能保证个体在完全开放条件下的经济安全，对抗风险最好的办法就是：一方面扩大对外开放，健康地融入全球化的发展潮流中；另一方面要注重改革国内各个领域的体制机制，包括金融体系改革与监管、汇率制度、财政税收制度等，使国家的发展主要建立在依靠内需和制度健全的基础上。

第五节　社会失衡：落入"中等收入陷阱"的社会因素

社会失衡是经济体落入"中等收入陷阱"的主要因素，它不仅关系到社会公平正义的体现，更关系到经济社会发展的持续动力。社会失衡主要体现在收入分配失衡带来社会风险，社保体制不完善加剧贫富分化，官员腐败引发社会动荡。

---

① 安建国：《拉美国家对外开放的进程及其经验教训》，《拉丁美洲研究》1986 第 1 期。

一、收入分配失衡带来社会风险

如何解决好收入分配问题是能否成功跨越"中等收入陷阱"的试金石。经验表明,落入"中等收入陷阱"的经济体无一不受到收入分配问题的困扰。这里主要以拉美为例来说明。

拉美的收入分配问题由来已久,考究其迟迟不能解决好收入分配问题的原因,最早可以追溯到多数拉美国家不彻底的土地改革,进而没有解决土地集中的问题,而初级产品出口型发展模式加速了土地和财富向少数人手中集中。在进口替代工业化阶段,受当时主导地位的发展理论影响,认为人民生活水平会随经济增长自然得到改善,社会不公平现象也会逐步消除,因而对收入分配并未予以高度重视。随后在新自由主义主导期间,拉美国家对社会发展的内容依然未提到应有重视的层面,进一步加剧了收入分配这个根深蒂固的难题。拉美国家的收入分配制度大致来说,先后实行了"先增长后分配"模式和"效率优先"模式。

对于收入分配差距可以通过三个指标反映(如表3-7)。一是基尼系数,基尼系数越大,收入分配差距越大。21世纪初,拉美地区的基尼系数为0.53,在所有经济体中均为最高值。二是收入水平最高的10%人口拥有的国民收入比重。该比重越大,收入分配差距越大。拉美地区的这一比重为41.1%,为最高值。三是在国民收入比重中收入水平最低的10%人口所占比重。该比重越小,收入分配差距越大。拉美地区的这一比重仅为1.1%,为最低值。这三个指标均反映了拉美地区的收入分配差距居世界之最。

具体来说,墨西哥全国人口9000万,贫困人口850万,而国家财富大部分集中在25个财团手中。巴西约21%的人口生活在极端贫困水平线。

表3-7 20世纪60年代—21世纪初拉美地区和其他地区或经济体的基尼系数

地区	基尼系数					21世纪初收入分配(%)	
	20世纪60年代	20世纪70年代	20世纪80年代	20世纪90年代	21世纪初	最低10%	最高10%
高收入经济体	0.35	0.35	0.33	0.34	0.33	3.0	25.7

续表

地区	基尼系数					21 世纪初 收入分配（%）	
	20 世纪 60 年代	20 世纪 70 年代	20 世纪 80 年代	20 世纪 90 年代	21 世纪初	最低 10%	最高 10%
东欧和中亚	0.25	0.25	0.25	0.29	0.34	3.1	26.6
南亚	0.36	0.34	0.35	0.32	0.38	3.4	31.7
中东和北非	0.41	0.42	0.41	0.38	0.38	2.7	29.8
东亚和太平洋	0.37	0.40	0.39	0.38	0.40	2.8	31.8
撒哈拉以南非洲	0.50	0.48	0.44	0.47	0.44	2.2	34.0
拉丁美洲	0.53	0.49	0.50	0.49	0.53	1.1	41.1

资料来源：（1）20 世纪 60 年代、20 世纪 70 年代、20 世纪 80 年代、20 世纪 90 年代的基尼系数：Klaus Deininger, Lyn Aquire, "A new data set measuring income inequality", World Bank Economic Review, Vol. 10, No. 3, Washington, D. C., World Bank（1996）。（2）21 世纪初的基尼系数和收入分配：根据世界银行"World Development Indicators：2007"数据计算所得，转引自苏振兴：《拉美国家社会转型期的困惑》，中国社会科学出版社，2010，第 179 页。

从表 3-7 还可以看出，拉美地区 20 世纪 60 年代和 21 世纪初的基尼系数均为 0.53，说明拉美地区 21 世纪初的收入分配水平与 20 世纪 60 年代基本相同。在收入分配方面，拉美国家内部经济发展不平衡，地区收入差距、城乡差距、各阶层收入差距悬殊，产生了很多经济、政治、社会问题，由此成为社会风险的主要根源。

二、社保体制不完善加剧贫富分化

在 20 世纪 80 年代，拉美国家在西方新自由主义政策影响下，相继对社会保障体制进行改革，主要针对养老、医疗和社会救助三大领域，旨在消除国家统一体制下分配不公的现象，依赖市场为主、个人为辅的储蓄保障计划。可以说，在一定条件下，这种社保体制改革也起到了积极作用，但由于市场体制自身无法克服的缺陷，在大多数拉美国家之间也产生了其他的社会不公平现象，加剧了社会贫富分化。

社保改革导致阶层权益不等。以养老金制度为例，拉美各国建立了不同形式的养老基金制度，这种私有化养老金制度使资本市场的投资回报和个人收入参保比例成为决定退休金水平的关键因素，明显有利于社会的中上层群体，而对缺乏收入保障的社会下层群体不公平。

社保改革加剧社会贫富差距。新自由主义市场化和私有化改革使市场和个人更多地承担社保责任，造成大量社会弱势群体更加边缘化。尽管政府依据社会现状，出台相应的救助政策，但私有化的救助措施只是减轻了国家的财政负担，在消除社会贫困方面作用微弱，由此造成了严重的社会不公问题。

在拉美国家，目前仅有智利的社保体制改革在面对贫富加剧、非正规就业等变化因素，与经济形势的变化相适应，最终取得了改革的成功，被称为"智利模式"。智利养老金私有化改革是拉美国家中最具特色的，现已形成一套以"个人缴费、私营基金管理公司投资运营、市场调配、国家托底"为基本特征的完整体系。个人缴费旨在提高国家的高储蓄，扩大国民经济建设资金来源，私营基金管理公司投资运营带来较高投资回报，避免了国家型养老保险对资金搁置的浪费。

三、官员腐败引发社会动荡

政治稳定是经济社会发展的前提。拉美和东南亚国家的官员腐败导致政治危机，政局危机造成了社会不稳定因素增加，继而引起政府的频繁更迭，难以保证经济持续稳定的发展，这是落入"中等收入陷阱"的政治因素。

以阿根廷为例，20世纪80年代新自由主义改革期间，在国有私有化过程中，部分政府官员与国际资本勾结，贱卖国有资产，从中获取巨额利益。其中执政了10年之久的梅内姆政府，竟有60余名省长和部长级的官员以贪污受贿罪行被举报，涉及案件有走私、逃税、洗钱、贪污腐败、行贿受贿等，但由于国内司法体制和法律方面的漏洞，大多数案件不能立案审查，相关涉事官员得不到应有的惩罚。严重的腐败问题导致政府公信力下降，引发巨大的社会和政治危机，从而影响到拉美国家的人力资本积累、社会保障、教育等公共服务事业的开展。东南亚国家政治腐败现象同样非常严重，如菲律宾被认可为民主国家，但自 1986 年马科斯下台后，每次大选前总会出现贿选、舞弊等事件。2009年透明国际组织给出的菲律宾廉洁指数仅为 2.4，属于极端腐败国家①。

本章小结

本章主要对落入"中等收入陷阱"的拉美模式和类拉美模式的两种模式的发展历程进行了历史回顾，围绕落入"中等收入陷阱"经济体的失败教训进行了总结归纳。

落入"中等收入陷阱"的首要因素就是动力不足。可以说，落入"陷阱"的经济体也有发展的意愿，但是动力不足尤其是创新动力不足阻碍了其跨越"陷阱"。最明显的特征是屡次错失经济增长方式转变的时机，表现为缺乏自主技术创新能力，但其深层次的原因在于僵化理解市场经济体制，在改革层面迫于各种束缚而无能为力，致使其长时间滞留在"中等收入陷阱"。

过度城市化是落入"中等收入陷阱"的结构因素。城市化作为经济高速发展时期的重要驱动力，如果处理不当，就会造成结构失衡。过度城市化是发展不协调的表征，这里主要在拉美国家表现明显。过度城市化是由于政府的宏观规划与政策支持作用有限所致，拉美国家城市化畸形发展导致地区发展不平衡，为跨越"陷阱"制造了屏障，而过度城市化造成的环境污染等问题导致了人与自然的关系紧张。

全球化是一把双刃剑，可以为各国发展带来机遇的同时，也会面临多方面的挑战和风险。拉美以及东南亚经济体由于未能有效应对全球化的风险，导致落入"中等收入陷阱"。具体来说，存在以下问题：对外开放要与本国的发展阶段联系起来；对外开放中的外资利用和技术引进处理不好的话，就会陷入"陷阱"泥沼；而对内改革跟不上对外开放的话，相关的体制机制跟不上发展的需要，也容易落入"中等收入陷阱"。

---

① 黄继伟、全毅：《东盟国家落入"中等收入陷阱"的原因与教训》，《当代经济管理》2014 年第 7 期。

社会失衡是落入"中等收入陷阱"的社会因素。收入分配失衡带来社会风险，社保体制不完善加剧贫富分化以及官员腐败引发社会动荡，这些关系民众切身利益的民生问题解决不好，致使社会结构落后经济结构的发展，这成为落入"陷阱"的社会因素。

第四章

中国跨越"中等收入陷阱"面临的挑战

从中国所处的发展阶段来看,和落入"中等收入陷阱"的经济体一样,在历经较长时期的经济高速增长以后,中国经济也开始进入下行阶段,社会领域出现类似的贫富差距加大、环境污染等负面问题,这些负面问题是落入"中等收入陷阱"经济体出现经济停滞徘徊甚至倒退的重要原因。中国高速增长较之拉美地区当年势头更为迅猛,但面临的挑战丝毫不亚于落入"陷阱"的经济体,这不由得让人担心,中国会不会像拉美等国家一样落入"中等收入陷阱"。

第一节　中国当前所处的发展阶段

认识和把握中国所处的发展阶段,要坚持辩证唯物主义和历史唯物主义的方法论,从发展阶段所处的外部因素以及内部因素等方面进行考察分析。

一、中国发展阶段的世界背景

当今世界,各个国家在全球化的浪潮中深度交融,和平与发展依然是不可阻挡的世界潮流,但同时其内涵和条件发生深刻转变,这为中国的发展带来挑战和机遇。主要表现在三个方面:

一是国际力量的对比发生变化,对于建立更公平的全球治理体系提出了新的要求。自 2008 年国际金融危机至今,尤其 2017 年以来,部分发达国家经济在深度调整中稳步回暖,而新兴经济体和发展中国家发展势头强劲,对世界经济的增长贡献达 60%,两者的国际力量对比发生变化,使得建立包容普惠的全球治理体系的要求更加强烈，这为发展中的中国提供了舞台，同时也面临着挑战。

二是逆全球化现象明显，为世界变革增加不确定性。当今世界贸易保护主义明显抬头，西方发达国家将"再工业化"作为重塑竞争优势的重要战略，全球经济发展受生态资源约束的压力加大，地缘政治冲突显著上升，后冷战思维依然存在，这为世界变革增加了不确定因素。尤其是2018年以来中美贸易摩擦频生，中美关系下滑的速度和程度，不仅对彼此经济社会产生重要影响，也关系到两国关系乃至世界命运，这些挑战意味着我国目前所面临的国际环境的严峻性。

三是新产业革命蓄势待发，为中国的发展带来新的机遇。当前，全球经济正处在动能转换的换挡期，新的经济格局正在形成，中国在错过三次工业革命之后，终于赶上与发达国家站在同一条起跑线上。中国理应利用过去四十年发展中积累的实力，抓住绿色工业革命的新机遇，满足新发展阶段的发展需求。

正如习近平总书记所指出的，"当前，中国经济面临一定的下行压力和不少困难，如产能过剩和需求结构升级矛盾突出，经济增长内生动力不足，金融风险有所积累，部分地区困难增多，我们认为，这些都是前进中必然出现的阶段性现象。"① 总之，新的时代背景需要新的思维范式，目前我国所处的发展阶段在新的世界背景下，要求我们善于顺势而为，把握全球变革和调整的机遇，坚持合作共赢，努力为人类的发展提供中国方案，贡献中国智慧。

二、中国发展阶段的现实方位

按照收入水平的划分，改革开放至今，中国共经历三个发展阶段。第一个阶段是低收入阶段。1978年，中国人均GDP仅为155美元，到2001年突破1000美元大关，人均GDP达到1042美元，② 用了23年时间成功跨越了"贫困陷阱"。第二个阶段是下中等收入阶段。从2001年人均GDP 1042美元到2010年人均GDP 4394美元，这9年时间是下中等收入阶段。第三个阶段是上中等收

---

① 中共中央文献研究室：《习近平关于社会主义经济建设论述摘编》，中央文献出版社，2017，第15页。

② 数据根据世界银行网站测算，https：//data. worldbank. org. cn/country/china？ view = chart，查询日期：2018年5月2日。

入阶段。自 2010 年，中国人均 GDP 达到 4394 美元（世界银行公布数值为 4392.6 美元，稍有偏差）（详见表 4-1），突破 4000 美元大关后，开始由上中等收入阶段走向高收入阶段，成为名副其实的上中等收入国家。

表 4-1　我国人均 GDP 1000—4000 美元实现年份（按当年汇率计算）

实现年份	人均 GDP（美元）	实现年份	人均 GDP（美元）
2000 年	949	2006 年	2118
2001 年	1042	2007 年	2688
2002 年	1135	2008 年	3414
2003 年	1273	2009 年	3744
2004 年	1490	2010 年	4394
2005 年	1732	2011 年	5414

数据来源：根据世界银行网站数据测算整理。

自 1978 年改革开放以来，中国经济平均高速增长了 40 年，而后从 2007 年最高时的 14.2% 开始下行，到 2018 年已经长达 11 年。从 2012 年开始，增长速度从不超过 8%。2013 年，中央首次提出中国经济进入新常态，即我国经济正在向形态更高级、分工更复杂、结构更合理的阶段演化。① 纵观世界，许多经济体都曾经历过类似的"黄金增长"阶段，但最终通过后发追赶进入高收入经济体行列的并不多。而落入"陷阱"的拉美和东南亚部分国家则是经历"黄金增长"后，长时间滞留中等收入阶段的典型代表。以拉美为例，1950—1980 年，拉美地区经济持续 30 年高速增长，这一时期在城市化和工业化发展方面成就显著，人均 GDP 绝对额变化如表 4-2 所示。中国自 1978 年改革开放后的 30 年，人均 GDP 增长幅度比经济增长率最高的巴西还要高一倍，如表 4-3 所示。通过表 4-2 与表 4-3 的对比可以发现，中国 30 年来经济增长比拉美地区过去 30 年的增长势头更为迅猛，拉美人均 GDP 平均翻了一番，而中国翻了两番有余。尽管拉美和中国所处的时代背景和历史阶段不同，但是有过非常相似的经济高速增长态势。

---

① 《习近平谈治国理政（第二卷）》，外文出版社，2017，第 233 页。

表 4-2 拉美人均 GDP 绝对额比较 单位：美元

国家	1950 年	1980 年	增长率（%）
阿根廷	1877	3209	71.0
巴西	637	2152	237.8
墨西哥	1055	2547	141.4
智利	1416	2372	67.5
平均增长率	—	—	101.0

数据来源：Cardoso and Fishlow（1989），按 1975 年美元计。

表 4-3 中国 GDP 绝对额变动

指标	1978 年	2007 年	增长率（%）
GDP（亿元）	3645.2	249529.9	674.5
人均 GDP（元）	381	18934	487.0

数据来源：国家统计局：《2008 年中国统计年鉴》，中国统计出版社，2008 年版。

如前所述，目前我国正处于上中等收入阶段，改革开放 40 年来，中国的经济正从高速增长阶段转向高质量增长阶段，经济总量不断扩大。2010 年中国成为世界第二大经济体，GDP 总量从 1978 年的 3645 亿到 2018 年的 90 万亿，综合国力明显提升。发展动力不断转换，从传统粗放型经济增长，转向依靠改革、创新、开放为动力的增长。经济结构不断优化，投资和出口驱动逐渐被消费驱动所取代，产业结构持续优化升级，区域经济结构不断协调发展，城乡收入差距进一步缩小。但同时也应该清醒地看到，由于国际环境以及国内现状发生了一系列深刻变化，尤其在上中等收入阶段迈向高收入阶段的关键时期，我国经济社会的发展所面临困难和挑战更显艰巨。

第一，经济增速由高速增长到高质量增长。我国经济两位数增长保持了 30 年，经济增速从 2007 年最高时 14.2% 开始下行至今（见图 4-1）。即使经济开始下行，近 40 年的经济平均年增速仍高达 9.7%，在世界主要经济体中仍然位居前列。从支撑原来赶超时期高速增长的因素来看，诸如劳动力成本低、技术引进和模仿、生产成本以及以牺牲环境资源来发展经济的条件均在减弱，因此，我国经济进入新常态，经济增速回落到中高速，转向高质量发展是大势所趋。

当前我国也已到了需要更加依靠质量竞争的阶段，从国际竞争来看，附加值低的产品出口竞争优势变小，不但受到发达国家用反倾销等手段抑制这类产品出口，还受到具有更低生产成本的国家的排挤，因此，高质量发展阶段要求加大高品质建设力度，要向全球价值链中高端迁移，不断增加中高端产品和服务的供给。

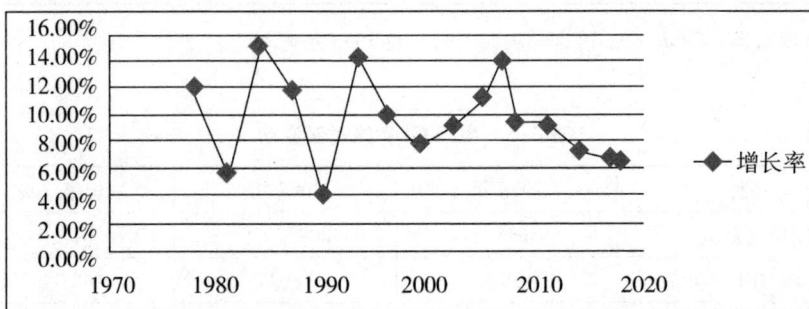

数据来源：参考历年中国统计年鉴。

图 4-1　1978—2018 年 GDP 增长率（单位:%）

从国内现状来看，我国主要矛盾已经发生变化，发展的不平衡不充分是我们要克服的首要任务。这种矛盾表现在环境上，就是对环境的要求质量提高，过去那种建立在对能源、原材料的大量消耗基础上的经济高速发展，已经造成对生态环境的巨大破坏，迫切需要转向循环经济和环境友好型发展。表现在社会层面上，就是对发展成果的均衡共享。改革开放创造巨大财富的过程中，由于市场经济体制不健全，分配制度不完善造成诸如城乡差距、地区差距、行业差距、收入差距的不平等，急需通过发展成果的共享来平衡。表现在人们的消费需求上，是生存型消费向发展型消费的转变。由于有效供给与实际需求之间的脱节，提高供给结构对需求结构的适应性，就要从整个供给体系上去解决问题。表现在产业结构上，就是对产业的优化，大力发展以科技创新为主的知识密集型、技术密集型产业，以生产和提供高技术含量、高附加值产品和服务为主。最后表现在结果上，就是突出百姓的获得感，满足人们日益增长的美好生活的需求。所以，转向高质量发展阶段是我国直面国际国内条件变化的现实选择。

第二，发展动力不断转换。长期以来，中国经济增长在很大程度上属于投资驱动型，依靠低成本要素的大量投入，虽然在短时间内取得了明显的成果，却也"后患无穷"。而新常态就是要改变这一粗放的增长模式，逐步向集约的发展模式转变，通过深化改革、扩大开放，更多地向依靠科技进步、劳动者素质提升、管理能力提高、信息化等高级要素转变，以此来实现创新驱动的发展。目前，我国创新能力大幅提高，天宫、蛟龙、天眼、悟空、墨子、大飞机等航空航天、人工智能领域涌现出一大批重大科技成果。代表中国产业发展新战略方向的"互联网+""中国制造2025"成为经济社会新的发展趋势，研发投入不断加大，自主创新能力也在不断增强。与此同时，与科技结合的新消费方式发展迅速，节能降耗成效显著，绿色环保低碳的生产生活方式深入人心，能源消费结构发生深刻变化，单位产出能耗水平大幅下降。2011年至2014年，单位国内生产总值能耗累计下降13.4%，2015年全年单位国内生产总值能耗比上年下降5.6%。① 中国的开放型经济为发展注入了新活力，"一带一路"利用各国之间要素禀赋的差异，旨在促进要素有序流动，推动沿线共同发展，营造全球共享共赢的新局面。据统计，2015年，"一带一路"贸易额占比为我国贸易总额的1/4，我国直接投资的国家有49个，总额达148.2亿美元，同比增长18.2%，占我国对外直接投资总额的12.6%。②

第三，经济结构不断优化。从需求结构来看，消费开始显示出超过投资成为经济增长主动力的迹象。如表4-4所示，2012—2017年消费支出对经济增长的贡献率平均值达到57%，其中2015年消费支出贡献率更是达到66.4%，2016年为64.6%。消费结构升级的同时，投资结构也在持续优化。主要表现为高技术制造、装备制造、基础设施薄弱环节特别是民生领域的投资增长迅速。2013—2016年，高技术制造业投资年均增长14.8%，装备制造业增长13.4%，生态保护和环境治理业投资年均增长29.7%，教育领域投资年均增长19.2%，

---

① 《结构调整迎来重要转折点服务业成第一大产业》，《经济日报》2015年10月22日第8版。

② 中共中央宣传部：《习近平总书记系列重要讲话读本》，学习出版社，2014，第147页。

均显著高于全社会固定资产投资的速度。①

从三次产业结构看,如表 4-5 所示,服务业增加值占 GDP 比重超过一半。从贡献率角度来看,2012 年服务业首次超过第二产业的比重,2017 年三次产业的贡献率分别为 4.9%、36.3% 和 58.8%,第三产业的贡献率远高于第二产业 22.5%。②

表 4-4 2012—2017 年消费支出对经济增长的贡献率 单位:%

年份	2012	2013	2014	2015	2016	2017	平均值
消费贡献率	51.8	50	50.2	66.4	64.6%	58.8	57

数据来源:根据国家统计局网站数据整理。

表 4-5 2012—2017 年三次产业增加值占 GDP 比重 单位:%

年份	2012	2013	2014	2015	2016	2017
第一产业	9.4	9.3	9.1	8.8	8.6	7.9
第二产业	45.3	44.0	43.1	40.9	39.9	40.5
第三产业	45.3	46.7	47.8	50.2	51.6	51.6

数据来源:根据国家统计局网站数据整理。

从区域经济发展结构来看,区域的协调性不断增强。经济增长继续保持"西快东慢"的态势。由于东部沿海以出口导向经济为主,近几年经济增速有所下降;西部地区经济增长速度基本保持在两位数的增速。京津冀协同发展、长江经济带发展成效显著。城镇化建设效果明显,据统计,2017 年常住人口城镇化率为 58.52%,与 2012 年相比,城镇化率常住人口提高 5.95%,基本年均提高 1.2%。2012 年以来,有 8000 多万农业转移人口成为城镇居民。③

---

① 国家统计局核算司:《"三新"层出不穷经济稳中向好》,东方网,2018-04-18,http://news.eastday.com/eastday/13news/auto/news/china/20180418/u7ai7621497.html,查询日期:2018 年 6 月 5 日。

② 《国家统计局 10 位司局长撰文解读 2017 中国经济年报》,2018-1-19,http://www.ce.cn/xwzx/gnsz/gdxw/201801/19/t20180119_27814732.shtml,查询日期:2018 年 6 月 8 日。

③ 《2017 年末我国农村贫困人口减少到 3046 万人》,《人民日报海外版》2018 年 2 月 2 日第 2 版。

从全国城乡收入差距来看，如表 4-6 所示，城乡人均收入比持续减少，为 17 年来的最低值，收入差距进一步缩小。全国农村贫困人口由 2012 年以来 9899 万人减少至 2017 年的 3046 万人，累计减少 6853 万人。贫困发生率相应由 10.2%下降至 3.1%，累计下降 7.1%。①

表 4-6 2001—2017 年城乡居民收入比变化情况

年份	农民居民纯收入（元）	城镇居民可支配收入（元）	城乡绝对差距（元）	城乡收入比
2001	2366	6860	4494	2.90：1
2002	2476	7703	5227	3.11：1
2003	2600	8472	5872	3.26：1
2004	2936	9422	6486	3.21：1
2005	3255	10493	7238	3.22：1
2006	3587	11759	8172	3.28：1
2007	4140	13786	9646	3.33：1
2008	4761	15781	11020	3.31：1
2009	5153	17175	12022	3.33：1
2010	5919	19109	13190	3.23：1
2011	6977	21810	14833	3.13：1
2012	7917	24565	16648	3.10：1
2013	8896	26955	18059	3.03：1
2014	9892	28844	18952	2.92：1
2015	11422	31195	19773	2.73：1
2016	12361	33616	21255	2.72：1
2017	13432	36396	22964	2.71：1

数据来源：根据国家统计局网站数据整理。

目前，国内外不少专家或研究机构纷纷猜测我国在成为上中等收入国家后，是像亚洲的日本、韩国、新加坡等国家一样顺利进入高收入国家行列，还是会像南美洲的阿根廷、巴西或者东南亚的菲律宾、印度尼西亚等国家一样落入

---

① 《2017 年末中国城镇化率升至 58.52%》，《人民日报海外版》2018 年 2 月 5 日第 1 版。

"中等收入陷阱"？不可否认，改革开放以来，我国经济社会各项事业都取得了巨大成就的同时，但也面临着一系列困难和挑战。从"上中等收入"向"高收入"攀升，要比从"低收入"转变成"下中等收入"难得多。与下中等收入阶段相比，中国在上中等收入阶段面临的考验是全新的。对此，我们必须要有清醒认识。首先，我国人均 GDP 排名在全球第 90 位左右[①]，这与我国经济总量位居世界第二的位置很不相称；其次，与发达经济体相比，我国核心技术、自主创新能力、高端服务业的占比仍有较大差距，发展不平衡不充分的问题较为突出，实体经济与虚拟经济关系与当前国情不匹配，供给结构步伐跟不上消费结构升级，生态环境保护与能源供给约束趋紧；最后，社会领域依然有不少突出短板，城乡二元结构明显，区域结构发展仍不够协调以及收入分配差距没有明显缩小，包括教育、医疗、社保为基本核心的社会保障制度仍存在不少问题。这些现实难题以及蕴含在这些问题背后的一系列失衡关系，成为中国落入中等收入陷阱的重大隐患。

第二节　发展动力缺失对跨越"陷阱"的挑战

中国改革开放四十年来所取得巨大成就，源于生产关系的解放对生产力产生的促进作用。当前改革进入攻坚期和深水区，能改的都改了，剩下的都是难啃的硬骨头。如何找到经济增长的动力是下一步改革发展的着力点，而中国目前面临"中等收入陷阱"的最大挑战来自发展动力的缺失。比如经济增长动力单一、城乡发展不平衡、产业结构失衡、腐败现象严重等问题。本节重点讨论产业结构失衡、城乡区域发展不平衡、科技创新动力不足以及贪污腐败现象严重等方面。

一、产业结构失衡

发展动力缺失首先体现在产业结构失衡，而产业结构失衡突出表现为实体

---

① 胡鞍钢、王洪川：《符合当代中国国情的科学论断》，《人民日报》2017 年 10 月 27 日第 3 版。

行业和虚拟行业的失衡、第三产业内部的失衡、消费动力不足等方面。

　　实体行业和虚拟行业的失衡。长期以来，我国经济发展盲目崇拜 GDP，片面追求速度增长，而忽视发展的质量和结构的优化。尤其近年来受西方发达国家产业发展"虚拟化"和"去工业化"的影响，在我国产业结构也出现了实体产业空心化以及虚拟行业膨胀化的趋势。金融服务业和房地产业是我国虚拟经济的重要组成部分，尤其是房地产业的过度膨胀，一度成为各级财政收入主要来源，如表 4-7 所示。实体产业空心化和虚拟产业的膨胀对经济发展造成严重的后果，一是资本逐利的本性，使大量资金更热衷于流向收益快且高的房地产、互联网、股市等行业，而不是实体经济，加剧了资产泡沫破灭的风险；二是我国实体制造业虽发展迅速，但基础薄弱，属于本土的核心技术和制造品牌并不多，主要集中在完成产业制造的最后一道组装工序，"中国制造"向"中国创造"转变的路还很长，而实体产业的空心化，更加剧了核心技术空心化的出现；三是过高的房产加重了居民的日常消费负担，同时也大大抑制了居民的其他消费需求能力。东南亚国家的 1997 年金融危机以及拉美国家多次金融危机的教训充分说明，实体经济部门和虚拟经济部门的比例关系如果得不到妥善处理，虚拟经济的内部改革不能配套的话，随着进一步的开放，那就有可能会步入东南亚或拉美的金融危机的后尘，造成严重的经济危机，引发各类社会风险，从而落入中等收入陷阱。

表 4-7　我国主要实体经济部门与虚拟经济创造 GDP 的比重

年份	2006	2007	2008	2009	2010
GDP（亿元）	216314.43	265810.31	314045.43	340902.81	401202.00
主要实体经济部门创造 GDP（亿元）	95804.48	117362.47	137645.19	149244.43	163380.40
主要实体经济部门占 GDP 比重（亿元）	44.29	44.15	43.83	43.78	40.72
主要虚拟经济部门创造 GDP（亿元）	18469.54	26147.30	29601.95	36422.41	43296.20
主要虚拟经济部门占 GDP 比重（亿元）	8.54	9.84	9.43	10.68	10.79

　　数据来源：数据参考历年《中国统计年鉴》。

　　第三产业内部结构失衡。近几年，我国第三产业服务业占比逐步上升。2013 年，服务业占比首次超过工业，产业发展呈现出了"三二一"结构。2015 年迎来产业结构的重要转折点，其标志是第三产业增加值超过 50%。从占比来看，我国产业结构朝着发达国家的"三二一"型结构转变。但从第三产业内部来看，呈现出了明显失衡的二元结构。一方面表现为以餐饮、软件服务、快递物流、中医保健等为主的低端服务业，由于政府的干预不足，导致缺乏必要的产权保护和规范的市场秩序，始终处于低效率劳动状态，从而造成整体的国际竞争力不强，同时也缺乏以制造设计研发、电子信息产业、生物工程等为主的高端服务业；另一方面表现为以金融、房产、航运等公共基础设施部门与教育、医疗等公共服务部门的发展，由于政府的过度干预，导致市场准入障碍较大，难以发挥市场机制的作用，阻碍改革的进一步深化和发展。显然，第三产业的失衡在很大程度上来自体制上的束缚。相比较而言，我国与拉美国家的产业结构极具相似之处，第一产业占比较低，而第三产业中低端服务业所占比重最大。发达国家第三产业的发展是与工业化良性互动的产物，是建立在工业现代化基础之上，体现的是高附加值的现代生产服务业和生活服务业，如金融保险、旅游业等。而拉美国家的第三产业是脱离工业基础的过度膨胀，这种由低端服务业占主要比例推动的产业发展，缺乏现代交通、金融、通讯为核心的现代生产服务业，使拉美第三产业无力在结构和质量上推动产业的持续升级，进而影响了经济的进一步发展，成为落入中等收入陷阱的重要原因，这也是我国需要高度警惕的方面。

　　消费动力不足。国际经验表明，立足于国内消费的经济发展模式更具稳定性，只有调整需求结构来带动产业结构升级，我国经济增长的动力才能持久强劲。由生产主导向消费主导转换是经济持续增长的内在动力，如果我国不尽快实现生产大国向消费大国的转变，是无法跨进高收入国家行列的。从外部经济来看，我国存在经济发展对外依存度过高的问题。经济对外依存度从 20 世纪 80 年代的 20%左右上升到 2006 年的 65%，2006 年后呈现逐年下降态势，2014 年为 41.55%，与世界 41%的平均水平持平。① 尽管从数字来看，我国的对外依存

---

①　根据商务部网站数据测算，http://www.mofcom.gov.cn/，查询日期：2018 年 10 月 3 日.

度开始下降,但是在一些诸如粮食、石油、高科技等关键领域,我国的对外依存度依然是居高不下。同时,近年来出现外资企业来华投资,只是利用国内的生产场地,两头在外、封闭运行,从而带动本地企业和关联就业的能力下降,形成外需对内需的替代。很明显,我国对外依存度过高的现实与落入 "陷阱" 的拉美国家和东南亚国家的情况相类似。从内需的内部结构来看,我国内需结构存在的突出问题主要表现为三方面。第一,居民消费比重低。国民初次分配不合理直接导致居民消费比重偏低,据资料表明,居民消费增长速度不及零售总额实际增长速度。2016 年社会消费品零售总额实际增长 9.4%,而居民消费实际增长率 7.1%,[1] 尽管消费比重呈现上升趋势,但总体来看,仍然处于较低水平。第二,源于城乡收入差距所致的城乡居民消费不均衡。尽管从绝对值来看,城乡收入都在增加,但是两者的相对差距还是比较大的。我国居民恩格尔系数一直在 36%,与发达国家 20% 的系数存在很大差距。在这里,要着重提到拉美国家,拉美国家的居民消费率与发达国家的持平,同属于偏高范畴,但不同的是拉美国家的居民消费结构与发达国家的不同。以墨西哥为例,尽管居民消费率高达 60% 以上,但主要为居民食品消费,占 23% 以上,明显属于生存型消费结构,对照我国来看,我国居民消费中恩格尔系数明显偏高,农民居民家庭尤其如此(见图 4-2)。第三,储蓄与消费关系失调。近十年来,我国居民的储蓄呈现加速增长态势,储蓄率占 GDP 的比重过高,2007 年达到 51%,2016 年仍有44%;[2] 而消费率一直较低,于 2015 年才首次突破 50%。[3] 拉美国家的储蓄率较低,导致国内投资不足。但我国较高的储蓄率反映了医疗、社保等体系的不健全,抑制了居民的消费潜力。

① 《2017 年中国居民收入和消费支出情况统计》,中国产业信息,2018 - 1 - 19,http://www.chyxx.com/industry/201801/605526.html,查询日期:2018 年 6 月 2 日。

② 樊纲:《我国储蓄率占 GDP 比重过高属历史罕见》,《华夏时报》2017 年 9 月 15 日第 3版。

③ 《2015 年消费报告发布:我国消费率近十年首度突破 50%》,央广网,2015 - 5 - 4,http://china.cnr.cn/NewsFeeds/20150504/t20150504_ 518454006.shtml,查询日期:2018年 10 月 3 日。

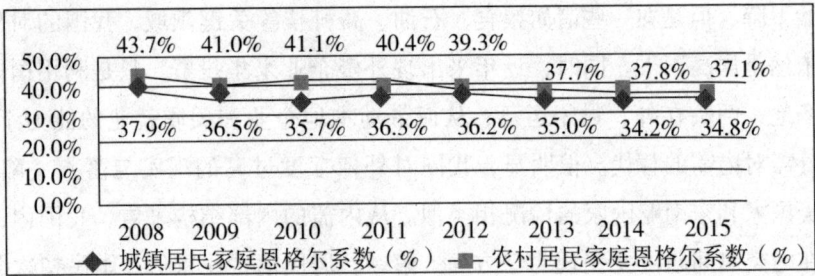

数据来源：根据国家统计局网站相关数据测算。

图4-2 2008—2015年中国居民家庭城乡恩格尔系数

产业结构失衡的主要原因集中在两方面：一方面是政府干预过度的问题。第一，政府干预市场功能的有效发挥。工业化初期，产业发展主要是在政府主导下进行的。政府通过掌握的资源，对产业的投资领域和规模进行调控，从而导致过分依赖投资驱动来发展经济。在推动产业升级转型中，一些地方政府为了追求GDP的短期效应，不断地吸引投资到已经过热的产业，由此出现产能过剩的现象。第二，政府对具有垄断性产业、行业准入的干预，对市场的平等竞争产生了极大的影响。我国的第三产业聚集了较为短缺或者是生产能力不足的部门，囿于政府长期对这些部门的垄断或者过度保护，导致市场的决定作用不充分，从而影响了这些产业和部门的升级优化。

另一方面是政府错位干预的问题。在产业政策方面，政府错位表现为替企业做了不该做的决策。企业决策作为微观领域范畴，要基于足够的产业方面的知识和信息积累，并且还要具备在掌握大量复杂问题的基础上的研判细微差别的能力，而适合宏观调控的政府在这方面显然并不是强项，因而产业结构的细微问题应该交给市场来决策。另外，通过市场、资金来换取技术或者采用技术引进流水线等方式，只易于形成可见的生产能力，核心的技术却难以获得。落入"中等收入陷阱"的东南亚地区在这方面表现得尤为明显，政府用大量的外资引进技术、用市场换技术，但是缺乏注重开发自主创新能力的产业，结果在危机到来时，很容易落入"陷阱"而轻易走不出来。

二、二元经济结构特征显著

二元经济结构特征显著也是发展动力欠缺的重要表征之一。经济发展到一定阶段，如果二元经济结构是逐渐加重而不是减轻的话，势必会阻碍经济发展。在这里，将二元经济结构特征主要概括为城乡市场体系的二元结构特征、劳动力市场的二元结构特征以及区域经济的二元结构特征，其原因主要表现为政府的发展战略以及制度安排。

我国经济的高速增长给城市和农村的发展带来翻天覆地的变化，然而，城市和农村发展的不平衡性也日趋显著，我们称之为二元经济结构。发展经济学中的二元经济是指以农业为主的传统经济部门和以城市为主的现代经济部门，拉美国家的二元经济结构特征明显。中国的二元经济具有特殊性，即在两部门划分的基础上，又形成了"双层刚性二元经济结构"①，具体来说，在城市与农村的每一元中又分为传统与现代的两层并存。在政府主导下的制度干预和经济转型过程的演变中，主要表现为以下特征。

1. 城乡市场体系的二元经济结构特征

城乡市场体系的二元经济结构最显著的特征是城市市场体系与农村市场体系的不对接以及工农产品不等价交换。在城市，由于政府政策和制度的导向，市场体系较为完善，既包括生产资料和生活资料市场等商品市场，也包括金融市场、房地产市场、产权市场以及技术信息市场等要素市场。在农村，尽管随着经济体制改革的进行，农村市场经济取得了一定的发展，但农村市场化程度明显弱于城市，无法与城市市场体系对接。

在工农产品交换方面，由于缺乏市场机制的约束，表现为国家通过向农民低价征收粮食以及工业原材料，再低价反哺城市居民和城市工业，因此工业的增长是一种低成本增长，同时使农业的正常盈利也受到限制；反之，出售给农民用的日用工业品和生产资料价格抬高，使农民的正常盈利甚至成本都无法保障。发展经济学刘易斯的二元经济中，也存在农村部门比工业部门收益低的情况，但为了维持市场平衡，农业部门的收益要以满足农民对工业部门的有效需求为准。我国的城乡市场体系，由于政府的过度干预、市场机制的缺乏约束，使得城乡市场体系不对接以及交换不对等的情况出现，使农业内部积累受到影响。

---

① 任保平：《论中国的二元经济结构》，《经济理论与经济管理》2004 年第 5 期。

2. 劳动力市场的二元经济结构特征

受经济结构的二元特征影响，我国劳动力市场也表现出"二元双层"的特征。在城市里，由于资本密集型的重工业优先发展，所需劳动力就业岗位有限，致使大量农村劳动力处于失业状态。而农村人多地少，农业产品容量小，消费动力不足，制约了农业的生产，导致农村所需劳动力也有限。在城市和农村的每一元中又分为两层，城市劳动力分为正规部门和非正规部门两个层次；农村劳动力市场分为传统部门和非农产业部门两个层次。在某种程度上，层次的多样化对于就业起到了促进作用。但对照拉美国家，我国要避免的是在城市化过程中，大量农村剩余劳动力进入城市就业，由于无法提供足够的就业机会，在非正规部门就业人口剧增，从而为城市和社会发展带来很多隐患。以巴西为例，2000 年以来，六大都市圈的失业率一直超过 7%，2002 年一度高达 11.7%。[1] 1990—2006 年，巴西城市的社保覆盖率为 57.4%，而农村的仅为 19%；城市正规部门的社保覆盖率为 84.8%，而非正规部门的仅为 32.8%。[2] 在我国目前城市化的过程中，也存在大量的农村劳动力进入城市找不到合适工作，或者在非正规部门就业的情况，这些劳动力的基本公共服务的问题如果得不到妥善解决，就会影响我国跨越"中等收入陷阱"的进程。

3. 区域经济的二元经济结构特征

由于自然地理位置等先天因素以及经济发展战略等人为因素的影响，中国区域经济发展非常不平衡，最显著的表现是发达地区和落后地区的二元经济并存。发达地区得益于改革开放的政策倾斜和政府扶植，依靠有利的地理位置，经济得到了快速发展，市场化程度高，经济收入水平已经达到了高收入行列，或者正处于向高收入行列迈进阶段；而落后地区的市场经济发展还处在建立过程中，经济收入水平还比较低。我国区域经济的二元特征，由于我国面积广大，国情复杂，与拉美国家有诸多类似之处，拉美国家的过度城市化现象就是二元区域经济的产物。如果不能很好地推进区域协调发展，发展的不充分、不协调

---

① 苏振兴：《拉丁美洲和加勒比发展报告（2008—2009）》，社会科学文献出版社，2009，第 284 页。

② 苏振兴：《拉丁美洲和加勒比发展报告（2008—2009）》，社会科学文献出版社，2009，第 292 页。

现象必将进一步加深。

二元经济结构现象产生的最根本原因是政府的发展战略使然。受传统的计划经济体制的影响，政府为了发展重工业，利用行政手段干预并抑制农业发展。比如严格控制粮食、棉花等农产品和农业生产资料的有效流通，市场机制发挥障碍诸多，造成农业生产资料企业零压力。到了 20 世纪 90 年代中期，为了解决能源、交通、原材料等产业的发展瓶颈，政府再次将重工业作为工业发展重点。进入新世纪，在房地产、汽车等产业的推动下，重工业特征更为明显，这无疑会影响劳动力的吸纳能力。

另外，还有一个原因是制度安排的限制作用。土地产权制度、户籍制度等制度限制了城乡资源要素的有效配置。土地、劳动力之间有着强相关性，当劳动力从农村流向城市的同时，土地的配置要求发生变化，与劳动力相关的户籍制度所附带的社会福利也要求同步化。然而，尽管我国的土地产权制度、户籍制度的改革早已启动，但所取得的成效还需要进一步待定。

在经济增长的过程中，政府与市场应该有明显的角色分工。政府是公共产品的提供者，而不是资源配置的主导者，市场才是在资源配置中发挥作用的决定者。如果政府主导经济增长，在资源控制和资源配置方面必然有进一步的要求，否则无法实现政府主导经济的目的，因此政府的深度干预和主导资源配置，造成了经济社会的低效运作的结局。

三、科技创新能力不足

创新能力不足是经济发展动力缺失的一个重要体现。由于体制机制导致创新能力不足的主要表现为：核心技术对外依赖严重、企业的创新主体地位缺失①、自主创新人才资源匮乏等。

核心技术对外依赖严重。过去 30 多年，我国主要依靠要素驱动、投资驱动的发展方式，不但使我国面临着资源、能源环境的日趋约束，还面临着严重依赖高技术含量的产品进口、忽视对科技投入的后果。我国的自主创新能力不足，核心技术受制于人，致使我国多数产业还处于国际产业价值链的末端，技术水

---

① 王勇：《企业要成为国家技术创新的主体》，《理论导刊》2006 年第 12 期。

平、劳动生产率、产品附加值普遍偏低,主要表现为我国产业技术中的核心专利技术少。2018 年,在美国制裁中兴芯片事件以及中美贸易争端中,美国之所以发起贸易战,就是因为我国有很大一部分核心技术需要从他们那里获取,这也充分暴露了我国核心专利技术缺失、受制于人的被动局面。在高技术领域,全世界 90% 的专利由美国、日本拥有,中国和其他国家仅占 10%,① 缺乏核心专利技术也成为中国产业进一步发展和进入国际市场的瓶颈。2004—2009 年,我国高技术制造业的平均产值率不到美国的 50%,约为日本的 63%,为韩国的 86%。②

企业创新主体地位缺失。从国内研发结构指标看,我国企业似乎已经成为技术创新的主体,但放在国际背景进行比较的话,我国企业并未真正成为技术创新的主体。据统计,2011 年大中型工业企业中,只有不到 30% 的企业具有研发活动,平均研发强度仅为 0.93%;规模以上工业企业的研发活动更少,仅占 12%,平均研发强度只有 0.71%。而先进国家的平均研发强度达到 3%。③ 可见,我国大多企业仍处于技术的低端阶段,企业作为创新主体有待加强。

自主创新人才资源匮乏。随着总人口增长的减缓和老龄化程度提高,我国人口数量红利逐渐减弱,并开始向人口质量红利转变。在转变的过程中,存在高层次的创新人才数量偏少、质量偏低的问题。截至 2014 年底,我国科技人力资源总量约为 8114 万人,保持世界科技人力资源第一大国的地位。④ 但从横向国际来看,我国研发人力投入强度在国际上仍然落后。2013 年,我国每万人就业人员的 R&D 人员为 19.3 人,与墨西哥(9.8 人)、阿根廷(29.5 人)相差不多,但远远低于日本(101.9 人)、韩国(128.4 人)等国。⑤ 可见,高层次创新人才匮乏确实阻碍了我国研发的进一步提升。

分析科技创新能力不足的问题,有以下原因:一方面,现行体制制约了创

---

① 转引自王宏伟:《我国科技型中小企业的发展现状和发展态势》,《管理科学》2010 年第 2 期。
② 李佐军:《供给侧改革》,机械工业出版社,2016,第 118 页。
③ 李佐军:《供给侧改革》,机械工业出版社,2016,第 118 页。
④ 《我国科技人力资源总量世界第一》,《光明日报》2016 年 4 月 22 日第 1 版。
⑤ 《2013 年我国科技人力资源发展状况分析》,中国科技统计,2015 - 3 - 12,http://www.sts.org.cn,查询日期:2018 年 9 月 19 日。

新。我国政府主导型投资的特点建立起了与要素驱动和工业扩张相适应的体制机制，而与创新驱动和服务业发展相适应的制度缺失。从技术创新的决策和风险承担看，企业应该是创新的主体，而政府是垄断性组织，其主要职责在于提供公共服务和维护稳定。但现实中企业成为政府的附带物，没有承担技术创新的风险，也不能获得技术创新的收益，因而政府主导的体制成为阻碍企业创新的主要障碍。另一方面，知识产权保护不够。从事创新活动需要良好的产权，特别是知识产权保护的环境。如果制度环境不完善，降低了从事这些生产性活动所带来的收益，就会制约企业家从事创新活动。党的十九大报告提出"倡导创新文化，强化知识产权创造、保护、运用"。① 知识产权保护已经成为体现国际核心竞争力的重要指标，也是我国进入高质量经济发展阶段的战略性资源。尽管近些年来我国在知识产权保护领域成效明显，但是从根本来说，由于相关的法治制度建设滞后，知识产权保护法律体系的构建也有待时日。

四、贪污腐败现象严重

在我国经济发展的进程中，发展动力不足除了表现在经济领域、科技领域，还表现在政治领域，即贪污腐败等现象。贪污腐败并不是一开始就有的，是与经济增长过程相伴随的，是社会发展到特定阶段的必然产物，其背后所反映的体制问题是导致贫富差距加大的根本原因。

目前，我国的贪污腐败现象出现了一些新特点，可以概括为以下三点：

一是体制转轨使腐败形式发生新变化。改革开放以来，我国计划经济体制向市场经济体制过渡，腐败的主要形式也在发生变化。过去计划经济占主导地位，腐败主要表现为贪污，但在市场经济体制下，以政府为主导的市场经济类型，效率高的同时也导致了一些副作用，即政府职能扩大、寻租机会增加，使贪污腐败现象越来越严重。其形式也由单纯的物质或金钱贿赂发展为服务贿赂、性贿赂、名誉贿赂等；行贿对象也由当权者本人发展为其子女、亲属等。总之，这种新变化使反腐工作的难度越来越大。

---

① 《决胜全面建成小康社会 夺取新时代中国特色社会主义伟大胜利——在中国共产党第十九次全国代表大会上的报告》，人民出版社，2017，第31页。

二是发展阶段的变化使腐败原因出现新变化。在经济发展的不同阶段，腐败的原因也会不同。在低收入阶段，腐败的产生多源于道德约束的放松；在下中等收入阶段，体制转轨的新旧并存为腐败提供了滋生的土壤；在上中等收入阶段，制度的不完善成为腐败的主要诱因。党的十八大以来，制度建设也正成为今后工作的着力点，"要把制度建设摆在突出位置"。

三是社会价值观多元化促使腐败主体行为变化。改革开放之前，人们靠强大的道德观念作为强有力的束缚行为的约束。改革开放之后，社会价值观出现了多元化的局面，评价是非好坏的标准也有了多元化的衡量，因此，直接导致主体的行为发生偏差，腐败现象横生。

对于落入"陷阱"的国家，腐败一直是落入"陷阱"国家的代名词。比如，拉美国家在市场竞争中为了获得发展，中小企业由于发展规模受限，行贿的比例高于大型企业和微型企业，导致企业本来应该用于自身建设的资源，却耗费在行贿腐败上，严重影响了产业的技术更新以及优化升级。马来西亚在"二战"后到 1999 年是威权政体的统治阶段，威权政体在实现经济高速增长过程中发挥了重要作用。但当经济发展到上中等收入阶段，马来西亚仍继续沿用政府主导的经济增长模式，政府直接参与微观经济运作，就会出现诸如腐败问题、权力寻租、裙带关系、市场行为扭曲等现象，加上马来西亚国内缺乏对权力坚强有效的监督，权力泛化滥用现象严重，加剧了市场不公平竞争，严重阻碍了马来西亚的经济发展。可见，经济社会体制与经济发展方式应该随着中等收入阶段的到来而调整和转变，否则就会成为落入"中等收入陷阱"的重要诱因。

在经济增长的过程中，如果政府主导经济增长，在资源控制和资源配置方面必然有进一步的要求，否则无法实现政府主导经济的目的，那么政府的深度干预和主导资源配置，造成了经济社会的低效运作和贪污腐败的结局，从而激发了社会矛盾。

40 年前，我国实行改革开放，就是看到了"大一统"计划经济的弊端，而今，政府过度干预经济的遗毒影响仍在进行，主要体现在资源控制方面：一是通过控制土地资源、矿产资源等自然资源、公共基础项目、行政许可等软性资源获取利益；二是官僚体制通过合法的方式控制垄断国有企业、银行等金融机构来牟取暴利;三是利用公权进行钱权交易,获取灰色收入。在政府的主导干预下,市场经济发挥的作用十分有限,形成了"两张皮"效应,名义上是市场经济资源配置,实际仍是政府主导资源配置。由于政府控制资源,在经济领域,利用土地、公共基础项目进行交易;在政治领域,利用买官卖官进行钱权交易。因而,政府主导资源配置带来的是诸如贪污腐败等问题的出现。

第三节 社会建设滞后对跨越"陷阱"的挑战

改革开放之初,我国首先要解决的是经济增长的问题,优先考虑"把蛋糕做大"。40 年的改革开放,经济发展的内生动力已经由生存型需求转变为发展型需求,在客观上要求实现从注重经济建设向注重社会建设转变的改革导向,考虑的是"不分好蛋糕就做不大蛋糕"的问题,因为单纯强调经济建设所产生的弊病阻碍了中国改革的进一步深化,对能否跨越"中等收入陷阱"形成严重挑战,主要表现在税收增长居高不下、收入分配不合理、基本公共服务不均等等方面。

一、税收增长居高不下

税收是一个国家发挥资源配置并进行收入调节的重要手段,对于促进实体经济发展、缩小收入差距以及推动市场公平发展方面发挥着重要作用。因而,税收和税制结构是否合理也是影响跨越"中等收入陷阱"的重要参考指标。

随着中国经济的快速发展,税收增长居高不下已成为从国富到民富转变的重要制约。如表 4-8 所示,2013 年全国税收收入 110497 亿元,增长率为 9.8%,2016 年全国税收增长率降为 4.8%,2018 年全国税收收入 137967 元,同比又增长为 9.5%,总体呈下降趋势。由上可见,近几年税制改革和减税政策对于降低企业税收负担起到了促进作用,但总体来看,我国的税制改革面临的挑战还比较大,难以真正发挥税收的保障性和基础性作用。下面以税制结构不合理为例来进行分析。

表 4-8　2013—2017 年全国税收收入及增长率

年份	全国税收收入（亿元）	增长率（%）
2013	110497	9.8%
2014	103768	8.8%
2015	110604	6.6%
2016	115878	4.8%
2017	126360	8.7%
2018	137967	9.5%

数据来源：根据国家税务总局网站数据整理。

我国税制结构变化主要有两个特征，一个特征是以间接税为主导，而具有明显"调高"作用的直接税的比重偏低。属于间接税的包括增值税等税种，占我国税收的 70%，而属于直接税的包括个人所得税等税种，占我国税收的 30%，其中个人所得税不足 7%，大大落后于发达国家 OECD 25.6% 的平均水平。[1] 以跨越"陷阱"的拉美国家——智利为例，在中等收入阶段向高收入阶段迈进的时候，智利通过大幅提升直接税的比重，即从 2003 年 29.8% 的直接税快速提升到 2007 年的 51.2% 的直接税，[2] 起到了直接有效调节收入差距的显著效果。而其他落入"陷阱"国家的直接税的比重明显偏低，比如阿根廷，2002 年为 18.7%，2004 年为 24.2%，没有实质上的提高。[3] 另一个特征是以企业来源为税收主体。我国的税制结构中企业所得税以及货物与劳务税明显比重过高，尤其近些年来实体经济等运行状况不佳，更加大了企业缴税的负担。以福耀玻璃为例，2016 年，福耀玻璃集团在美国投资 10 亿美元建厂，主要是通过对中美两国企业税负和其他成本的比较，得出了中国制造业税负比美国高 35% 的结论。[4]

---

[1] 李文：《税制结构与我国企业税收负担》，《东北师大学报（哲学社会科学版）》2017 年第 5 期。

[2] 转引自戚悦等：《拉美与东亚国家（地区）中等收入阶段的税负、税制结构比较与启示》，《财政研究》2015 年第 2 期。

[3] 转引自戚悦等：《拉美与东亚国家（地区）中等收入阶段的税负、税制结构比较与启示》，《财政研究》2015 年第 2 期。

[4] 《中国经济容得下企业家讲问题》，《人民日报》2016 年 12 月 22 日第 5 版。

这个数字不一定特别准确，但无疑折射了企业税负成本过重导致盈利下降的事实。

此外，税收增长居高不下还体现为税收种类繁多、税收成本增长较快等方面，尤其是近年来我国税收收入不断增加，增长速度也不断加快，税收成本与此同时也在快速增长。成本增加、效率低下已经成为我国税收工作中的潜在隐患，因此，税收增长过快过高已经成为制约经济进一步发展的重要影响因素。

二、收入分配不合理

改革开放以来，我国在经济转型的过程中，针对当时普遍贫穷的现状，提倡先让一部分人富起来，在此基础上，先富起来的人带动后富起来的人，最终实现共同富裕。因而，我国从一开始的收入最为平均的国家，摇身成为世界上贫富悬殊的国家之一。人民在收入普遍提高的过程中，由于收入分配的不合理，收入差距也在不断扩大，对政治生活、经济生活和社会生活产生不利影响，并且造成了大量社会矛盾的积压，有的社会矛盾甚至一触即发，严重影响了我国社会发展的进程，为落入"陷阱"埋下了极大的隐患。

从评价贫富差距的基尼系数来看，国际公认的警戒线标准是 0.4，而我国的基尼系数近几年一直高于 0.4，比如 2014 年的基尼系数为 0.469[1]，也有学者认为实际基尼系数已经超过 0.55，不管采纳哪个数据，贫富差距悬殊在我国已成为不争的事实。[2] 收入分配不合理导致贫富差距过大，也是拉美国家落入"中等收入陷阱"的根本原因。拉美国家长期以来忽视社会财富分配，居民收入的差距拉大，导致中产阶层或中等收入群体占比过小，呈现拉美国家中间阶层"空心化"，同样存在严重的贫富悬殊问题，基尼系数高达 0.6。调查显示，拉美国家 25% 的国民收入被 5% 的富人拥有，而 30% 的穷人仅获得 7.5% 的国民收入。[3] 具体来看，我国的收入分配差距主要表现在：

一是城乡居民收入差距较大。有数据显示，1988 年我国前 10% 收入群体与

---

① 《国家统计局：二〇一四年国民经济和社会发展统计公报》，http://www.stats.gov.cn/tjsj/zxfb/201502/t20150226_685799.html，查询日期：2018 年 10 月 20 日。

② 莫晓东：《我国个人收入差距问题成因及解决方法》，《现代经济信息》2015 年第 14 期。

③ 新华网：《"中等收入陷阱"的拉美反思》，《理财：经论版》2016 年第 1 期。

后 10%收入群体差距为 7.3 倍,但到 2012 年升至 23 倍。① 另有前表 4-6 所示,2017 年我国城镇居民人均可支配收入为 36396 元,农村居民纯收入为 13432 元,城乡居民收入比为 2.71∶1,这也是自 2001 年以来城乡居民收入达到的最低比值,即使如此,城乡居民收入也有近 3 倍的差距。

二是行业收入差距明显。目前,公众普遍关注的是行业的高收入,即国有企业、银行等垄断机构凭借软硬件资源的垄断地位获取高额收入。由于市场机制的不完善,在调节国有垄断收入方面发挥的作用还不到位,致使我国一些掌握特殊资源和特殊权力的企业或行业,比如交通部门、银行机构、水电燃气煤等,凭借国家赋予的垄断地位,利用社会公共资源进行垄断经营,将企业过高的劳务成本转移到消费者身上,以此获取比非垄断行业高出很多的垄断利润。

三是隐性或灰色收入。隐性收入包括出行、居住、考察项目、疗养等,或者是把财政收入之外的奖金转化为津贴等项目,从而造成不同行业、不同单位以及单位内部人员收入的悬殊。灰色收入包括制假造假、制毒贩毒、贪污受贿、偷税漏税等,严重影响了社会的分配秩序及社会的安定稳定。

现阶段,考察我国在收入分配方面出现问题的原因,有劳动者个体差异、产业结构优化调整等。但从根本上看,政府职能转变不到位、法治不健全、区域发展不平衡是收入差距扩大的深层次原因。

一是政府职能转变不到位。我国从计划经济向市场经济体制的转变并不是一蹴而就的,目前,政府部门职能转变有以下问题,第一,对微观经济领域行政干预过多。比如原材料、能源、劳动力等资源的配置,应该由市场来决定,但人为的制度划分致使这些生产要素不能得到充分流动,导致生产经营收入来源渠道失范,从而影响了收入分配的公平性。第二,宏观经济领域调控的力度不够。建立完善的市场经济体制是为了调动人们的劳动积极性,使社会的发展充满活力,但是市场经济本身是以追求利润为最终目标的,市场的劳动者们自身条件存在差异,因而在收入上出现差距也是必然现象。但作为社会主义市场

---

① 《我的工资,谁说了算》,人民网,2010 年 11 月 23 日,http://society.people.com.cn/GB/1063/13286237.html,查询日期:2018 年 10 月 21 日。

经济国家，如果市场失灵，那社会主义的优越性就要求政府来发挥，但事实上，政府在这方面发挥的作用有限。另外，权力寻租，攫取灰色收入、隐性收入等现象还未杜绝，政府职能转换不到位的现实严重地影响到了收入的分配不公。

二是法治体系不健全。法制体系包括法律规范、法治实施、法治监督等部分。从立法层面来看，我国关于收入分配的相关立法滞后，只有一部针对性和可操作性并不强的《反不当竞争法》，对行业垄断发挥效力的《垄断法》更是一片立法真空。从执法层面来看，在执法不严或管理不规范的单位中存在逃税行为的现象。从监督层面来看，对于各个领域收入分配的监督更少，尤其对工资以外的收入监督有难度。法治体系的不健全，加剧了收入分配领域的混乱现象，也拉大了收入分配的差距。

三是经济发展的不充分、不平衡。改革开放让一部分人、一部分地区先富起来的政策，为沿海地方的致富提供了宽松的发展环境，一些头脑灵活、能把握市场机遇的人率先进入了先富阶层。这种经济迅速发展的结果带来的是城乡二元以及区域之间发展的不平衡、不充分，势必造成人们收入上的不平衡，从而加剧了贫富差距。

三、基本公共服务不均等

我国进入上中等收入阶段，是实现"公平正义"的新阶段，但生产力的空前发展并没有实现发展成果的共享。尤其在基本公共服务方面，不仅存在"供给不足"的问题，还存在"享受不均"的问题，一些地方甚至出现"上不起学""看不起病""住不了房""不能就业"以及"权利不平等"等严峻问题。目前，我国基本公共服务均等化的问题主要表现如下：

一是基本公共服务支出比重偏低。公共服务支出的总量与结构是衡量公共服务供给与需求是否适应的重要指标。改革开放以来，我国公共服务支出总量呈持续增高趋势。据资料显示，就公共服务投入比重而言，2001年我国平均值为41.1%，2010年已经达到48.6%。但总体投入比重偏低，以2012年为例，据财政部网站报道，我国教育、医疗卫生和社会保障三项基本公共服务支出之和占政府总支出的比重为 32.54%，① 对比其他中等收入国家 36.9%的比重，以及低收入国家 33.9%的比重，② 可以看出，我国基本公共服务支出的比重明显偏低。其中，在财政支出中，直接用于民生领域的比重最小。如 2002 年，我国义务教育公共支出占 GDP 的比重为 1.87%，与日本的 1.99%、韩国的 2.23%有相当的差距；1999 年，我国社会保障费占财政支出的比重为 9%，与发达国家 20%—30%的水平也相距甚远，同时，也处于发展中国家的较低水平。③ 因此，从国际比较结果来看，能得到我国基本公共服务投入不足的结论。

二是基本公共服务的不公平分配。主要包括教育、医疗、社保等基本公共服务在区域空间上的不公平分配，进一步来说，主要是农村居民不能与城市居民一样，享有平等的基本公共服务。这里的公平分配，并不是指城乡之间要实现等质等量的基本公共服务，而是指在民生领域尽量保证城乡居民都能享受到近乎相等的基本公共服务。

比如，以教育为例，城乡教育资源分布差距较大，教育不公平问题严峻。《国家教育督导报告 2005》的统计数据显示，全国小学和初中生均预算内公用经费城乡比差距较大，即分别为 1.4∶1 和 1.3∶1。城市人口平均受教育年限已达 13 年，农村则不足 7 年，相差近一倍。接受过大专以上教育的 15—64 岁城乡劳动力人口中，城市人口近 14%，而农村人口不足 1%。④ 在全国 8500 万人的文盲和半文盲中，农村人口就占 3/4，农村实际完成初中教育的不足 30%（见表 4-9）。出现这种情况的原因更多的是由于资源配置不均衡，导致受教育机会、过程与结构的不均衡。舒尔茨的人力资本理论告诉我们，教育是提升人力资本的重要途径，教育的成功与否也是决定能否跨越"陷阱"的关键因素。

---

① 财政部：《2012 年财政收支情况》，http://gks.mof.gov.cn/zhengfuxinxi/tongjishuju/201301/t20130122_729462.html，查询日期：2018 年 10 月 25 日。
② 转引自赵聚军：《政府间核心公共服务职责划分的理论与实践——OECD 国家的经验和借鉴意义》，《中央财经大学学报》2008 年第 11 期。
③ 徐冉：《我国公共财政支出结构的优化问题研究》，《现代企业教育》2006 年第 9 期。
④ 教育部：《国家教育督导报告 2005——义务教育均衡发展：公共教育资源配置状况》，http://www.moe.gov.cn/srcsite/A11/s7057/200603/t20060310_81661.html，查询日期：2019 年 2 月 1 日。

表 4-9 2001—2005 年全国各级教育入学率　　　　　　　　单位:%

年份	学龄儿童净入学率	小学升初中	初中升高中	高中升高等教育
2001	99.1	95.5	52.9	78.8
2002	98.6	97.0	58.3	83.5
2003	98.7	97.9	59.6	83.4
2004	98.9	98.1	62.9	82.5
2005	99.2	98.4	69.7	76.3

资料来源:国家统计局:《中国统计年鉴(2006)》,中国统计出版社,2007。

　　比较中国当前的教育结构,与 20 世纪 80 年代的墨西哥的教育结构非常相似。当时,墨西哥的经济增速和产业结构与韩国很像,但到 20 世纪 90 年代后,两国差异变得明显。韩国几乎全民接受了高中教育,经济发展迅速,成功跨越"陷阱",成为高收入国家。而墨西哥在社会领域的关注不及经济领域,开始出现两极分化,没有受过良好教育的劳动力只能从事低端劳动,而无法转向高生产率的服务业和创新产业,因而,墨西哥多年来仍停留在中等收入阶段。美国的罗斯高进一步对这种现象深度调查,发现未上高中的学生不是初中没学好,而是在小学阶段因为营养、健康以及认知能力低下的问题,就开始拉开差距。其中,认知能力低下源于错过了学生 0—3 岁的认知和 IQ 最佳发育阶段所致。因而,从这个事例可以看出,尽管我国早已实行了九年义务教育,但是随着经济社会的发展,基本公共服务教育要求更科学、更合理、更有效的配置。2016 年,农村人口占全国总人口的 42.7%[1],如何建立、改善和均衡农村的教育、医疗等公共服务,为我国经济的可持续发展提供足够质量的人力资本,是关系到能否跨越"陷阱"的关键。

　　改革开放以来,利益多元的发展带来生机活力的同时,也造成了社会需求的千差万别,不同社会阶层都有不同层次的民生诉求,之所以出现这些问题,原因是多方面的。

----

[1]　国家统计局:《中华人民共和国 2016 年国民经济和社会发展统计公报》,http://www.stats.gov.cn/tjsj/zxfb/201702/t20170228_1467424.html,查询日期:2018 年 10 月 21 日。

一是我国生产力总体不高且存在发展不平衡、不充分的情况。目前，我国的主要矛盾就是发展的不充分、不平衡。尽管经过40年的改革开放和社会主义现代化的建设，生产力发展水平相较过去有了大幅度提高，但总体上与发达国家的生产力水平还有很大的差距。比如，科学技术创新水平还比较落后，机械化、信息化程度不高，劳动生产率比较低，发展方式较为粗放，人均GDP在世界上的排位还很落后等。另外，我国生产力发展水平还存在不平衡、不充分的现象，大城市以及东部等沿海城市已经是发达生产力水平，但内陆地区、中西部地区的生产力发展水平还处在比较落后的水平。

二是注重经济发展忽略社会发展。改革开放初期，我国面临的最根本的问题是要解决普遍贫穷的问题。经济发展是中心任务，允许一部分人、一部分地区先富起来也是发展的策略。但不置可否，过多地关注经济而忽略了民生的需求，造成了发展中的短板现象。

三是社会保障体制不健全。当前民生问题凸显，根源于社会保障制度不健全。社会保障体制不健全的背后折射了我国上层政治体制改革相对滞后，体现为公共决策机制不健全。少数人或个别部门的利益凌驾于公众利益之上，忽视弱势群体和社会大众的呼声，缺乏对公共资金使用的监督机制。

四是多元化参与机制尚未建立。在基本公共服务供给实践的过程中，人们普遍认为，市场不适合提供公共产品，公共产品和服务只能由政府供给，但现实中随着政府改革的深化和公共事务的复杂化，在某些方面出现了"政府失灵"的现象，"市场失灵"和"政府失灵"为基本公共服务多元化供给提供了可能性。

第四节　生态环境破坏对跨越"陷阱"的挑战

在中国经济迅速发展的同时，传统粗放式经济增长方式发展的后果，导致生态环境遭到了严重破坏，致使人与自然关系紧张，生态环境的变化影响和制约了人的身心发展，也在影响我国经济社会的可持续发展进程。生态环境破坏主要体现为生态环境污染及生态系统危机、资源短缺与经济社会发展的矛盾等方面。

一、生态环境污染及生态系统危机

生态环境污染及生态系统危机是生态环境破坏最直接的表现。纵观世界各经济体在跨越"中等收入陷阱"的阶段，都不同程度地遭遇了环境污染造成的生态系统危机。尤其是未跨越"陷阱"的经济体，在生态环境方面的问题尤为突出，成为其不能跨越"陷阱"的重要因素。

我国生态平衡破坏的表象，与落入"中等收入陷阱"经济体的情况极为相似，都是在工业化的过程中但还未完成工业化的时期出现了严重的生态问题。主要表现为大气污染、水污染、噪声污染、水土流失、森林面积加速减少、生物多样性锐减、草原生态系统失衡等。就水污染来讲，我国的水污染形势非常严重，目前中国七大水系的污染程度依次是：辽河、海河、淮河、黄河、松花江、珠江、长江，其中42%的水质超过3类标准（不能做饮用水源），中国有36%的城市河段为劣5类水质，丧失使用功能。① 可见，水污染对生态环境影响巨大。水污染也成为制约拉美国家发展的重要因素，世界银行的一项报告显示，拉美国家大约有70%的水没有经过任何处理又重新回到自然中②，加大了民众患病的风险。大气污染的形势也非常严峻，造成大气污染的主要有工业污染、交通污染、生活污染等，其中，在城市化的进程中，工业污染和交通污染占主要因素。水土流失关系到国家生态安全、防洪安全、粮食安全，我国是世界上水土流失最严重的国家之一。③ 水土流失不仅广泛发生在农村，而且城镇和工矿区也都存在，几乎每个省份都有。四川省占97个严重县；陕西省占84个严重县；陕西省占63个严重县；内蒙古自治区占52个严重县；甘肃省占50个严重县。对于拉美国家，这个昔日具有"粮仓"美名的地域逐渐变为"粮荒"，每年因土地沙化造成高达20亿美元的经济损失。

总体来看，我国环境问题依然严峻，尽管局部环境在改善，但前期环境污染造成的危害也在逐步显现，生态赤字也在逐步扩大。

---

① 王绿波：《困扰中国环境的十大问题》，《甘肃科技纵横》2003年第1期。
② 《拉美环境污染严重水资源紧缺》，中国环保在线，2014-01-13，http://www.hbzhan.com/news/detail/86338.html，查询日期：2018年10月21日。
③ 颜超：《浅谈我国水土流失及防治对策》，《法制与经济》2010年第7期。

二、资源短缺与经济社会发展的矛盾

经济社会的发展离不开自然物质资源的供给,而现实中自然资源的短缺源于资源本身稀少以及人为破坏造成的结果。资源短缺一方面制约了我国经济社会的发展,另一方面经济社会的无度无序发展直接冲击了人类最基本的生存资源。我国经济发展在总体上处于工业化的中期阶段,产业结构明显以消耗资源强度大的部门和产品为主。在经济总量迅速增长的情况下,资源被加速消耗,有些资源正趋于耗竭。对人类生存和国家发展意义重要的资源,如耕地及草地、淡水、能源等,都存在严重不足。据《中国统计年鉴》中的数据显示:我国人口已从1949年的5.42亿人上升到2017年的13.90亿人,增长了1.6倍。[①] 2013年底公布的第二次全国土地调查结果显示,我国耕地最新数据为20.3亿亩,人均耕地已经从1996年的1.59亩降至2009年的1.52亩,不足世界平均水平3.38亩的一半。[②] 自1949年以来,中国草场面积退化 7×10^8 亩以上,占总面积的1/4,优良牧草大幅度减少,干草产量下降3/4。[③] 中国人均森林面积、人均蓄积量分别是世界人均水平的20%和12.5%。[④] 另外,中国也是世界上自然资产损耗最严重的国家。有关资料显示,45种主要矿产在15年后将剩下6种,5年以后60%以上的石油依赖进口。[⑤] 由此可见,由自然因素引发的环境变化正在转变为人类因素引发的环境变化。在传统发展理念和经济发展模式的影响下,中国资源消耗积累性增长、生态状况螺旋式恶化,生态问题已经成为挑战中国未来的重大问题。

分析我国生态环境遭到破坏的原因,主要源于以下几个方面:一是发展战略的原因。新中国成立初期,我国在西方国家经济封锁的背景下,为了发展物

---

① 国家统计局:《2018年中国统计年鉴》,http://www.stats.gov.cn/tjsj/ndsj/2017/indexch.html,查询日期:2018年10月15日。

② 国家统计局:《中国统计年鉴(2013)》,中国统计出版社,2013。

③ 转引自刘建伟:《中国生态环境治理的现代化:问题与对策》,西安电子科技大学出版社,2016,第243页。

④ 侯远长:《"三个代表"重要思想的发展观探微》,《学习论坛》2003年第5期。

⑤ 潘岳:《中国要不惜代价地提前解决环境问题》,《21世纪经济报道》2005年6月27日第1版。

质生产力、解决日益增长的人口温饱和就业问题，沿用工业革命以来发达国家所采用的这种非可持续的线性经济发展模式，片面地追求重工业的发展，依靠资源的高投入、高消耗，牺牲生态换取经济的增长。"文化大革命"时期，在阶级斗争的影响下，生态问题完全被忽视，自然资源进一步遭到破坏。20世纪80年代末，中国才开始认识到生态问题的重要性。由于在新中国成立后很长一段时间内忽视了生态问题，引起了我国经济增长与资源短缺之间矛盾的加剧。

二是制度供给不充分的原因。制度供给不充分是造成生态环境治理滞后的制度原因，主要包括产权制度、管理机制及法律等制度的不完善。产权制度不完善主要指自然资源产权的责、权、利关系的不对称，造成了自然资源，特别是国有资源的滥用浪费，"搭便车"现象严重，资源和环境产权配置、产权管理、产权流转、产权保护一直处于比较混乱的状态。管理机制不完善。生态环境治理是一项社会系统工程，涉及资源、技术、资金、法律等多个环节，需要科技、环保、财政、国土管理、法律制定、监察等多个部门的协作。目前，中国生态环境治理的规划实施主要由环境保护部（现在为自然环境部）负责，其他相关部门配合。而现行的法律没有对环境保护部与其他部门的分工管理的相关关系、权限作明确规定，造成职责不清、多头管理、互相扯皮的情况时有发生。法制建设不完善。表现在立法层面，首先，是生态保护的基本法还未确立。现行的环境基本法——《中华人民共和国环境保护法》主要侧重于对环境污染的治理，对生态保护重视不够。其次，环境上位法与下位法之间、基本法与配套法之间、实体法与程序法之间的配套性、协调性、互补性较差，制约现有法律的发挥。最后，法律体系尚不健全。表现在执法层面，各级政府的执法、法律授权组织的执法以及行政委托的社会组织执法等多龙治水，机构设置、执法效果差；部分执法者业务素质不高、执法水平有待提高，并且存在滥用权力、"野蛮执法"的现象。表现在法律监督层面，当前国家监督不到位，存在"主体在位而职权失位"现象；社会监督不完善，还没有形成全社会参与治理进行监督的局面。

三是公众环保意识缺失。当前，我国公众普遍缺乏正确的生态环保价值理念以及相应的生产生活消费方式。人人都希望有个优美的环境，却不履行保护环境的义务。从政府层面来说，缺乏对公众的生态环保教育系统性和可持续性的宣传。比如，垃圾分类的问题，其宣传教育存在阶段性、宣传形式单一化的特点，从而导致宣传效果不佳。即使在北京、上海这样的大城市，垃圾分类都流于形式，更别说我国二、三线城市垃圾分类的问题。即使分开设置了垃圾箱，在运送垃圾的过程中，也并没有真正落实垃圾分类。因而，政府应该对具体执行者和普通民众加大宣传力度，对相关部门严苛规定，监督实施。

本章小结

认识和把握中国所处的发展阶段，应该放在世界背景中去考察。当今世界和平与发展依然是主流，但是各方国际力量对比发生了阶段性的变化。中国在这样的时代潮流中，经济发展也需要从高速增长转向高质量发展。

我国在取得巨大成就的同时，也面临着与落入"中等收入陷阱"的国家类似的问题。在我国从计划经济向市场经济转型的过程中，依然深受政府主导的计划经济思维的影响。发展动力缺失是跨越"陷阱"的首要挑战，其直接表现为产业结构的失衡、城乡区域发展不平衡、科技创新动力不足以及贪污腐败严重等问题，究其原因，是由于政府的干预过度、错位、缺位所导致的。

发展的目的是为了人人能享受到发展的成果，这是社会主义的本质特征。在发展的过程中，经济的增长并不必然带来社会的和谐发展，我国社会建设明显滞后于经济建设，已成为面临跨越"中等收入陷阱"的挑战。经济发展是社会发展的基础，是实现社会公平正义的前提和支撑框架，而社会公平正义也是经济发展的出发点和落脚点。目前，我国社会建设滞后主要表现为税收居高不下、收入分配不平衡以及基本公共服务不均等等方面。生产力发展水平不平衡不充分、注重经济发展忽视社会建设、社会保障机制不健全以及多元化参与机制尚未建立是社会建设滞后的主要原因。

在中国经济迅速发展的同时，传统粗放式经济增长方式发展的后果，导致生态环境遭到了严重破坏，致使人与自然关系紧张，生态环境的变化影响和制约了人的身心发展，也在影响我国经济社会的可持续发展进程。生态环境破坏主要体现为生态环境污染及生态系统危机、资源短缺与经济社会发展的矛盾等方面。

生态环境破坏是我国跨越"中等收入陷阱"面临的挑战。在过去，我国一味地强调经济增长，忽视了生态保护，造成了人与自然的关系紧张，经济的可持续发展受到制约，主要表现为生态环境污染及生态系统面临危机、资源短缺与经济社会发展之间的矛盾，其原因可归结为发展战略使然、制度供给不充分以及公众环保意识缺失等方面。

总之，与拉美和东南亚等一些落入"陷阱"的国家相对照来看，毫无疑问，我国正面临着落入"中等收入陷阱"的风险，如何跨越"陷阱"，避免像拉美地区等经济体长期陷于停滞而无法自拔，就成为我国目前迫切需要解决的关键问题。

第五章

新发展理念：跨越"中等收入陷阱"的中国道路

经过 40 多年的改革开放和高速增长，中国进入了上中等收入国家行列。在这关键的发展阶段，如何吸取成功者和失败者在跨越"中等收入陷阱"时的经验教训，为我国跨越"陷阱"提供有益的借鉴和启示？党中央在借鉴国内外发展经验教训的基础上，结合时代特征和实际国情，提出了以人民为中心的创新、协调、绿色、开放、共享的新发展理念。新发展理念是指导中国跨越"中等收入陷阱"的行动指南，为贯彻新发展理念的实施，需要坚持共产党的领导，坚持中国特色社会主义制度，坚持改革开放，坚持依法治国，这也是中国能够跨越"中等收入陷阱"的条件和保障所在。可以预见，中国如果能够跨越"中等收入陷阱"，无疑具有非常显著的世界意义。

第一节　新兴经济体跨越"中等收入陷阱"的经验教训对中国的启示

通过对跨越"中等收入陷阱"成功者和失败者的经验教训进行分析，结合中国在跨越"中等收入陷阱"的实际情况，可以总结出以下启示：经济发展阶段变化要求实现发展动力的转化，均衡协调的发展是持续健康发展的前提，正确把握对外开放的发展规律，以及正确处理经济发展与社会发展的关系。

一、经济发展阶段变化要求实现发展动力的转化

经济的发展呈现螺旋式上升趋势，也是由各个阶段构成的。根据经济发展

的不同历史时期，以及各个时期所具有的经济特征的不同，要解决的中心任务不同，战略重点也不同。通过研究跨越"中等收入陷阱"经济体的历史进程，发现不同的经济发展阶段实际上需要不同的发展动力。

（一）新常态阶段需要以创新为发展动力

通过对跨越"陷阱"的成功者和失败者的对比分析，可以看到，经济发展的不同阶段要求不同的发展动力。在低收入阶段，主要借助于劳动、资本、土地等有形要素投入作为发展的动力。经济发展到一定阶段，即进入下中等收入阶段后，生产要素供需发生变化，低成本劳动力的优势下降，土地等资源挖掘殆尽，依靠要素投资增长的动力趋缓，需要进一步向效率驱动的经济发展动力转变。到上中等收入阶段，高速的经济增长出现了一定回落，产业结构和技术水平有了一定的积累，具备了一定的创新能力，创新驱动将逐步成为经济发展的动力。

考察创新在跨越"中等收入陷阱"时发挥的作用，主要表现在以下几点：一是创新带来经济增长。新熊彼特学派秉承熊彼特关于经济是一个由技术和制度创新内生演化过程的观点，尤其强调"技术创新是经济增长的源泉"。创新的显现成果表现为利润，源于对稀缺资源的占有，一旦创新成果有了知识产权的保护，它就拥有垄断价格，人们对其需求决定了垄断利润的产生。同时，也会引起社会上的模仿，促进了创新的浪潮，从而推动了接连不断的创新，保证了经济持续不断的发展。二是创新有利于优化升级产业结构。产业结构优化升级是经济发展方式转变的重要内容。从理论上讲，产业结构优化升级是资本、劳动力、土地和技术等生产要素从低附加值、低效率和高消耗的产业链环节，到高附加值、高效率、低消耗的产业链环节的过程。创新侧重于依托关键的核心科技，发展本国的自主创新能力，对新兴产业和传统产业进行结合改造升级，这就要求一方面充分发挥市场机制，实现生产要素的自由流动，另一方面要发挥政府的积极作用，取消一些体制性障碍，制定相关的政策机制，提供信息服务、现代物流等公共服务。三是创新推动社会文明的发展。人类文明史就是一部人类创新史，人类文明的每一次革命性进步都是由创新推动的。创新存在于人类所从事的一切社会活动领域之中，不仅影响了人类的经济活动，也深刻地影响了人类历史的进程。在成功跨越"陷阱"的经济体的发展过程中，创新作为发展的动力带来的是社会全方位的变革和进步，包括技术创新、知识创新、管理创新、体制创新、文化创新在内的创新活动，促进了高新技术产业的发展，奠定了更高文明形态的重要基础和发展前提。① 由此可见，各经济体一定要结合本国国情，根据不同的发展阶段及时转换发展动力。尤其是中国目前处于上中等收入阶段，更要重视运用创新驱动作为经济发展的动力。

（二）以供给侧改革入手推动创新发展

历史经验表明，当经济体发展到上中等收入阶段，往往容易出现劳动人口增长率下降、社会成本和生产成本上升较快、传统产业和增长动力不断衰减、新兴产业体量和增长动能又未形成规模的情况。国内的结构性矛盾显著，需求管理边际效益不断递减，单纯依靠刺激内需难以解决产能过剩等问题。此时，经济经过一段高通胀、低增长的发展后，为解决高通胀、低增长的问题，通过单纯地刺激需求来调节经济周期，或简单地由政府印钞票，或加大政府公共支出来保持经济的稳定的需求侧管理的边际效益不断递减，这种方式难以解决产能过剩等结构性矛盾，因此，必须把改善供给结构作为主攻方向，实现由低水平供需平衡向高水平供需平衡跃升，也就是从供给侧改革入手推动创新发展。供给侧是和需求侧相对而言的，为何要实行供给侧改革发展经济？是因为供给侧改革的核心是实现经济结构的调整和优化，通过"三去一降一补"的市场化方式降低无效供给，提高有效供给。借鉴日本在供给侧改革中，通过实施《国民收入倍增计划》、增加国民收入拉动内需来消化过剩产能，通过产业政策引导，扩大有效的和中高端的供给来淘汰落后产能，通过技术创新，提高全要素生产率，提升公共服务水平，这些改革举措使日本顺利地跨越了"中等收入陷阱"。目前，我国处在经济发展新常态，迫切要求以供给侧改革为方向，将发展的任务重心不仅放在解决包括劳动力、资本、技术在内的全要素生产率作用的发挥，还应包括对公共服务、公共产品的提供，特别是发挥市场的决定性作用，同时要重视相关的政策、制度的创新，只有这样，以供给侧改革入手推动创新发展，才能帮助我国顺利跨越"中等收入陷阱"。

---

① 参见冷伟、王永忠：《创新与知识经济》，西南交通大学出版社，2005。

（三）以科技创新引领创新驱动发展

从人类进入工业社会的历史可见，依靠科学技术创新，实现工业化、现代化，是工业化国家的普遍规律。科技创新在跨越"中等收入陷阱"的过程中发挥着重要的引领作用。

纵观跨越"陷阱"的经济体，在跨越"陷阱"前和跨越"陷阱"后，技术供给模式呈现显著不同的特点。在跨越"陷阱"前，跨越成功的经济体往往注重在核心技术引进的基础上进行自主开发，政府严把技术引进关，组织产学研进行彻底消化吸收基础上的自主创新，这种模式培育了庞大的技术创新能力和生产制造能力，形成了以企业为主体的技术创新体系，最终实现了产业体系的健全。在跨越"陷阱"后，跨越成功的经济体重视基础研究的开发，将自主研发的目标转向核心专利技术，并通过核心技术的研发和产业化提高产业的国际竞争力。

成功跨越"中等收入陷阱"的经济体的发展路径表明，走劳动密集型、资源依赖型的发展模式或依赖外国资本和技术的发展模式，都无法实现追赶目标，只有依靠自主创新才能实现跨越发展、持续发展。我国在进入中上等收入阶段后，发展动力必须向科技创新转化。党的十八大以来，以习近平同志为核心的党中央把创新摆在国家发展全局的核心位置，高度重视科技创新，强调"关键核心技术是要不来、买不来、讨不来的。只有把关键核心技术掌握在自己手中，才能从根本上保障国家经济安全、国防安全和其他安全"①。因此，实施创新驱动发展战略，必须加快推进以科技创新为核心的全面创新。

（四）实现以制度创新为动力的发展

之所以单独把制度创新列为一条启示，因为创新发展的关键就在于制度创新。纵观跨越"陷阱"经济体的经验教训，成功者的首要一点就是制度创新，而失败者则是僵化地理解市场经济体制，导致创新动力不足。许多落入"陷阱"的经济体在法律、制度不健全的情况下，盲目推行市场化、经济自由化，有的国家还脱离本国实际，实行贸易自由化、金融自由化而陷入严重的经济危机，

---

① 习近平：《努力成为世界主要科学中心和创新高地》，《求是》2021年第6期。

迫于这些问题的解决使得新制度主义日渐引起关注。可以说，新制度主义强调制度创新不仅是一种制度环境，而是一系列用来确定生产、交换与分配的基本的政治、社会、法律的规则，制度安排是支配经济单位之间可能合作与竞争方式的规则，还包括了从宏观到微观的所有制度内容的创新，正如诺斯所说："制度是一系列被制定出来的规则、守法秩序和行为道德、伦理规范，它旨在约束主体福利或效应最大化利益的行为。"① 从表述中可见，它包括了从宪法到其他成文的行政法规，再到其细则及具体的契约等正式制度和建立在意识形态之上的价值观念、伦理规范、道德观念以及风俗习惯等非正式制度。新制度主义从发展中国家在法律和制度不健全的情况下，提出制度和组织是发展中国家经济落后的原因。他们认为，经济能够发展，取决于制度安排和经济组织（机制）的有效性。人们只有受到某种激励才会去从事某项经济活动，而制度安排就是这种激励，人们才能从事社会收益率接近私人收益率的经济活动。② 虽然单纯制度变革并不一定是决定经济发展的唯一决定因素，但是在我国目前的发展阶段，实现以制度创新为动力的发展是经济发展新阶段必须要转换的方向。

总之，我国目前处在上中等收入阶段，经济发展进入新常态。从表面来看，经济增速放缓，从高速增长转向高质量发展，但本质上是经济动力的重塑和转换，是由要素驱动转向效率驱动和创新驱动。跨越"陷阱"的经验教训告诉我们，在经济发展阶段变化的关键时期，不能因循守旧、故步自封，一定要大胆创新、推动动力转换，建立适合本国的创新机制，注重实现以创新为导向的供给侧改革，避免因制度僵化和政策失误导致经济发展停滞，而落入"中等收入陷阱"。

二、均衡协调的发展是持续健康发展的前提

考察跨越"陷阱"经济体的经验教训，凡是成功跨越"陷阱"的经济体都实现了均衡发展，凡是落入"陷阱"的经济体都存在"一条腿长，一条腿短"的不均衡发展。可见，只有实现均衡发展才能真正跨越"中等收入陷阱"，迈向

---

① 诺斯：《经济史中的结构与变迁》，上海三联书店，1994，第226页。
② 诺斯：《制度、制度变迁与经济绩效》，上海三联书店，1994，第3页。

高收入经济体。这里的均衡协调发展主要是指城乡区域的协调、经济发展与环境保护的协调。

（一）注重城乡区域的均衡发展

根据刘易斯的二元经济结构理论，在现代化的过程中，传统部门和现代部门的发展必定要经历一个从不协调到协调的过程。如果传统部门逐渐消失，经济体系变成现代经济体系，那么工业化由此实现，国家由此从不发达经济体变成发达经济体。① 纵观跨越"陷阱"的成功者普遍实现了二元结构向城乡一体化的转变，而跨越"陷阱"的失败者则未能重视并处理好二元经济结构难题，城市逐渐成为贫困、环境恶化和社会不公的温床。可见，城乡区域的失衡发展必定会成为制跨越"陷阱"的桎梏。分析成功者在协调城乡区域发展的做法，发现威权政府的主导作用，在政策给予、财政投入、组织管理方面发挥了巨大效应。而拉美国家存在的过度城市化或者城市二元经济结构的存在所导致的不协调发展问题，则与其政府执政理念、治理能力以及资金欠缺等有关。对比跨越"陷阱"的经济体在处理城乡区域发展方面的经验教训，对我国的启示意义重大。进入上中等收入阶段以来，我国已经从一个农业经济大国转变为工业经济大国。然而，受传统二元经济体制的束缚，加上改革开放以来城乡二元经济体制改革滞后的影响，我国二元经济转型的进程远滞后于我国的工业化进程。虽然我国总体已进入工业化中后期，但二元经济转型还处于刘易斯转折区间。工业和农业、城市和农村之间巨大的二元反差，使我国经济发展面临着资源环境与市场需求的双重约束，城乡二元经济结构仍然是制约我国经济持续健康发展的主要结构问题。只有注重城乡区域协调发展，通过挖掘城乡间的自然条件、资源禀赋，分类设定发展任务和发展重点，鼓励基础好的区域发展更快一些，扶持带动条件较差的区域跨越发展，才能避免出现农村太落后、城市内部发展不均衡的情况。

（二）经济发展同时注重生态环境保护

在进入中等收入阶段前，各个经济体普遍以经济发展作为唯一追求的目标，

---

① 阿瑟·刘易斯：《二元经济论》，施炜等译校，北京经济学院出版社，1989，第34页。

因此发展过程中往往采用以资源高消耗、高污染、高排放为代价的发展模式，对生态环境造成了严重破坏，致使经济社会发展不可持续。跨越"陷阱"的经济体与落入"陷阱"的经济体的不同做法导致了发展结果的不同，给我们以极大警示。跨越成功者深刻地认识到生态问题对经济发展的影响，加快了经济发展模式的转变，通过制定严格的法律法规等相关制度，优化产业结构，加大环保节能等先进技术的研制、应用和普及，减轻了经济发展对环境的压力，实现了经济增长与环境保护的双赢。而跨越失败者在经济发展、政治稳定与生态保护之间选择了前者，致使环境保护的法规只是一纸空文。尽管一些拉美国家也希望解决生态破坏的问题，但由于资金缺乏、政府组织不力等原因无法实施有效的生态保护措施。对于中国来说，资源环境趋紧、环境污染严重、生态系统退化，这种与落入"陷阱"类似的现象已成为我国发展的重大瓶颈、制约。因而，借鉴跨越"陷阱"成功者的经验，从理念上高度重视、统筹谋划，从措施上严格法律制度的保障，从机制上厘清各个主体职能，从政策上全面配套支持，使生态文明成为助推我国跨越"中等收入陷阱"的助力器。

总之，经过40年的快速发展，我国经济社会发展不平衡，特别是城乡区域、生态环保方面存在着短板问题。跨越"陷阱"成功者和失败者的经验教训告诉我们，解决"一条腿长，一条腿短"的问题，就要树立协调发展的理念，不能厚此薄彼、偏重就轻，要充分发挥政府和市场的作用，实现经济的可持续发展。

三、正确对待全球化并准确把握对外开放的发展规律

对外开放是一个经济体取得高速发展的战略举措，不能想象，一个闭关自守、孤立于世界之林的经济体能获得长足高速的发展。一个经济体在对外开放的过程中，应该遵循对外开放的发展规律，在开放阶段上把握节奏，在开放程度上不断升级，在开放重心上实行以开放促改革。分析日本和"亚洲四小龙"成功跨越"陷阱"的经验，最不可忽视且重要的一条是他们清醒地认识了自己的优势与劣势，并扬长避短，实行对外开放，在有利的国际环境中把握住了生存与发展的机会，在此基础之上，根据国内的基本情况和国际环境的变化，及时制定和实施了切实可行的改革发展战略。

（一）对外开放要与发展阶段相适应

对外开放是在全球化条件下参与国际分工合作的必由之路。实行对外开放要与国内实际发展阶段相适应，应避免两个极端，一是抵制对外开放，二是过度对外开放。拉美国家长期实行以贸易壁垒、外汇管制、保护国内产业为主的进口替代战略。当拉美国家国内出现内需不足时，本应实施出口导向，但拉美国家反而强化进口替代战略，致使资本品、原材料和技术进口增长，并未实现有效进口替代，而且进口替代脱离拉美国家禀赋优势，加剧了拉美国家制造业国际竞争力的下降，从而错失发展和自我改革提升的良机，导致长期落入"中等收入陷阱"。东南亚四国是过度对外开放的代表。在东南亚国家对全球贸易规则不熟悉的情况下，贸然开放服务业、资本市场、金融业等领域，致使国际投机者有机可乘，造成了亚洲金融危机的发生，使东南亚经济遭受重创。目前，我国对外开放的力度不断加大，对外开放进入一个崭新的阶段，即由有限范围和领域内的开放转变为全方位的开放，因此，一定要吸取落入"陷阱"经济体的教训，注意将对外开放与本国发展阶段相适应，掌握好开放的节奏，遵循循序渐进、有序开放的原则来推进对外开放。

（二）在对外开放中实现产业转型升级

产业的转型升级不但需要通过国内的改革来实现，在全球化经济联系日益紧密的今天，同样需要利用对外开放来帮助国内产业实现转型升级。跨越"陷阱"的经济体实现成功升级的路径具有共同特点：赶超初期均首先发展劳动密集型产业，在提升就业水平的同时，为转型升级提供劳动力要素基础；其次产业结构向钢铁、石油化工等资本密集型重工业升级，为进一步的产业高级化提供资本积累；最后产业结构实现向高附加值的机械和汽车制造、全球产业链顶端的电子设备制造以及研发创新性服务业转型。可见，产业结构的不断高级化为成功跨越"陷阱"提供了动力。而落入"陷阱"的经济体在产业升级方面止步不前。拉美国家的进口替代战略依靠资本、技术、原材料来发展重工业，脱离资源比较优势，反而在发展一段时间后重新依靠农矿部门获取外汇，工业化停滞，产品结构重新回归初级产品出口，迟迟无法实现产业升级；东南亚国家引进的外资多是投入到本土经济缺乏产业的领域，依靠土地人力成本和基础条件进行生产，进口的原材料和出口的产品均不在本国，资本的技术外溢效应极为有效，致使东南亚国家在全球经济和全球分工中属于依附式发展，东南亚国家国内经济结构单一化，产业转型升级困难。对于中国来说，在对外开放中实现产业转型升级包括两层含义，一是在推动工业化进程中建立新的产业；二是促进产业价值链的攀升，或者说向"微笑曲线"两端攀升，以获取更多的国际分工利益。应该看到，新产业的发展离不开对外开放，国际资本是新产业形成不可或缺的部分，在对外开放中实现产业转型升级，吸取落入"陷阱"经济体的教训，主要是避免被跨国公司的国际生产链固定在产品价值链的低端，这就要求我国利用国际产业转移的新兴产业积极融入国际分工体系，一是为了进入高科技产业，在产品内分工的情况下，以生产要素优势融入跨国公司主导的国际产业链的特定环节。二是要在承接国际产业转移的过程中，在特定地区形成特定产业或者特定产业的某些环节的产业聚集，强化该地区的产业发展优势，进而吸引价值链较高端的环节进入。三是通过融入外资企业的产业链，在实现价值链攀升的同时，与跨国公司形成紧密的利益共同体，提升新产业中的本土企业竞争力，实现外资企业和本土企业的融合发展。

（三）对外开放要与制度改革相结合

从成功跨越"陷阱"和落入"陷阱"的经济体发展的历程来看，随着开放的深入进行，将经历由器物层面向制度层面转变的阶段，即由商品、要素流动型开放向规则等制度型开放转变的阶段。1997 年，由泰国开始的亚洲金融危机就是源于没有完善的制度配套，法治化进程滞后，缺乏对全球贸易规则的了解。由此可见，扩大对外开放、主动融入世界就必须加大本国的改革力度，建立与国际高标准投资规则相接轨的基本制度框架和行政管理体系，进而为适应和参与全球化扫清制度障碍。对于中国来讲，目前我国的对外开放呈现出全方位、多层次、宽领域的特点，中国的开放已进入由器物层面转向制度层面的新阶段，在这个阶段关键的是促进制度变革。一要对标世界自由贸易区的通行规则，加快以自由贸易试验区为试点的改革，使其经验逐步"复制""推广"，为在全国范围内建立良好的市场规则奠定基础。二要积极完善应对国际贸易投资规则变化带来的风险防范机制与措施。资本在全球范围内自由配置，更需要改革国内政治、经济、社会等各领域的体制机制，包括金融业、服务业、汇率制度、财政税收制度等，在对外开放中加强全方位监管，并制定完善的对风险防控的应对措施，以抗衡不可预知的经济风险。三是积极参与全球贸易规则制定，促使贸易和投资自由化、便利化。

总之，当中国成为世界大国后，要求更深度、更全面、更开放地融入世界，这就要求我们准确地把握对外开放的发展规律，不断地推进对外开放与国内实际发展阶段相适应，坚持在改革开放中实现产业升级优化，加大改革的力度，在改革开放新阶段实现制度层面的提升，使国家的发展主要建立在依靠内需和制度健全的基础上，主动适应参与全球经济合作与竞争的需要。

四、正确处理经济发展与社会发展的关系

一个国家的发达不仅要看经济发展，还包括治理体系现代化，以及社会民主化、法治化、精神等层面的提升。如果在经济发展的关键期，相关的配套制度建设跟不上，就容易出现权力腐败、社会两极分化等现象，进而可能引发社会动荡。在考察跨越"陷阱"经济体的经验教训时，我们也注意到，经济发展的同时并不意味着政治发展、社会进步、公平正义的必然出现。如果正确地处理经济发展与它们之间的关系，那么就容易跨越"中等收入陷阱"；反之，如果处理不好，则易落入"中等收入陷阱"。

（一）经济发展同时要注重政治发展

经济发展的同时要注重政治发展，这是考察跨越"中等收入陷阱"成功者和失败者得出的重要启示。成功跨越"陷阱"的经济体相对的政治发展较为充分，主要表现为威权政府执行有力、政治民主程度高以及政治清明，而落入"陷阱"的经济体普遍存在政治发展不够充分的现象，突出地表现为政治决策不统一、政治体制不完善以及腐败现象严重等问题。分析这两种不同的模式，发现有如下造成两种结果的原因：首先是政治决策不统一，这是导致落入"陷阱"的前提因素。缺乏政治共识造成政策摇摆不定，甚至大起大落，加剧了政治和社会的动荡。而跨越"陷阱"的经济体大多是威权政府，有利于达成共识，促进国家经济、政治和社会的稳定。其次是政治体制是否完善也是衡量是否跨越"陷阱"的必要条件。落入"陷阱"的经济体大都存在政治体制的缺陷，包括"低度民主"特征明显，政治体制缺乏对公民权利的充分保护；体制的代表性也

不够充分；不少政府、政党和政治家遭遇信任危机等。而腐败泛滥则是政治体制不完善最直接的延伸，其实腐败在全世界都普遍存在，而且腐败高发期无一例外都集中在经济高速增长的转型时期。但是，成功跨越"陷阱"的经济体在经历了阵痛之后，逐步形成了有效治理腐败的制度和体制；而跨越"陷阱"失败的经济体，虽然一度成功引导经济高速发展，但未能有效地应对腐败产生的政治和社会负影响而逐渐走向衰败。由此可见，一个国家在经济迅速发展的同时只有注重政治发展才有可能真正转型为现代化国家，这是对目前中国发展非常重要的启示，也是决定中国能够跨越"陷阱"的重要因素之一。

（二）经济发展的同时注重社会公平

跨越"中等收入陷阱"，必须把社会公平作为重要目标。美国经济学家库兹涅茨提出了著名的"倒 U"假说，他认为经济增长可以实现社会公平，即不平等程度随人均收入的增长先增大而后减小。[①] 事实上，研究表明，经济增长并不一定能够缩小收入差距，而收入分配严重不公还会阻碍经济增长。由新兴经济体跨越"陷阱"的经验教训来看，确实也印证了这一点。成功跨越"陷阱"的经济体在经济发展到一定程度后，通过实施使大多数人获益的社会改革，重视经济增长与社会公平的关系，实现了顺利跨越"陷阱"。而落入"陷阱"的经济体没有处理好经济增长与社会公平的关系，比如在教育制度的设计上忽视了教育质量，造成公立学校教育质量差，公立学校主要为贫困阶层子女提供基础教育；税收制度的设计明显对精英人群照顾过多；社会保障具有分层化和分散化特征，偏重于少数特权阶层以及中高收入阶层，对社会底层的保障则不完备。因此，在中等收入阶段，特别要注意经济增长与社会公平的关系。只有实现了经济增长与社会公平的同步发展，经济发展才具有可持续性。目前，中国经济正处于上升期，收入分配、社会保障、公共服务的提供等民生问题还跟不上经济发展的速度。在进入上中等收入阶段，如果收入分配差距扩大的趋势不能有效遏制，会导致一系列的后果，比如限制人们消费的意愿、贫富差距扩大引发社会动荡等，进而影响中国经济的可持续发展。因此，中国要跨越"中等

---

① Simon Kuznets, "Economic Growth and Income Inequality", *The American Economic Review* 45, No. 1 (1955), 1-28.

收入陷阱"，一要避免只注重经济增长，只贪图"做大蛋糕"不注重民生改善，不注重"做好蛋糕"的分配。二要避免为了改善民生，脱离经济发展实际，超前透支经济增长的可持续性。

总之，在上中等收入阶段，既是发展的机遇期，也是发展的分水岭。分析跨越"中等收入陷阱"的经济体的经验教训，可以为处在跨越关键期的中国提供参考、总结教训，为规避"中等收入陷阱"提前制定措施，防患于未然。

第二节　新发展理念是中国跨越"中等收入陷阱"的中国方案

在中国发展进入新常态的历史阶段，为了解决发展中的突出矛盾和问题，党的十八大以来，以习近平同志为核心的党中央在准确把握复杂多变的国际形势和科学判断中国整体转型发展的新阶段，充分借鉴其他经济体跨越"中等收入陷阱"经验教训的基础上，集中全党智慧提出了指导经济社会转型发展的以人民为中心，创新、协调、绿色、开放、共享的新发展理念。新发展理念是根据时代特征、结合我国国情，指导我国"十三五"时期乃至更长时期的发展思路。它不是其他国家社会实践的再版，也不是国外现代化的翻版，而是依据特定历史和现实条件下的"中国方案"，这既是对我党发展思想的继承与创新，更是对国外发展思想的借鉴和超越。新发展理念构成了一个有机统一的整体，是中国跨越"中等收入陷阱"的中国方案，必将在破解发展难题中实现我国经济社会发展的新进步。

一、创新是跨越"中等收入陷阱"的动力之源

人类自工业革命以来，经济社会发展取得突破的关键往往源于改革创新。20世纪初期，约瑟夫·熊彼特把"创新"作为其"经济发展理论"的核心，认为"经济发展的根本现象"是"创新"。创新成为引领社会发展的第一动力，这是在分析了跨越"中等收入陷阱"经济体的经验和落入"中等收入陷阱"经济体的教训所得，也是我国进入经济新常态由新的发展阶段决定的。那么，何

谓创新？熊彼特的创新概念重在关注技术和制度创新导致的内生演化过程。其创新理论基本上限于技术与组织创新，我们所讲的创新是从广义角度来说的，正如党的十八届五中全会对创新问题所做的具体阐述，要"不断推进理论创新、制度创新、科技创新、文化创新等各方面创新"，① 可以看到，这是一种更为全面深刻的创新。

理论创新是开展各类创新的思想基础和实践来源。我们党和国家的事业之所以取得一个又一个革命建设的伟大胜利，在于我们长期以来坚持理论创新。习近平总书记指出，"把坚持马克思主义和发展马克思主义统一起来，结合新的实践不断作出新的理论创造，这是马克思主义永葆生机活力的奥妙所在"。毛泽东思想、邓小平理论、"三个代表"重要思想、科学发展观及新时代中国特色社会主义都是在实践基础上的理论创新。纵观中国特色社会主义发展道路，从发展的国际环境上来看充满了无限的曲折性和复杂性。如果没有一个科学的理论指导和可持续的健康发展理念，要想带领人民跨过一道又一道的难关，取得一个又一个的胜利，其风险和难度可想而知。只有坚持理论创新，坚持以马克思主义为指导，中国才有希望和出路。

制度创新是跨越"中等收入陷阱"的制度保障。经济发展的实质是创新，而制度创新是实现创新发展的保障，也是引领经济发展的原动力。现阶段，我国经济社会发展中出现的问题表明，在跨越贫困陷阱时，政府主导的市场经济的制度体系在当时起到了重大的推动作用，但在中等收入阶段，继续推行这种体制将不能进一步解放和发展生产力，过多的政府干预将不利于充分发挥市场配置资源的能力，因而，这种旧的制度体系已经不适宜继续跨越"中等收入陷阱"，必须利用制度创新来突破既得利益的藩篱，才能跨越"中等收入陷阱"。制度创新的核心是推进国家治理体系和治理能力现代化，形成有利于创新发展的体制机制，即如何从体制改革、机制完善、人才培养等方面营造良好的制度环境，建立新的治理体系。

今天，中国特色社会主义之所以强调制度自信，不仅在于它充分吸收了人类文明发展的一切优秀成果，更在于中国在改革实践中自觉不断地创新。中国

---

① 中共中央文献研究室：《习近平关于科技创新论述摘编》，中央文献出版社，2016，第9页。

特色社会主义制度是个好制度，但仍需要在改革发展中不断革新、不断完善，而这也正是它的优势所在。

科技创新是跨越"中等收入陷阱"的关键。几百年来，无论世界经济重心怎么转移，其背后始终离不开科技创新的支撑。习近平总书记坚定地指出："我们比历史上任何时期都更接近中华民族伟大复兴的目标，而要实现这个目标，我们就必须坚定不移地贯彻科教兴国战略和创新驱动发展战略，坚定不移地走科技强国之路。"① 此言正式明确了科技创新的地位。当前，面对世界新一轮的科技革命和产业变革的形势，在国内新常态的背景下，我们更需要把科技创新放在重中之重的战略地位，遵循科技创新规律，强化原始创新、集成创新和引进消化吸收再创新。坚持自主研发，同时积极参与国际竞争，从全球发展的跟随者转变为世界发展的引领者。

文化创新为跨越"中等收入陷阱"提供不竭的文化支撑力。文化传统是创新发展的背景，是决定经济发展的另一只看不见的手。纵观跨越"陷阱"成功的经济体，文化创新是其共同特征。在经济全球化已成为现实，国际经济文化交流日益密切的今天，文化创新一要对外来文化加以选择地学习和引进，二要深入挖掘和弘扬本国、本民族的优秀文化传统。党的十八大以来，党中央高度重视中华民族优秀传统文化的继承与发展，习近平主席强调"要把中华民族最基本的文化基因与当代文化相适应、与现代社会相协调"② 的当代中国文化创新成果传播出去。新常态下的文化创新就是要把中国传统文化的精华与新时代的经济变革有机结合起来，既能体现时代发展特征，又能满足人民日益增长的精神文化需要，从而使之成为实现"两个一百年"奋斗目标和中华民族伟大复兴中国梦的根本性力量。

党的十八大以来，以习近平同志为核心的党中央确立了以创新为首的新发展理念，将创新摆在国家发展全局的核心位置，开创了创新事业发展的新局面。首先来看理论创新，党的十八大以来，世界经济社会的发展趋势依旧不十分明

---

① 中共中央文献研究室：《习近平关于科技创新论述摘编》，中央文献出版社，2016，第16页。
② 习近平：《建设社会主义文化强国　着力提高国家文化软实力》，《人民日报》2014年1月1日第1版。

朗,远没有走出经济萧条的泥潭,经济全球化条件下的各个国家、不同民族所面临的矛盾和冲突日益增加,各种"灰犀牛"不确定事件时有发生。因此,习近平新时代中国特色社会主义思想是当代中国最鲜活、最管用的马克思主义理论创新成果,秉承了马克思主义与时俱进、不断创新的理论品质,坚持马克思主义问题导向思维,将马克思主义基本原理和新时代中国经济社会发展的短板、突出矛盾结合起来,提出了催生动能转化、优化结构调整、促进提质升级的新发展理念。再以科技创新为例,我国取得了一系列显著成果,一是重大创新成果不断涌现。"天眼"探空、"神舟"飞天、"墨子"传信、国产首驾大飞机"C919"、高铁奔驰、"北斗"组网、"超算""发威""蛟龙"号深潜器、自主研发的核能技术、云计算、人工智能等成就令人瞩目。二是主要创新指标居于世界前列。研发投入和知识产出方面位居世界第二;2015—2017年全社会研发支出占比逐年上升,分别为2.07%、2.08%、2.13%。① 国际科技论文总量比2012年增长70%,居世界第二位,被引用量首次超过英国、德国,跃居世界第二位;科技进步贡献率从2012年52.2%升至57.5%,国家创新能力排名从2012年的第二十位升至第十七位。② 三是科技体制机制不断完善。国家重大科技决策咨询制度不断推进,相关政策法规得到进一步完善。科技成果转移转化体系进一步落实,全国人大修订完成《促进科技成果转化法》,支持各部门和地方制定具体措施。四是教育取得历史性成就。学前教育毛入学率为75%,达到世界上中等收入国家的平均水平;小学净入学率为99.9%,初中毛入学率为104%。③ 九年义务教育普及率超过世界高收入国家的平均水平,在全球9个发展中人口大国中率先实现全民教育目标。高中阶段毛入学率为87%,高等教育毛入学率为40%,这两项都高于世界上中等收入国家的平均水平。④ 五是知识

① 国家统计局:《2015—2017年全国科技经费投入统计公报》,http://www.stats.gov.cn,查询日期:2018年11月09日。
② 科技部:《我国主要创新指标进入世界前列》,2018年1月11日,http://www.most.gov.cn/ztzl/qgkjgzhy/2018/2018mtbd/201801/t20180111_137649.html,查询日期:2019年1月9日。
③ 教育部:《2016年全国教育事业发展统计公报》,《中国教育报》2017年7月11日第4版。
④ 袁贵仁:《义务教育普及率超高收入国家平均水平》,2016-3-10,https://new.qq.com/cmsn/20160310/20160310042639,查询日期:2019年1月10日。

产权助力创新。据 2016 年统计，我国发明专利的申请量为 346.5 万件，[1] 居世界第一位，比 2012 年的 205.1 万件增长 68.94%，有效发明专利保有量居世界第三位。[2] 根据 2017 年在日内瓦发布的《2017 年全球创新指数报告》，中国全球创新指数排名第二十二名，是前二十五名中唯一的中等收入经济体。[3] 可见，以创新为首的新发展理念向我们展示了一个前所未有的发展空间，这是近代以来未曾有过的重大变化。我国的科技发展从以跟跑为主，步入跟跑、并跑、领跑并存的新阶段。创新主体也正由科研工作者向大众创新、万众创新转变。可以确定，坚持创新理念发展，加快实施创新驱动发展战略，必将带领我们跨越"中等收入陷阱"。

二、协调是跨越"中等收入陷阱"的有效之举

党的十八大以后，面对中国经济下行的压力，以习近平同志为核心的党中央继承了过去协调思想的原则，结合不断发展的实际，充分借鉴了世界上成功国家的做法，针对我国现阶段的突出问题，提出全力做好"补齐短板"的工作。党的十八届五中全会将协调发展置于我国发展全局的重要位置，将协调发展作为解决我国发展问题的重大理念。

协调发展重在解决我国发展中的短板问题。协调发展是基于"人的全面发展"的需求，通过在发展的过程中解决重大关系的不平衡、不协调，化消极因素为积极因素以实现全面可持续发展的一种发展理念。协调发展理念有丰富的内涵思想，一是要求全面性、系统性与整体性的统一。中国面临跨越"中等收入陷阱"的坎儿，必须强调协调发展，重点是通过城乡协调发展，推动实现城乡一体化的全面发展，促进新型工业化、信息化、城镇化、农业现代化同步发展；通过区域协调发展，处理好内地与沿海的关系，实施西部大开发战略、振

---

[1] 《国家知识产权总局：〈2017 年中国专利统计年报〉发布》，http：//www.iprdaily.cn/article1_ 19987_ 20180930.html，查询日期：2019 年 3 月 1 日。

[2] 科技部：《十八大以来我国科技创新领域取得的成就》，http：//www.rmlt.com.cn/2017/1012/499132.shtml？from＝singlemessage，查询日期：2019 年 3 月 1 日。

[3] 科技部：《十八大以来我国科技创新领域取得的成就》，http：//www.rmlt.com.cn/2017/1012/499132.shtml？from＝singlemessage，查询日期：2019 年 3 月 1 日。

兴东北老工业基地战略以及中部崛起战略,同时实施京津冀协同发展、长江经济带建设以及"一带一路"等倡议,引领各地区共同发展;通过物质建设与精神建设以及社会建设的协调发展,避免出现"一条腿长,一条腿短"的问题。二是体现了重点论与两点论的统一。协调发展不是强调平均主义,而是要在深刻认识构成关系的各种因素基础之上,因时、因地、因发展目标确定重点或主要矛盾,要体现两点论和重点论的统一。比如,城乡关系是我国经济社会发展的重大关系,但在不同阶段要确定主次矛盾为何。从目前我国发展的重点来看,城市发展是主要矛盾,但从长远来看,农村市场空间巨大,农业是经济安全的主要方面,缺乏农业的发展,现代化就会受到制约,社会稳定也难以保证。三是体现了目标和手段的统一。协调作为发展的目标是改革开放后我党的基本方针,但是不仅要将协调作为目标,当作经济社会发展的手段,这是党的十八大以来以习近平同志为核心的党中央提出的新观点,是对我党协调思想的发展。以市场作用和政府作用为例,两者要达到相互协调才能相互促进,才能促进我国经济社会有效运转。

近几年来,在协调发展理念的指导下,我国协调发展取得了辉煌的成就,尤以促进城乡协调发展的精准扶贫工作成效明显。2012 年到 2017 年,通过产业扶贫、健康扶贫、异地扶贫搬迁、结合生态扶贫等扶贫举措,我国贫困人口减少近 7000 万人,可以说每分钟至少有 26 人摆脱了贫困。农村贫困发生率由 10.2% 下降至 3.1%,下降 6.9 个百分点。贫困县数量实现了首次减少,减少了 153 个。① 贫困地区不仅经济发展成果有目共睹,社会发展也齐头并进。截至 2017 年,贫困地区农村居民人均可支配收入为 9377 元,年均实际增长 10.4%,比全国农村平均增速高 2.5 个百分点。② 2017 年贫困地区农村居民平均住房面积比 2012 年增加 21.4 平方米,饮水无困难农户的比重为 89.2%,比 2013 年提高了 8.2 个百分点。自然村通电话的比重达到 98.5%、通宽带的比重达到 71%、

---

① 《中国精准扶贫实施五年来取得历史性成就》,凤凰网,2018 - 11 - 4,http://news. ifeng. com/a/20181104/60143524_ 0. shtml,查询日期:2019 年 2 月 15 日。

② 国家统计局:《扶贫开发成就举世瞩目脱贫攻坚取得决定性进展——改革开放 40 年经济社会发展成就系列报告之五》,2018 - 9 - 3,http://www. gov. cn/xinwen/2018 - 09/03/content_ 5318888. html,查询日期:2019 年 3 月 3 日。

道路硬化的比重达到 81.1%，所在自然村有卫生站的比重达到 92.2%。① 贫困人口生存发展权益得到有效保障。可以说，精准扶贫工程不仅取得了中国扶贫史上的最好成绩，而且为全球减贫事业作出了重大贡献。② 联合国秘书长古特雷斯在致"2017 减贫与发展高层论坛"的贺信中，高度评价中国精准扶贫的成就，称赞"精准扶贫方略是帮助贫困人口、实现《2030 年可持续发展议程》宏伟目标的唯一途径。中国已实现数亿人脱贫，中国的经验可以为其他发展中国家提供有益借鉴"③。再如区域协调发展方面，党的十八以来，区域协调发展以"三大板块"为引领，统筹推动"四大板块"联动发展，取得了协调发展的良好势头。"一带一路"建设、京津冀协同发展、长江经济带发展三大战略与倡议开辟了我国经济发展的广阔空间，也为世界经济的艰难复苏提供了新的机遇。2013—2017 年，我国与"一带一路"沿线国家的贸易总额为 33.2 万亿元；④ 2015—2017 年，我国对"一带一路"沿线国家投资累计 486 亿美元。⑤ 京津冀协同发展成果累累，雄安新区正式设立，一批国家级新区、国家综合配套改革试验区、自由贸易试验区和区域中心城市快速发展，新的增长极、增长带正在逐步形成。2017 年，东部地区生产总值占全国比重的 52.6%，人均生产总值约为 11530 美元，已经接近高收入国家行列⑥。2017 年，中部、西部地区的生产

---

① 国家统计局：《扶贫开发成就举世瞩目脱贫攻坚取得决定性进展——改革开放 40 年经济社会发展成就系列报告之五》，2018 - 9 - 3，http：//www. gov. cn/xinwen/2018 - 09/03/content_ 5318888. html，查询日期：2019 年 3 月 3 日。

② 《一图看懂 40 年扶贫开发成就》，2018 年 9 月 7 日，https：//baijiahao. baidu. com/s？id = 1610942744310838248&wfr＝spider&for＝pc，查询日期：2018 年 9 月 12 日。

③ 《中共国务院扶贫办党组：脱贫攻坚砥砺奋进的五年》，《人民日报》2017 年 10 月 17 日第 8 版。

④ 搜狐网：《我国与"一带一路"国进口增速超出口》，2018 - 5 - 8，http：//www. sohu. com/a/230829411_ 100054795，查询日期：2018 年 9 月 7 日。

⑤ 国家统计局：《经济结构实现历史性变革发展协调性显著增强——改革开放 40 年经济社会发展成就系列报告之二》，2018 - 8 - 29，http：//www. stats. gov. cn/ztjc/ztfx/ggkf40n/201808/t20180829_ 1619600. html，查询日期：2018 年 9 月 12 日。

⑥ 国家统计局：《经济结构实现历史性变革发展协调性显著增强——改革开放 40 年经济社会发展成就系列报告之二》，2018 - 8 - 29，http：//www. stats. gov. cn/ztjc/ztfx/ggkf40n/201808/t20180829_ 1619600. html，查询日期：2018 年 9 月 12 日。

总值占全国的比重分别为 21% 和 20%，分别比 2000 年提高 1.9% 和 2.5 个百分点。①

三、绿色是跨越"中等收入陷阱"的生态屏障

自从 2015 年 10 月，党的十八届五中全会提出"五大发展理念"以来，中国共产党便将绿色发展作为"十三五"，乃至更长时期我国经济社会发展的一个基本理念加以重视和全力推进。党的十九大，绿色生态文明建设再一次上升到了关乎民族和国家命运的高度。党的十九大将坚持人与自然和谐共生作为新时代坚持和发展中国特色社会主义的基本方略，提出了生态文明建设是中华民族永续发展的千年大计、人与自然是生命共同体等重要论断。绿色发展注重解决人与自然和谐问题。在新发展理念中坚持绿色发展是基础性的底线问题，与传统意义上的环境保护不同，绿色发展理念是把马克思的生态理论、世界各国的有益探索以及我国社会主义建设的具体实践相结合，将生态文明建设融入经济、政治、文化、社会建设的各方面和全过程，从而形成的具有时代特征和中国特色的全新发展理念。

绿色发展首先是创新驱动的发展。改革开放以来，我国在高污染、高耗能、高投入的经济发展模式中累积了大量的生态环境问题，也成了制约我国进一步发展的障碍。传统的发展方式和路径越来越难以为继，我国产业结构升级和经济转型要求从要素投入转向创新驱动，同时注重技术创新、文化创新和管理创新，这样才是实现社会意义上的绿色发展。绿色发展其次是可持续的发展。绿色发展理念破除了"发展"与"绿色"之间的二元对立，强调"保护生态环境就是保护生产力"，②"绿水青山与金山银山绝不是对立的，关键在人，关键在思路"。③ 因而，经济社会的可持续发展需要实现与生态建设相结合的一体化发展。绿色发展本质上是普惠民生的发展。党的十八届五中全会提出，"绿色是永

---

① 国家统计局：《经济结构实现历史性变革发展协调性显著增强——改革开放 40 年经济社会发展成就系列报告之二》，2018-8-29，http://www.stats.cn/ztjc/ztfx/ggkf40n/201808/t20180829_1619600.html，查询日期：2018 年 9 月 12 日。
② 《习近平谈治国理政》，外文出版社，2014，第 209 页。
③ 人民日报评论社编著《"四个全面"学习读本》，人民出版社，2015，第 40 页。

续发展的必要条件和人民对美好生活追求的重要体现"。① 习近平总书记一再强调，"良好的生态环境是最公平的公共产品，是最普惠的民生福祉"②。在跨越"中等收入陷阱"的过程中，优质的生态产品已经成为人们的迫切需求，成为确保人民群众身心健康和全面发展的根本。

过去几年，是我国生态文明建设和生态环境保护认识最深、力度最大、举措最实、推进最快的时期。一是严格立法执法。几年来，制定修订关于生态文明建设的法律达十几部之多，其中有被称为"史上最严"的新环保法，还有大气污染防治法、野生动物保护法、环境影响评价法、环境保护税法等。据环保部统计，2016 年，全国查封扣押案件 9976 件，停产限产案件 5673 件，按日连续处罚案件 1017 件，分别比 2015 年增长 138%、83% 和 42%。③ 二是改革措施不断细化，生态红利不断显现。党的十八届五中全会要求，开展省以下环保机构监测监察执法垂直管理制度改革试点。目前，我国已建成发展中国家最大的空气质量监测网，并且实现了在 338 个地级及以上城市的监测数据共享。2013年到 2016 年，长三角 PM2.5 浓度下降了 31.3%，珠三角下降了 31.9%，全国空气质量达标的城市从 3 个增加到了 84 个，2016 年全国优良天数比例达到了 78.8%。④ 三是大力开展生态修复，充分利用新能源。中国沙化土地年均缩减 1980 平方公里，世界贡献居第一位⑤；中国人工林面积 10.4 亿亩，居世界第一位，以塞罕坝的绿色奇迹为代表，112 万亩的"林海"充分诠释了"绿水青山就是金山银山"的发展理念。新能源方面，2016 年，中国可再生能源装机容量

① 《习近平总书记系列重要讲话读本（2016 年版）》，人民出版社，2016，第 134 页。
② 中共中央文献研究室：《习近平关于全面建成小康社会论述摘编》，中央文献出版社，2016，第 163 页。
③ 《努力开创人与自然和谐发展新格局——党的十八大以来生态文明建设述评》，《人民日报》2017 年 10 月 5 日第 1 版。
④ 《努力开创人与自然和谐发展新格局——党的十八大以来生态文明建设述评》，《人民日报》2017 年 10 月 5 日第 1 版。
⑤ 《国家林业局：土地沙化年均缩减 1980 平方公里》，http://www.sohu.com/a/148730264_123753，查询日期：2019 年 2 月 05 日。

5.7 亿千瓦,① 居世界第一位;中国劣五类水从 10.9% 下降到 8.6%;② 世界十大水电站,五座在中国。中国已经成为世界节能和新能源利用第一大国。2016年,我国水电、风电、核电和天然气等清洁能源消费所占的比重已达 19.7%,③ 为 13 多亿人提供清洁能源,为国家可持续发展提供动力,为全球应对气候变化作出承诺。

可以说没有哪个国家能在如此短的时间里,用如此大的魄力去兑现绿色发展的承诺,中国在绿色生态工作上赢得了国际社会的普遍、高度认可。2017年12月6日,第三届联合国环境大会举行"地球卫士奖"颁奖典礼,这一年共有6个组织和个人获奖,而其中一半的奖项颁给了中国。联合国副秘书长兼环境署执行主任埃里克·索尔海姆表示:"中国的生态文明建设理念和经验,正为全世界可持续发展提供重要借鉴,贡献中国的解决方案。"④

四、开放是跨越"中等收入陷阱"的必然选择

党的十八大以来,世界经济进入深度调整期,我国经济也进入了发展的"新常态"。在新的历史起点上,以习近平同志为核心的党中央把开放发展作为引领我国未来发展的新发展理念之一,进一步明确了开放发展的新目标、新任务、新要求,开展了一系列富有开拓性、创造性的开放发展实践,开创了全方位对外开放的新局面。

开放发展理念内涵丰富,包括互利开放、全面开放和公平开放。从开放的价值导向来看,开放要实现互利共赢的开放。全球化的深入发展,使人类越来越成为你中有我、我中有你的命运共同体。一方面,开放发展要求通过中国自

---

① 《国家能源局:2016 年度全国可再生能源电力发展监测评价报告》,http://zfxxgk.nea.gov.cn/auto87/201704/t20170418_ 2773.html,查询日期:2019 年 2 月 05 日。

② 《人民网:优美环境让百姓居住更舒适》,《人民日报海外版》,2017 年 10 月 16 日第 8 版。

③ 《努力开创人与自然和谐发展新格局——党的十八大以来生态文明建设述评》,《人民日报》2017 年 10 月 5 日第 1 版。

④ 《美丽中国新篇章——五年来生态文明建设成就》,2017 - 10 - 05,新华网,http://www.xinhuanet.com//politics/2017-10/05/c_ 1121763936.html,查询日期:2019 年 3 月 2 日。

身发展带动相关国家共同发展；另一方面，各国要扩大共同利益汇合点，在国家战略对接中实现互利共赢。国家不分大小、强弱、贫富都应该平等相待，在互利共赢中共同发展。从开放的内容和层次来看，开放要实现全面的开放。一是在开放领域上不断拓宽。从建立经济特区到沿海、沿江、沿边及内陆的全方位开放，从商品市场到资本市场、技术市场、劳务市场的宽领域开放，从企业的开放到区域乃至国家合作的多层次开放。二是在开放举措上，要求加强走出去战略，提高开放的主动性。三是在开放的空间结构上，要不断优化内外布局，增强陆海内外联动、东西双向开放、进出双向开放、南北同步开放，形成全面开放的新格局。从开放的制度和规范要求来看，开放要实现公平开放。我国对外开放从早期以引进来为主转为大进大出新格局，支撑高水平开放和大规模走出去的体制机制尚显欠缺，在法律、金融、人才、风险管控、安全保障等方面的配套制度难以满足现实需要。因此，通过加强相关的法律法规建设，打造公平、透明、高效的投资营商环境，用法治手段保护各类企业公平参与市场竞争。

党的十八大以来，我国开放发展取得了巨大成就。一是统筹推进开放发展新战略。以习近平同志为核心的党中央在继承以往开放战略成果的基础上，不断突破开放发展新战略。2013 年，提出共建"一带一路"倡议；同年，成立自由贸易试验区，开放开发以长江经济带建设和京津冀协同发展为主的区域合作战略。尤其是"一带一路"倡议提出以来，与沿线国家经贸领域合作取得积极进展。2013 年至 2018 年，我国与"一带一路"沿线国家货物进出口总额超过 6 万亿美元，占中国货物贸易总额的比重达 27.4%。[1] 2013—2018 年，中国企业对沿线国家直接投资超过 900 亿美元，在沿线国家完成对外承包工程营业额超过 4000 亿美元。[2] 2018 年我国对"一带一路"沿线国家非金融类直接投资 156 亿美元，比上年增长 8.9%。"一带一路"沿线国家对华直接投资 64 亿美元，增长 16.0%。[3] 二是构建开放发展新体制。2015 年 9 月，中共中央、国务院发布

---

① 《共建"一带一路"倡议：进展、贡献与展望》，新华网，2019 - 4 - 22，http：// www. xinhuanet. com/2019-04/22/c_ 1124400071. html，查询日期：2019 年 4 月 22 日。

② 《共建"一带一路"倡议：进展、贡献与展望》，新华网，2019 - 4 - 22，http：// www. xinhuanet. com/2019-04/22/c_ 1124400071. html，查询日期：2019 年 4 月 22 日。

③ 《国家统计局：经济运行稳中有进　转型发展再展新篇——〈2018 年统计公报〉评读》，《人民日报》2019 年 03 月 01 日第 12 版。

了《关于构建开放型经济新体制的若干意见》，提出了构建开放型经济新体制的总体要求、目标任务和具体举措，成为指导新时期我国对外开放的纲领性文件。对于立足国内国际的两类规则，实现规则的有机衔接，起到了指导作用。三是不断提高对外开放水平。制定实施外资准入负面清单管理制度，在金融、交通、汽车、船舶制造等 22 个领域推出开放措施。2018 年，我国外商直接投资（不含银行、证券、保险领域）新设立企业数量比上年增长 69.8%，高技术制造业实际使用外资（按人民币计价）增长 35.1%。① 四是积极搭建开放发展合作新平台。2015 年，主导建立首个多边金融机构亚洲基础设施投资银行；2017 年，首届"一带一路"国际高峰论坛在北京举办；2018 年，中国国家主席习近平出席博鳌亚洲论坛年会开幕式并发表主旨演讲，成功举办首届中国国际进口博览会，上海合作组织青岛峰会、中非合作论坛北京峰会等重大会议，为中国和世界的发展注入强大正能量。五是积极承担国际义务，倡导开放发展新主张。党的十八大以来，中国在国际社会提出了一系列开放发展的新理念、新主张、新方案。如提出构建以合作共赢为核心的新型国际关系、构建"人类命运共同体"等，在主动承担传统国际责任和义务的同时，还针对全球治理中的理念缺失、制度空白、措施乏力贡献中国智慧和中国方案。

五、共享是跨越"中等收入陷阱"的价值归旨

党的十八届五中全会正式提出"创新、协调、绿色、开放、共享"五大发展理念，第一次对共享发展的内涵进行了全面阐释，标志着共享发展理念的正式形成。党的十八届五中全会也明确提出了实现共享发展的途径，既要从公共服务均等化入手，完善教育、医疗、卫生制度，解决关系每个人现实利益的社会民生问题，同时也要大力实施脱贫攻坚工程，建立健全社会保障体系，照顾弱势群体的生存生活需要，保障共享发展的全面性。共享发展理念的提出立足于我国发展新阶段，体现中国特色社会主义的本质。既是我国社会发展所追求的目标，也是谋求发展进步的手段。共享发展寄托了人民对美好生活的期盼，也体现了中国共产

---

① 《国家统计局：经济运行稳中有进　转型发展再展新篇——〈2018 年统计公报〉评读》，《人民日报》2019 年 03 月 01 日第 12 版。

党全心全意为人民服务的宗旨，顺应了时代要求，适应了我国现实国情。

共享发展理念的内容可以从四个方面理解：一是共享发展的主体是全民共享，这里的全民既是指现实的个人，也涵盖现实的群体。从个人来看，共享发展表明个人不管贫富贵贱、能力高低都应该共享经济社会发展的成果，以此来实现自身的利益诉求，同时贡献自身的社会价值；从群体来看，是指一切对社会历史发展起推动作用的人。不同群体参与共享经济发展的成果是其基本追求，共享发展就是让全体社会成员共享经济发展与改革的成果，逐步走向共同富裕。共享是社会主义的本质要求，是社会主义制度优越性的集中体现。二是共享发展的客体是经济社会发展成果的全面共享，即共享发展不仅是分享经济发展的成果，还应包括教育机会、政治民主、健康保健、生态环境等方面的成果共享，全面保障国民的合法权益。三是共享发展得以持续的条件是共建共享。人民群众是物质财富、精神财富以及社会变革的力量，只有人民群众在共建中才能创造可以共享的物质和精神成果，也只有共享才能提升共建的积极性。共建共享相统一要求权利和义务相对应，要求贡献和回报相对应。四是共享发展的过程要求渐进共享，即共享发展必须同经济发展水平相适应，这也是我国现实国情作出的必然选择。渐进共享在起点参与、过程层次以及目标实现上都强调一个渐进的过程。起点参与是指目前我国发展的不平衡、不充分的国情现状，决定了共享发展的提升是一个渐进过程。过程层次要求人人尽力、各尽所能推动发展。目标层次中的近期目标是全体人民共同迈入全面小康社会，而最终目标是实现共同富裕。

围绕共建共享这一核心是中央一贯以来的方针，在经济下行压力加大的情况下，民生保障的力度却不断得到加强。一是收入分配更加公平。党的十八大以来，我国的收入分配格局更趋合理，尤其在调节过高收入方面，出台并有效实施了一系列限制国有企业高管的高薪和超高薪制度，灰色收入、腐败收入得到有效遏制。同时，运用税收、慈善等手段加大对高收入者的调节力度。在增加低收入者收入方面，国家主要采用扶贫和促进城镇人员就业的方法，促使城乡收入差距进一步减小。如表 5-1 所示，尽管整体经济增长率在下降，但是农村居民人均纯收入的增长率高于城镇居民可支配收入的增长率，有利于缩小城乡居民收入的差距，降低基尼系数。

表 5-1 2013—2017 年我国城镇居民与农村居民的人均收入及其增长率

年份	城镇居民人均可支配收入（元）	城镇居民人均可支配收入增长率（%）	农村居民人均纯收入（元）	农村居民人均纯收入增长率（%）
2013	26955	9.7	8896	12.4
2014	28844	9	9892	9.6
2015	31195	8.2	10291	8.4
2016	33616	7.8	12363	8.2
2017	36396	6.5	13432	7.3

数据来源：国家统计局发布的中华人民共和国 2013—2017 年国民经济和社会发展统计公报，http：//www.stats.gov.cn/。

二是建立了最大的基本医疗保障网。截至 2018 年，我国包括职工医保、城镇居民医保和新农合参保人数超过 13 亿人，参保率稳定在 95%以上（见图 5-1）。① 基本养老保险参保人数从 2015 年的 8.42 亿人增加到 2018 年的 9.42 亿人（见图 5-2）。② 居民人均期望寿命从 2014 年的 75.3 岁提高到 2017 的年 76.7 岁，超过世界平均水平 5 岁左右③，健康水平已优于中高收入国家的平均水平。

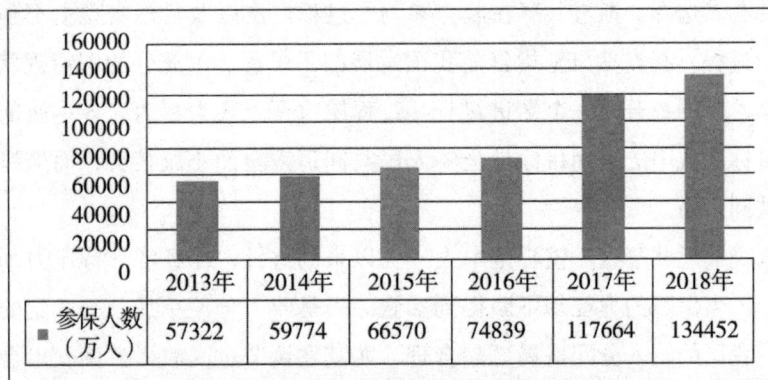

	2013年	2014年	2015年	2016年	2017年	2018年
■ 参保人数（万人）	57322	59774	66570	74839	117664	134452

图 5-1 2013—2018 年全国医疗保险参保人数统计情况

数据来源：根据中华人民共和国人力资源和社会保障部网站相关数据整理。

---

① 人社部：2015 年度至 2018 年度人力资源和社会保障事业发展统计公报。
② 人社部：2015 年至 2018 年人力资源和社会保障事业发展统计公报。
③ 国家卫健委：《2017 年我国卫生健康事业发展统计公报》，http：//www.nhfpc.gov.cn/zwgkzt/gongb/list.shtml，查询日期：2018 年 12 月 12 日。

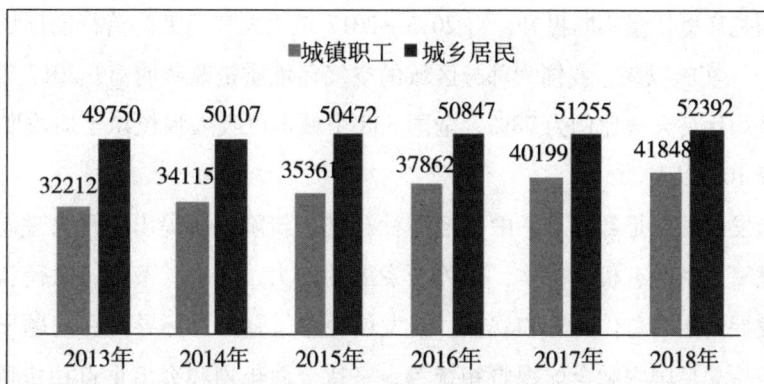

图5-2 2013—2018年全国养老保险参保人数情况统计（万人）

数据来源：根据中华人民共和国人力资源和社会保障部网站相关数据整理。

三是就业奇迹继续保持。官方数据表明，2018年中国城镇新增就业人数1361万人，新增就业人数连续六年超过1300万人，城镇登记失业率为3.8%，[①]为近年来的低位水平。第三产业就业人数不断上升（见图5-3），也说明了我国服务业正在快速发展。

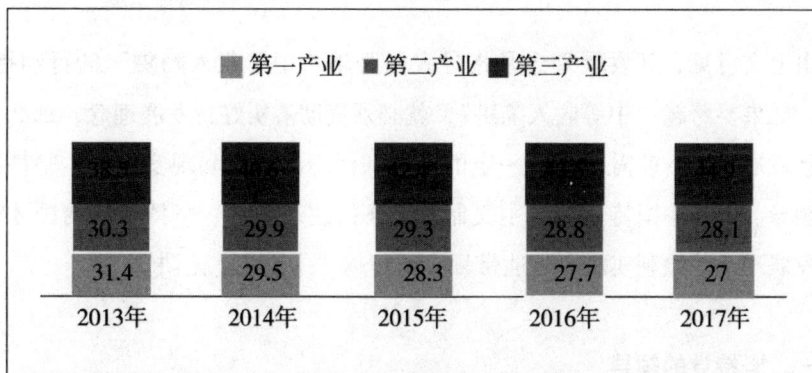

图5-3 2013—2017年全国就业人员产业构成情况（%）

数据来源：根据中华人民共和国人力资源和社会保障部网站相关数据整理。

---

① 人社部：《张纪南两会"部长通道"接受采访解读相关政策 回应社会关切》，2019-3-13，http://www.mohrss.gov.cn/SYrlzyhshbzb/dongtaixinwen/buneiyaowen/201903/t20190313_311868.html，查询日期：2019年3月15日。

四是环境质量不断提升。自 2013—2017 年"大气污染防治行动计划（大气十条）"实施以来，我国大部分区域的空气环境质量改善明显。2017 年，全国城市平均优良天气比例为 78%，全国 338 个城市可吸入颗粒物年均浓度比 2012 年下降 10% 以上。①

新发展理念是新常态下中国经济社会进入新阶段所提出的重大理念。作为一个逻辑严密的有机统一体，是关于发展的动力、要求、条件、途径和目的等重大发展问题的总体看法和观点。新发展理念是坚持目标导向和问题导向相统一、坚持立足国内和全球视野相统筹、坚持全面规划和突出重点相协调，是指导更长时期我国的发展思路、发展方向、发展着力点。新发展理念来源于实践又必将指导实践，党的十八大以来我国的发展实践已经证明，新发展理念是跨越"中等收入陷阱"的科学理论指导和行动指南。

第三节　中国跨越"中等收入陷阱"的保障

由上文可见，新发展理念是指导我国跨越"中等收入陷阱"的行动指南，因此，如果要跨越"中等收入陷阱"，就必须贯彻落实好新发展理念，那么贯彻落实新发展理念，就需要提供一定的条件和保障。历史和现实证明，坚持共产党的领导、坚持中国特色社会主义制度、坚持改革开放、坚持依法治国才能保障新发展理念的顺利实施，才能带领中国跨越"中等收入陷阱"。

一、坚持党的领导

中国共产党是领导全国人民沿着中国特色社会主义道路不断前进的坚强核心，是带领人民跨越"中等收入陷阱"的领导力量。坚持和加强党的领导，主要是从纵横两方面来考察的，即从历史的维度和现实的维度两方面来分析。

从历史维度来看，中国共产党是带领中国人民完成社会主义革命、建设和

---

① 中国产业信息：《2018 年中国空气质量现状及雾霾治理发展趋势》，2018-4-11，http：//www.chyxx.com/industry/201804/629140.html，查询日期：2018 年 12 月 12 日。

改革的领导力量和组织保障，在跨越"中等收入陷阱"的征途中，共产党必将是坚强的领导力量。近代以来，在中国一步步沦为半殖民地半封建社会的过程中，各种探索中国出路的方案一一失败，是中国共产党将实现共产主义作为党的最高理想和目标，肩负起了实现中华民族伟大复兴的历史使命。中国共产党成立后，团结带领人民把马克思主义基本原理与中国实际相结合，制定了党的纲领、路线，取得了民族民主革命的领导权，带领人民推翻了帝国主义、封建主义、官僚资本主义的反动统治，实现了民族解放和独立，夺取了新民主主义革命的胜利。新中国成立后，在中国共产党的领导下，确立发挥社会主义制度的优越性，带领人民进行社会主义建设，建立了独立的、比较完整的工业体系和国民经济体系。1978年中国实行改革开放，开创了中国特色社会主义道路，形成了中国特色社会主义理论，综合国力大大增强，人民的生活水平和国际地位大大提高。我国各项事业取得了举世瞩目的成就，特别是中国进入新时代以来，党的十九大报告明确提出了到21世纪中叶把我国建成富强、民主、文明、和谐、美丽的社会主义现代化强国的奋斗目标。而跨越"中等收入陷阱"是建成社会主义现代化强国无法绕过的阶段。毋庸置疑，正是因为坚持了党的领导，我国的社会主义现代化事业也获得了勃勃生机。所以，从历史维度来看，中国共产党的领导地位是历史和人民选择的结果。在过去革命、建设和改革时期要坚持，在进一步深化改革、跨越"中等收入陷阱"的过程中依然要坚持党的领导。可以充满自信地说，没有共产党，就没有新中国；有了共产党，中国的面貌就焕然一新。这是中国人民从长期奋斗中得出的最重要、最基本的结论。

从现实维度来看，目前我国经济已步入新常态，面临"中等收入陷阱"，经济下行的压力加大，社会各类矛盾突出。城乡区域之间发展不平衡、不充分，一些地方片面发展、畸形发展、停滞发展；一些地方涸泽而渔、寅吃卯粮、透支发展；一些地方与民争利、忽视民生、颠倒初心。党的十九大提出我国进入新时代，社会主义的主要矛盾已经变为人民对美好生活的追求与发展不平衡、不充分之间的矛盾。新发展理念是由中国共产党从现实问题出发，是我党对经济社会发展规律认识的深化，是我国当前和今后一个时期经济社会发展的重要指导和基本遵循。坚持党的领导，有利于把新发展理念贯穿于领导活动的全过程，落实到决策、执行、检查各项工作中；有利于破除那些片面追求GDP、拼资源拼投入、重城市轻农村、先污染后治理的陈旧观念；有利于充分发挥党的组织优势，通过干部的培养、选拔，增强各级党组织的战斗堡垒作用；有利于发挥党的思想教育优势，加强对党员干部和广大群众进行新发展理念教育，从思想上武装干部群众，进而提高党员干部把握大势、大局、大事，提高推动经济社会发展的素养和能力。

在中等收入阶段，各种社会资源分流、各种社会力量分散、各种社会矛盾多发，客观上需要强有力的执政党。尤其是面临"中等收入陷阱"的风险，是共产党之前所没有遇到的问题。中国进入上中等收入阶段，从国际环境来看，呈现出动态性、多变性和过渡性等特征，从国内环境来看，改革开放的日趋深化，使中国的政治、经济和社会状况都正在经历着前所未有的深刻变化，影响中国未来走向的新问题和新因素不断出现。这些变化对党的执政能力提出了新要求，需要执政党客观清醒地认识执政能力中存在的不足，及时调整领导方式和执政方式，从而提高领导水平和执政水平。因此，坚持党的领导，早日跨越"中等收入陷阱"，还需要进一步加强和党的执政能力建设。

一是强化共产党的为民意识。"政之所兴在顺民心，政之所废在逆民心。"全心全意为人民服务是党的根本宗旨和政治优势，在跨越"中等收入陷阱"的过程中，新情况、新问题不断出现，面临的风险和挑战不断增多，各种利益相互纠葛，更应该强化以人民为中心的为民意识，人们对美好生活的向往不再单纯地满足物质文化的需要，还包括人们对政治、生态、社会方面的主观价值判断和选择。面对这种新的重大挑战，各级领导干部一定要增强宗旨观念，坚持"以人民为中心"的政治立场，把群众最关心的问题解决好，让广大人民群众拥有更多的获得感，过上更加美好的生活。

二是建设一支善于治国理政的高素质干部队伍。为政之要，唯在得人；治国理政，关键在人。加强党的执政能力建设，要求作为执政主体的执政党和各级政府的领导干部必须是一支高素质干部队伍。当前党面临的复杂形势前所未有，任务的艰巨前所未有，各级领导干部都要牢固树立四个意识，始终站在党和国家大局的高度看问题、想问题，服从党中央集中统一领导，确保党中央令行禁止。修炼清正廉洁的道德操守，始终把党的事业和人民的利益看得高于一切。同时，还需要在学习与实践中练就成事的真本领。

三是加强共产党的执政能力建设。分析跨越"中等收入陷阱"经济体的经验教训，可以看到，随着执政环境的变化，对执政党能力的要求是不一样的。现阶段必须从三个基本方面入手：其一是必须建立健全权力运行机制，特别是在推进反腐败建设方面，通过加强反腐制度的顶层设计，构建科学化的反腐败制度体系，为执政能力建设营造战略空间；其二是要努力提升执政功能，使之成为执政能力建设的出发点和落脚点；其三是协调和整合执政资源，为执政能力建设奠定坚实的基础。

二、坚持中国特色社会主义制度

新中国成立近70年来，中华民族之所以能迎来从站起来、富起来到强起来的伟大飞跃，最根本的原因是我们不断地坚持和完善中国特色社会主义制度，形成和发展了党的领导和经济、政治、文化、社会、生态文明、军事和外事等各方面的制度，不断加强和完善国家治理体系和治理能力现代化。尤其我国正处在从中等收入向高收入国家跨越的关键阶段，更应该坚持和完善中国特色社会主义制度，这是由中国特色社会主义制度的形成机制和自身优势决定的。

就形成机制而言，中国为什么选择中国特色社会主义制度？正如习近平总书记所强调的："一个国家选择什么样的治理体系，是由这个国家的历史传承、文化传统、经济社会发展水平决定的，是由这个国家的人民决定的。"[1] 中国特色社会主义制度是历史逻辑、理论逻辑和实践逻辑的必然结果。

从历史逻辑来看，建立什么样的国家制度，成为近代以来中国人民面临的一个历史性课题。鸦片战争以来，中国社会陷入内忧外患的黑暗境地。坚船利炮打开了国门，开始了中国的屈辱历史。为改变中华民族屈辱的命运，中国先进分子在一段相当长的时期内进行了艰辛探索，向西方的国家制度和治理体系学习，尝试了君主立宪制、议会制、多党制和总统制等制度模式，但均以失败告终。历史一再证明，脱离本国国情，割断历史传承，在国家制度和治理体系上突然搬来政治制度上的"飞来峰"，这种做法是行不通、也不会成功的。

---

[1] 习近平：《在省部级主要领导干部学习贯彻十八届三中全会精神全面深化改革专题研讨班开班式上的重要讲话》，《人民日报》2014年2月17日第1版。

从理论逻辑来看，中国特色社会主义制度作为人类历史发展进程中出现的一种新制度，既坚持了马克思主义的科学理论指导，又将唯物史观中关于社会制度与国家结构的基本原理同中国具体实际相结合，同时与深厚的中华优秀传统文化基因相结合，逐渐形成一整套适合中国发展的制度体系。这种"中国特色"的制度体系具有强大的自我发展、自我调节、自我纠错和自我完善的能力，使中国这个古老的东方大国焕发出新的勃勃生机，也必将在建设社会主义现代化强国的道路上引领中国实现跨越"中等收入陷阱"的光明美好前景。

从实践逻辑来看，中国特色社会主义制度不是从天上掉下来的，而是中国共产党领导中国人民群众在改革开放 40 年的伟大实践和新中国成立 70 年的持续探索中得来的实践成果。改革开放以来，在新中国搭建的中国制度"四梁八柱"的基础之上，中国特色社会主义制度在实践中不断得到发展和完善。中国取得了震惊世界的巨大成就，短短三四十年的时间里，中国的工业化、信息化和现代化发展走过了西方资本主义国家将近几百年走过的发展历程，中国的综合国力和核心竞争力显著提升，并成为世界第二大经济体。可以说，中国特色社会主义的经济制度、政治制度和法律体系无疑为我国各项事业和各领域伟大实践成果的取得奠定了制度性基础，也是跨越"中等收入陷阱"的坚实保障。

就中国特色社会主义制度的自身优势而言，在实践中形成并不断完善和发展的"集中力量办大事"的显著优势，为跨越"中等收入陷阱"提供了强大支撑。自新中国成立以来，从社会主义三大改造到改革开放，从两弹一星到神舟飞天，无论是脱贫攻坚，还是面临诸如 1998 年特大洪水、2003 年"非典"疫情、2008 年汶川地震等重大自然灾难和挑战，中国特色社会主义制度"集中力量办大事"的优势所形成的抵御风险的合力，每次都使中华民族化险为夷、转危为安。这一切的成就和胜利就是由于坚持党的统一领导，坚持中国特色社会主义制度。目前，中国正处在从上中等收入向高收入国家的跨越过程中，在实现社会主义现代化强国的征程中，我们需要进一步发挥"集中力量办大事"的优势，坚持全国一盘棋、坚持中国特色社会主义制度，充分调动和激发广大人民的积极性、主动性和创造性，不但要顺利跨越"中等收入陷阱"，还要努力实现"两个一百年"奋斗目标、实现中华民族伟大复兴的中国梦。

中国特色社会主义制度是由根本制度、基本制度、具体制度和运行制度构成的有机整体。他们在不同的层面起着不同的作用，发挥不同的功能。制度的整体设计体现了顶层设计和分层对接；制度改革和制度运行的统一，体现了保持定力和改革创新的统一、问题导向和目标导向的统一。从微观层面的实现个人自由而全面地发展到宏观层面的全面建成小康社会，进而到建设社会主义现代化强国，都在中国特色社会主义制度的范围之内得以实现，或者正在实现或创造实现的条件和前提。那么，为了跨越"中等收入陷阱"，实现中华民族伟大复兴的中国梦，应该如何坚持和完善中国特色社会主义制度？具体来说，重点应从以下方面着手：

第一，在经济方面，坚持和完善以公有制为主体、多种所有制经济共同发展的基本经济制度；按劳分配为主体、多种分配方式并存的分配制度，全面深化改革，完善社会主义市场经济体制，贯彻落实创新、协调、绿色、开放、共享的发展理念，全面提高开放型经济水平。

第二，在政治方面，坚持走中国特色社会主义政治发展道路，坚持党的领导、人民当家作主、依法治国的有机统一。不断健全"人民当家作主"的制度体系，在坚持和完善人民代表大会这一根本政治制度中，支持和保证人民通过人民代表大会行使国家权力。不断健全社会主义协商民主制度，在坚持中国共产党对人民政协的领导中，充分发挥人民政协作为协商民主的重要渠道作用。不断完善民族区域制度和基层民主制度，在进一步健全"人民当家作主"的权力运行机制中，夯实"人民当家作主制度"体系的根基。在健全和完善"人民当家作主"制度体系、社会主义协商民主制度以及民族区域制度和基层民主制度的基础上，加快推进中国特色社会主义法律体系建设，确保始终在坚持全面依法治国中，为建立和完善中国特色社会主义政治制度提供有力的法治保障。

第三，在文化方面，要加强文化软实力建设，树立高度的文化自觉和文化自信，弘扬中国特色社会主义文化，包括中华民族五千多年文明历史所孕育的中华优秀传统文化，党领导人民在革命、建设和改革中创造的革命文化和社会主义先进文化。坚持对传统文化的自觉性转化和创新性发展，牢牢把握意识形态的领导权和话语权，尤其要增强网络意识形态的阵地建设，倡导社会主义核心价值观，建设社会主义文化强国。

需要指出的是，尽管当下中国特色社会主义制度的实现路径还不够通畅，具体的体制机制还不够成熟和完善，其中某些消极因素甚至消解了社会制度的优势，但中国特色社会主义制度的创立、发展和完善本身就遵循了唯物辩证法的发展要求。正如习近平总书记强调："从形成更加成熟更加定型的制度看，我国社会主义实践的前半程已经走过了，前半程我们的主要历史任务是建立社会主义基本制度，并在这个基础上进行改革，现在已经有了很好的基础。后半程，我们的主要历史任务是完善和发展中国特色社会主义制度，为党和国家事业发展、为人民幸福安康、为社会和谐稳定、为国家长治久安提供一整套更完备、更稳定、更管用的制度体系。"① 当今世界正经历百年未有之大变局，只有继续高举中国特色社会主义伟大旗帜，坚持中国特色社会主义制度，不断推进国家治理体系和治理能力现代化，才能为战胜"中等收入陷阱"的风险挑战、完成历史任务提供制度支撑，开辟"中国之治"的新境界。

三、坚持改革开放

改革开放是顺应历史发展趋势，立足于中国现实，同时吸纳和借鉴了世界和我国的现代化的经验和教训，找到的一条真正建设有中国特色社会主义现代化建设道路。正如邓小平同志一针见血指出的："如果现在再不实行改革，我们的现代化事业和社会主义事业就会被葬送。"② 事实证明，改革开放是党的十一届三中全会做出的伟大决策。没有改革开放，就没有中国的今天。改革开放极大地解放和发展了社会生产力，冲破了束缚生产力发展的体制障碍，推动了以社会主义公有制为主体，多种所有制经济并存的社会主义市场经济的确立，巩固了人民民主专政的国家政权，打开了我国经济、政治、文化和社会全面发展的崭新局面，使中国大踏步地走上了世界舞台。可以说，不仅全面改变了中国，也深刻影响了世界。

既然改革开放给已经我们带来了翻天覆地的变化，那么，新时代下，我们还要不要继续坚持改革开放？答案是肯定的。习近平总书记鲜明指出："改革开放是党在新的历史条件下领导人民进行的新的伟大革命，是决定当代中国命运

---

① 习近平：《在省部级主要领导干部学习贯彻十八届三中全会精神全面深化改革专题研讨班上的讲话》，《人民日报》2014年2月18日第1版。
② 《邓小平文选（第二卷）》，人民出版社，1994，第150页。

的关键抉择。中国特色社会主义之所以具有蓬勃生命力，就在于是实行改革开放的社会主义。我国过去30多年的快速发展靠的是改革开放，我国未来发展也必须坚定不移依靠改革开放。"① 因此，改革开放作为我国一项长期的基本国策，是唯一正确的选择。中国过去40年的发展进步靠的是改革开放，中国的现在和未来的发展进步仍然要靠改革开放。

在新的历史阶段，国际和国内形势都发生了深刻变化，改革开放面临新的任务和新的挑战，我党适时地提出了以人民为中心的创新、协调、绿色、开放和共享的新发展理念。理念是行动的先导，坚持改革开放是贯彻新发展理念的具体体现和主要内容。

在坚持和推进改革开放中深入贯彻新发展理念，必须准确理解新发展理念的深刻内涵。新发展理念是在中国经济进入新常态的大背景下，结合时代特征和我国国情，吸取和借鉴国外经验教训的基础上提出来的，其深刻内涵关键在于发展、改革和开放的统一。"发展是解决我国一切问题的基础和关键"，发展不是一般的发展，而是坚持创新、协调、绿色、开放和共享的发展。这和改革开放以来形成的中国特色社会主义理论也是一脉相承的。中国进入新时代，创新发展是改革的第一动力，摆在国家发展全局的核心位置。协调发展要推动新型工业化、信息化、城镇化和农业现代化同步发展。绿色发展重在协同推进人与自然和谐相处，树立和践行"绿水青山就是金山银山"的理念。开放发展就是要主动参与和推动经济全球化进程，发展更高层次的开放型经济。而共享发展是以增进民生福祉，将发展的成果惠及广大人民的发展。

在坚持和推进改革开放中深入贯彻新发展理念，必须紧紧把握新发展理念的问题导向。创新发展是针对新常态下经济结构转型的敏感期，我国传统的以劳动力、土地和资源为动力的发展模式难以为继，需要以全方位的创新发展作为动力来引领中国的发展。协调发展针对的是我国发展中出现的短板问题。绿色发展针对的是我国在经济发展的同时积累的诸如资源短缺、环境污染以及生态失衡等一系列深层次矛盾和问题。开放发展针对的是新形势下开放的广度、

---

① 习近平：《全面贯彻落实党的十八大精神要突出抓好六个方面工作》，《求是》2013年第1期。

深度和程度不能适应现行发展的问题。而共享发展针对的是蛋糕做大却不能保证公平分配的问题。因此，贯彻新发展理念必须有鲜明的问题导向，以解决改革开放过程中最关键的问题为重。在坚持和推进改革开放中深入贯彻新发展理念，重点是把握新发展理念的关键所在。分析跨越"中等收入陷阱"经济体的经验教训以及我国现阶段面临的挑战，落实新发展理念的核心是正确处理市场和政府的关系问题，关键在于通过深化改革推进体制机制改革。充分发挥市场在资源配置中的决定性作用，通过推动简政放权和"放服管"改革，更好地发挥政府的作用。一些领域市场化作用发挥得不够充分，改革进行得不够彻底，比如能源产品、环境服务以及金融领域。而在政府更好地发挥作用方面，同样需要改革的进一步推动。政府应该把精力放在建立、健全相关的体制机制，放在提供更好的公共服务上，避免出现该管的不管、不该管的管得太多的问题。

坚持改革开放就是坚持改革和开放的统一。中国特色社会主义进入新时代，改革开放也具有了新内涵。党的十九大把坚持全面深化改革作为新时代坚持和发展中国特色社会主义的基本方略之一提出来，并部署全面深化改革的重点就是完善和发展中国特色社会主义制度、推进国家治理体系和治理能力现代化。中国在跨越"中等收入陷阱"的过程中出现的各种问题，究其根本是要以改革开放为动力，通过全面深化改革破解发展难题，在扩大开放中赢得发展机遇，不断扫除发展道路中的藩篱和障碍，最大限度地解放和发展生产力，为国家现代化建设提供不竭的力量源泉。

要想全面深化改革，就要针对政府与市场失衡、国富与民富失当、经济与社会失调中存在的问题，不断推进中国特色社会主义制度的完善，推进国家治理体系和治理能力现代化。一要深入经济体制改革。当前，经济发展中存在创新动力和发展动能不足、产业结构失衡、城乡二元经济显著、税收增长居高不下、消费动力不足以及收入分配不合理等问题，都需要通过供给侧改革、加快完善社会主义市场经济体制，建立现代化市场经济体系，建立公平、开放、透明的市场规则，发挥市场在资源配置中的决定性作用；需要深化科技体制改革，建立、健全鼓励原始创新、集成创新以及引进消化吸收再创新的体制机制；需要完善以按劳分配为主体，多种分配方式并存的分配制度。二要提高政府治理能力。从世界范围来看，政府治理水平成为国与国之间存在巨大经济反差的决定性因素。贯彻新发展理念，根本的还是要提升政府治理能力，处理好政府与市场的关系，建立服务导向型政府。提高经济效率与维护社会公平正义是政府治理能力的核心价值。在市场经济条件下，政府应该是一个"有限"政府，是一个知道"管多少、管哪些、管多大"的政府。在市场经济条件下，凡是不该由政府管的事情，都应该交给市场去管。三要提高腐败治理的能力。腐败猖獗的原因极为复杂，重要的原因是权力制约机制和监督制度不够完善。因此，十八届三中全会提出，要"坚持用制度管权管事管人，让人民监督权利，让权力在阳光下运行，是把权力关进制度笼子的根本之策"。① 当前对于腐败的治理问题，我国已纳入关键的治理领域并在不断探索有效的治理规律和措施。腐败治理作为国家治理的重要突破口，需要从权力约束机制、监督机制、运行机制和惩处机制等入手，同时加强国际合作机制，健全制度执行的机制，以此全面保障权力运行在阳光下。

目前，经济全球化进入新的阶段，"逆全球化"潮流不断涌现。经济全球化在推动全球贸易与生产，带来繁荣和发展的同时，也带来了贫困、冲突、分配不公和环境污染等问题。特别是 2008 年国际金融危机爆发以来，全球经济持续陷入结构性低迷，贸易保护主义不断升级，全球化遭到了民粹主义的严重挑战。为应对这一挑战，继续扩大开放、实现合作共赢是我国推动经济社会发展的不竭动力。站在新的历史起点上，党的十八届五中全会将开放发展作为引领中国未来乃至更长时期发展的重要战略之一，强调"改革开放只有进行时，没有完成时"，"中国开放的大门永远不会关上"。下一步中国的发展，必将依靠更加开放的政策，依靠开放促进改革的举措，推动中国能够成功跨越"中等收入陷阱"。一是积极构建良好的中美关系。中美关系是世界上最重要也最复杂的双边关系。自中美建交以来，双方有合作有共识，也有分歧有矛盾。可以说，中美保持稳定的双边关系，不仅有利于两国，而且有利于世界。当前，中美贸易摩擦对双方经济发展都造成了严重冲击，如何管控好两国不断升级的贸易竞争与摩擦，防止爆发全面激化的贸易战，以及如何防止发生严重的台海军事对抗，构建并保持良好的中美关系，避免落入"修昔底德陷阱"，这是摆在中国面前的

---

① 《学习习近平总书记系列讲话精神干部读本》，浙江人民出版社，2014，第149页。

现实考验和重大挑战。习近平指出,"我们有一千条理由把中美关系搞好,没有一条理由把中美关系搞坏。"① 历史和现实证明,积极构建良好的中美关系是创造有利国际环境的着力点,也是创造有利国际环境的必需品。二是推进"一带一路"建设。"一带一路"是中国积极参与全球化经济治理、实现开放发展的重要保障,也是中国走进新时代的对外开放战略。推动"一带一路"建设的着力点:推进沿线国家基础设施建设;共同建设国际经济合作走廊;加强能源资源合作;共建境外产业集聚区;深化沿线国家金融合作,构建开放多元共赢的国际金融合作平台。三是构建对外开放新体制。通过破除体制机制障碍,实现中国开放型经济发展方式的转变。完善市场化、国际化和法治化的营商环境,不断扩大对外开放的领域,同时注意在深化开放中提升金融管控能力,实现金融服务业的对外开放和金融制度的创新,避免因为金融监管制度和能力不足而重蹈亚洲金融危机的覆辙,积极稳妥地推进我国金融市场对外开放。

由此可见,在我国已经进入跨越"中等收入陷阱"的关键阶段,中国与世界的关系发生深刻变化的情况下,坚持改革开放是各项事业继续取得成功的关键,是贯彻新发展理念的根本遵循。

四、坚持依法治国

依法治国是在总结我国法治实践的基础上,对社会主义法治建设的科学规划与缜密布局,是中国特色社会主义法治建设的深化与发展。坚持依法治国,主要是通过我国历史发展的经验教训、存在的突出矛盾和问题以及目前全球化发展的外部环境等几个方面来考察。坚持依法治国是贯彻新发展理念的法治保障,为实现跨越"中等收入陷阱"和中华民族伟大复兴中国梦提供制度化、法治化的引领和保障。

从我国历史发展的经验教训来看,实行依法治国有其必然性。从古至今的历史经验和教训反复证明,作为治国理政的基本方式,法治优于人治。尤其是新中国成立以来,尽管制定了若干法律,也提出了"要依法办事"的原则,但是这种法治的萌芽却在十年"文化大革命"中遭到了严重破坏。缺少法律规范

---

① 本书编写组:《不忘初心 继续前进》,人民出版社,2017,第120页。

的约束和执行，国家治理有非常强的随意性和个人意志性，整个国家陷入国民经济崩溃和法律失序的状态。可见，国家缺少法治连基本的生产生活秩序都无法保障，更谈何稳定发展？历史经验表明，由于人治具有明显的主观性和不确定性，这种治理方式的好坏取决于决策者的贤明程度，而法治具有天然的客观性。因而，相较于人治，法治是治国理政的最佳方略。

从现实的情况来看，坚持依法治国是解决我国突出矛盾和问题的紧迫要求。我国进入上中等收入阶段以来，尤其是十八大以来，我国迈进了新时代的历史方位，社会主要矛盾已经转变为人民日益增长的美好生活需要和不平衡、不充分的发展之间的矛盾。为解决发展不平衡不充分的问题，依法治国作为治国理政的最佳方略，是保障人民在经济、政治、文化、社会和生态等方面权利的根本体现。就经济发展而言，依法治国是发展市场经济的客观需要。市场经济本质上是法治经济，有了法治保障，市场经济才得以持续发展；同时市场经济也是法治价值存在的基础。就民主政治而言，民主法治毋庸置疑是经济持续健康发展和社会和谐稳定的保障和前提。纵观跨越"中等收入陷阱"的经济体，在实现现代化的过程中无一不是贯彻了依法治国的思想和做法。而落入"中等收入陷阱"的经济体给我们提供了劣质民主的证明。拉美国家尽管实行了民主政治，但这种民主政治中"低度民主"特征明显，公民虽有投票和选举权，但政治体制缺乏对公民其他权利的保护，政治权利和自由得不到尊重，体制缺乏效率，腐败现象严重，进而难以为经济增长提供有效的政府力量。经济问题的延伸又进一步加剧了拉美政治改革进程的缓慢，从而影响了社会的稳定。东南亚同样如此，民主政治的滞后、腐败横行使经济增长和社会稳定受到制约。就生态而言，制度是保护生态环境的底线，如果法治缺位，就不可能保住绿水青山，就有悖于发展的目的。落入"中等收入陷阱"的经济体在生态治理上的问题也正说明了这点。中国处在跨越"中等收入陷阱"的关键时节，面对社会主义的主要矛盾变化，应该吸取落入"陷阱"经济体的教训，在保证政治体制稳定的框架内，推进依法治国，加强民主法治建设，为解决我国突出矛盾和问题提供有力保障。

从外部环境来看，坚持依法治国是对外开放的必然结果。经济全球化、金融全球化、法律全球化和公共事务全球化的极大压力构成了中国法制改革的外部动力，我国经济在对外开放中深度融入世界经济已是大势所趋。在这样一个全球化日益深入的时代，不管是发达国家还是发展中国家，不管是资本主义法治还是社会主义法治，都面临国际法与国内法的规则趋同和统一化的前景，都面临全球性法律重构的问题。对中国而言，要充分认识到经济全球化的本质，遵守国际规则的同时努力参与制定全球经济规则，主动学习适应并借鉴国外的法律规章制度，对于制度、文化差异可能带来的法律制度、执行和法律适用方面的冲突与摩擦尽量克服，注重提升我国的制度性话语权，以促进社会的经济进步和法律发展。因而，法治改革的目标就是在借鉴和吸收外国立法经验的基础上，发展出一种"异而趋同，同而存异"的法治文明格局。

现阶段，我国正面临跨越"中等收入陷阱"的关头，新问题需要新法治。党的十八届四中全会以依法治国为主题，描绘了"法治中国"建设的宏伟蓝图。《中共中央关于全面推进依法治国若干重大问题的决定》中明确提出："全面推进依法治国，总目标是建设中国特色社会主义法治体系，建设社会主义法治国家"。[①] 习近平总书记对此进行了阐释："提出这个总目标，既明确了全面推进依法治国的性质和方向，又突出了全面推进依法治国的工作重点和总抓手。"[②] 习近平总书记指出："全面推进依法治国是一项庞大的系统工程，必须统筹兼顾、把握重点、整体谋划，在共同推进上着力，在一体建设上用劲。"[③] 因此，坚持依法治国，还需要特别关注以下几点：

一是党的领导是社会主义依法治国最根本的保证。中国特色法治的领导力量是共产党，正如习近平所强调的："党的领导是中国特色社会主义法治之魂，是我们的法治同西方资本主义国家的法治最大的区别。"[④] 党的十八届四中全会决定也指出，"党的领导是中国特色社会主义最本质的特征，是社会主义法治最根本的保证。"由"党的领导"这个最大的政治优势出发，中国特色的依法治国始终坚持党的主张与人民意愿的一致性，坚持党的领导，是全国各族人民的利

---

① 《中共中央关于全面推进依法治国若干重大问题的决定》，人民出版社，2014，第4页。
② 习近平：《关于<中共中央关于全面推进依法治国若干重大问题的决定>的说明》，人民出版社，2014，第51页。
③ 《习近平谈治国理政（第二卷）》，外文出版社，2017，第119页。
④ 中共中央文献研究室：《习近平关于全面依法治国论述摘编》，中央文献出版社，2015，第23页。

益所系、幸福所系，是全面推进依法治国的题中应有之义。党注重将人民的意志转化为法，贯彻以宪法为核心的法治体系。因而，党的领导是保证社会主义依法治国，坚持依法治国是中国特色的依法治国。

二是依宪治国是依法治国的内在要求。习近平同志指出："依法治国，首先是依宪治国；依法执政，关键是依宪执政。"① 在当代中国，宪法是国家的根本法，是党和人民意志的集中体现，是通过科学民主程序形成的根本法，是一个国家统一的法律体系的核心。依法治国的生命与权威在于实施，就是在体现人民意志、凝聚社会共识和符合社会发展规律的法律治理下，要求国家的政治、经济运作、文化和社会生活各方面的活动都要在法律的框架下实施。

三是重视顶层设计、系统部署以及统筹整合各个环节。全面推进依法治国是个系统工程，必须坚持依法治国、依法执政、依法行政共同推动，坚持法治国家、法治政府、法治社会一体建设。重点是要深化司法体制改革。着力确保审判机关、检察机关依法独立公正行使审判权、检察权，健全司法权力运行机制，同时完善人权司法保障制度等关键内容。

总之，依法治国与新发展理念相辅相成，依法治国为新发展理念的贯彻保驾护航，引领、推动新发展理念的落地有声；反过来，贯彻新发展理念也会对依法治国不断提出新的要求，倒逼法治发展，以此推动经济社会的发展。

第四节　中国跨越"中等收入陷阱"的世界意义

如果中国能够跨越"中等收入陷阱"，那必将标志着我国的发展将处在新的历史方位。跨越"中等收入陷阱"，不仅仅是经济指标的完成，更重要的是指政治、文化、社会和生态等全方位指标质的飞跃。中国能够跨越"中等收入陷阱"，不仅带动了中国进入高收入行列，对世界也将产生巨大影响，具有非常显著的世界意义。

---

① 习近平：《在首都各界纪念现行宪法公布实施 30 周年大会上的讲话》，人民出版社，2012，第 11 页。

一、彰显了中国特色社会主义制度的优越性

中国能够跨越"中等收入陷阱"的过程，也是彰显中国特色社会主义制度优越性的过程。中国共产党的领导优势、中国特色社会主义制度的强大纠错完善机制以及中国特色社会主义制度的价值归旨等，无疑为跨越"中等收入陷阱"提供了有力支撑，充分彰显了中国特色社会主义制度的优越性。

习近平总书记指出："中国共产党是中国特色社会主义事业的领导核心，处在总揽全局、协调各方的地位。"① "中国最大的国情就是中国共产党的领导。"② 可以说，中国如果能够跨越"中等收入陷阱"，首先将是得益于中国共产党的领导优势。中国共产党的领导优势保证了稳定的社会政治环境。纵观世界范围内跨越"中等收入陷阱"的经济体，都是在稳定的社会政治环境中实现了经济社会的发展目标。如果没有稳定的发展环境，跨越"陷阱"就无从谈起。中国共产党的坚强领导避免了党派政治掣肘、利益集团内耗所造成的社会动乱、腐败滋生等不良影响，以最大的效率确保了社会建设的顺利进行。中国共产党的领导优势保证了中国发展道路的方向性和科学性。习近平同志指出，"历史和人民选择中国共产党领导中华民族伟大复兴的事业是正确的，必须长期坚持、永不动摇；中国共产党领导中国人民开辟的中国特色社会主义道路是正确的，必须长期坚持、永不动摇；中国共产党和中国人民扎根中国大地、吸纳人类文明优秀成果、独立自主实现国家发展的战略是正确的，必须长期坚持、永不动摇。"③ 可见，共产党的领导优势确保了中国沿着中国特色社会主义道路前进，避免犯方向性、颠覆性错误，这也将是中国实现"跨越中等收入陷阱"的重要原因，也充分彰显了中国特色社会主义制度的自信。

中国特色社会主义制度蕴藏着强大的纠错及完善机制。从历史来看，中国前进发展的道路不是一帆风顺的，未来的发展道路，也注定会在曲折中前行。中国特色社会主义事业是一项崭新的事业，我们的前人没有做过，其他社会主义国家也没有做过，我们没有现成的经验可以借鉴和学习，只能在实践中摸索

---

① 人民日报社评论部：《"四个全面"学习读本》，人民出版社，2015，第247页。
② 曾峻等：《坚持和加强党的全面领导研究》，人民出版社，2019，第63页。
③ 《在庆祝中国共产党成立九十五周年大会上的讲话》，人民出版社，2016，第5页。

前行。历史表明，中国共产党在实践中不是没有犯过错，而是在错误出现之后，敢于坚持真理、修正错误，向着正确的方向和道路勇敢前进。中国在跨越"中等收入陷阱"的过程中，面临国际环境和国内条件深刻的复杂变化，在推进新常态下供给侧结构性改革过程中不可避免会遇到困难和挑战，因时因地地会遇到很多过去没有遇到过的问题和挑战。如果中国能跨越"中等收入陷阱"，势必得益于中国特色社会主义制度的强大纠错及完善机制，得益于中国人民自我革新、不断革除阻碍改革发展的各方面体制机制的弊端。习近平总书记指出："我们党为什么能够在现代中国各种政治力量的反复较量中脱颖而出？为什么能够始终走在时代前列、成为中国人民和中华民族的主心骨？根本原因在于我们党始终保持了自我革命精神，保持了承认并改正错误的勇气，一次次拿起手术刀来革除自身的病症，一次次依靠自身力量和群众结合的力量解决自身问题。"①

因而，在跨越"中等收入陷阱"的征程中，有不适合推动改革发展的做法、制度，甚至错误，中国共产党都不会讳疾忌医、文过饰非，那样只会让改革止步不前甚至倒退。相反，如果中国跨越了"中等收入陷阱"，定是中国特色社会主义制度的强大纠错及完善机制提供了有力支撑。

"以人民为中心"是中国特色社会主义制度的价值归旨，跨越"中等收入陷阱"也是彰显中国特色社会主义制度自信的过程。跨越"陷阱"，首先解决的是经济现代化，在经济现代化的基础上再实现国家富强、民族振兴、人民幸福。而人民幸福体现了中国特色现代化的目标所在，中国共产党历来将"以人民为中心"作为党的宗旨和执政理念。习近平在2012年刚上任举办的记者招待会上就指出，"人民对美好生活的向往就是我们的奋斗目标。"② 2017年在党的十九大报告中再次强调，"增进民生福祉是发展的根本目的"。③ 以人民为中心就要实现共享共富的发展目标。实现共享共富，意味着国家内部、区域城乡之间的贫富差距变小，公共服务均等化，做大的蛋糕有更合理的分配方式，人们能够

① 中共中央宣传部：《习近平新时代中国特色社会主义思想三十讲》，学习出版社，2018，第309页。
② 《习近平谈治国理政》，外文出版社，2014，第101页。
③ 《决胜全面建成小康社会　夺取新时代中国特色社会主义伟大胜利——在中国共产党第十九次全国代表大会上的报告》，人民出版社，2017，第23页。

更多、更公平地享受发展的成果。以跨过"中等收入陷阱"的东亚经济体为例，普遍存在地域面积小、人口规模少等特点，可以说，在这种情况下相对容易跨越"陷阱"。但中国就不同了，就目前而言，有的省市人均 GDP 已经进入了高收入行列，而有的省市依然在低收入阶段。可以想象，中国在如此巨大的经济体量、地域面积和人口规模条件下，能够跨越"中等收入陷阱"，无疑体现了中国特色社会主义制度中"以人民为中心"的价值归旨。中国特色的现代化道路是以"所有人的富裕为目的"。新发展理念提出的共享理念，人人共建共享，社会主义的本质要求也是实现共同富裕。因而，以人民为中心共享共富的发展目标充分彰显了中国特色社会主义制度的优越性。

二、为发展中国家破解发展难题提供了新的选择

"中等收入陷阱"是中等收入国家普遍面临的发展难题，究其本质而言，在于发展中国家究竟如何独立自主选择符合本国国情的发展道路。"二战"以来，只有少数几个经济体跨越成功，更多的国家处于艰难跨越的过程中，有的甚至前腿跨越，后腿又跌入了"陷阱"。因而，是否能跨越"中等收入陷阱"成为发展中国家一直以来的发展难题，也成为衡量一个国家能否选择适合本国国情的道路和制度，进而消灭贫困、走上富裕的标志。而中国一直被视为是消除贫困和落后的典范，如果能够跨越"中等收入陷阱"，其世界意义体现的一个重要方面就是对发展中国家如何选择自己的道路和制度提供了积极的示范效应。

不可否认，中国特色社会主义道路所取得的巨大成就已经受到广大发展中国家的关注，并对这些国家产生了强烈的示范效应。如果中国能够跨越"中等收入陷阱"，就更加证明了中国特色社会主义道路、理论、制度和文化的正确性。作为一个从低收入到高收入的巨大经济体，其价值对发展中国家解决发展难题具有普遍意义，将不可辩驳地为广大发展中国家提供可以借鉴的发展理念和方法论。

十八大以来，中国进入新时代，在新发展理念的指导下，我国各项事业已经取得了长足发展。中国能够跨越"中等收入陷阱"，为广大发展中国家提供新的选择，关键在于新发展理念能否有效贯彻。一是用创新解决了跨越"陷阱"

过程中动力不足的问题。经济增长实现了从依靠劳动、资本拉动转向依靠技术和创新拉动，把创新摆在国家发展的核心位置，不断推进理论创新、制度创新、科技创新以及文化创新等各方面创新，创新成为贯穿党和国家一切工作的主线，极大地解放和发展了生产力，开拓了人们的思维方式。体现在所有制方面，没有像拉美国家全盘接受西方的"新自由主义"政策，中国摒弃全面私有化，实行以公有制经济为主体的混合所有制；在资源配置方面，中国采用了市场经济，但是也强调政府更好地发挥作用等。二是用协调发展统领一切发展。只有协调发展才能全面健康持续地发展。也只有解决了发展不充分、不平衡的问题，中国跨越"陷阱"才能得以实现。三是用绿色发展解决人与自然的紧张冲突。跨越"中等收入陷阱"是建立在人与自然的和谐共生基础之上的。绿色理念在强调物质精神产品满足人的需求的同时，也强调生态产品对人的美好生活的满足。这种新的生态文明模式为发展中国家跨越"陷阱"提供了借鉴和参考。四是开放发展解决了发展空间和发展资源的问题。五是共享发展解决了努力做大蛋糕的同时使蛋糕惠及所有人的问题。共享理念注重社会公平正义，强调发展过程人人共建、发展成果人人共享，发挥人民群众的积极性和创造性是社会发展生生不息的源泉。

中国作为发展中国家的典型代表，用新发展理念指导中国跨越"中等收入陷阱"，对于广大的发展中国家来说，无疑比西方模式的适用性更具有普遍意义。发展中国家在现代化道路上，完全可以借鉴中国跨越"中等收入陷阱"的成功经验，结合本国国情，破解本国经济社会发展的难题，探索适合本国发展的现代化新道路。

三、为世界现代化道路贡献了中国智慧与中国方案

由于每个国家的历史、文化以及现实的不同，现代化道路的实现也不可能完全一样。现代化最早由西方国家率先启动，并且取得了良好的进展。因而，在相当长的一段时期，人们把现代化等同于西方化，认为现代化必须走资本主义道路，并一度把西方的现代化道路当作标杆和样板进行宣传推广。实践中，也存在这样一种现象，一些国家不顾本国实际国情，直接照搬照抄西方模式，结果导致落入"中等收入陷阱"。事实上，随着亚洲"四小龙"等东亚模式现

代化的成功，这种有别于西方现代化的发展模式越来越强烈地证明了现代化道路的多样性。中国能够跨越"中等收入陷阱"，进入高收入行列，无疑意味着中国开辟了一条既不同于欧美模式，也不同于东亚模式的资本主义的现代化新路，表明没有任何一种固定的模式可以适用所有国家，必须选择适合本国国情的发展道路。中国跨越"中等收入陷阱"的世界意义，在于它能为应对和解决现代化提供中国智慧与中国方案。

中国跨越"中等收入陷阱"，对世界的贡献首先体现在经济方面。目前，中国是世界第二大经济体，对世界经济的贡献率达30%。① 在亚洲经济、世界经济出现危机时，中国巨大的经济体量对降低经济波动风险起到了举足轻重的作用，成为全球经济复苏和可持续发展不可或缺的发动机和稳定器。改革开放以来，中国解决了世界五分之一人口的吃饭问题，为世界资本提供了很多机会，并从最大的世界工厂向世界市场转变。尤其在缩小贫富差距和消除贫困方面，随着全面建成小康社会目标的实现，为跨越"陷阱"奠定了扎实的基础，也为世界的减贫任务做出了巨大贡献。

中国跨越"中等收入陷阱"对世界的贡献绝不仅限于此，更重要的是经济发展背后的新发展理念所折射的一种新的文明样态。这种新的文明样态是以中国优秀传统文化为主体，在吸收不同时代、不同国家和不同民族的优秀文明成果的基础上，为进一步推动人类文明的发展发挥着重要作用。习近平总书记指出："我们应该推动不同文明相互尊重、和谐共处，让文明交流互鉴成为增进各国人民友谊的桥梁、推动人类社会进步的动力、维护世界和平的纽带。我们应该从不同文明中寻求智慧、汲取营养，为人们提供精神支撑和心灵慰藉，携手解决人类共同面临的各种挑战。"② 当今人类面对的问题不是通过闭关自守、孤立隔绝就能自动解决的，而是要遵循合作共赢的价值理念，抛弃"小我"，树立"你中有我，我中有你"的"大我"观念，实施"一带一路"，实现全球共享共治，打造人类命运共同体，通过和平发展谋求共同的利益。中国能跨越"陷

---

① 国家统计局：《经济运行稳中有进　转型发展再展新篇——〈2018年统计公报〉评读》，2019-2-28，http://www.stats.gov.cn/tjsj/sjjd/201902/t20190228_1651270.html，查询日期：2019年3月2日。

② 《习近平谈治国理政》，外文出版社，2014，第262页。

阱"，也必是贯彻此价值理念的结果。可以说，这种超越意识形态和社会制度的中国智慧，为解决现代化问题提供了中国方案。

总之，新发展理念是中国跨越"中等收入陷阱"的中国方案。以新发展理念为引领，积极跨越"中等收入陷阱"，是当代中国共产党人对我国经济发展进入新常态、步入新时代所面对的新课题的科学回答，也是应对当今世界所面临的发展难题的"中国智慧"，表明我们对经济社会发展规律的认识达到了一个新的历史高度。它开辟了人类现代化的新道路，走中国特色社会主义道路，全面建设社会主义现代化国家，是中国共产党团结带领全国各族人民选择的正确道路，更是对人类现代化的重大贡献。新发展理念既引领着中国走向繁荣富强，也是推动建设持久和平、普遍安全、共同繁荣、开放包容和清洁美丽的世界的宝贵财富。

本章小结

本章重点通过借鉴国外经济体在跨越"中等收入陷阱"的经验教训的基础上，提出了新发展理念是跨越"中等收入陷阱"的行动指南，并分析了贯彻新发展理念的条件和保障，即从启示、理念以及条件和保障三个角度指明了中国能够跨越"中等收入陷阱"，进而展望了中国跨越"中等收入陷阱"的世界意义。

分析新兴经济体跨越"中等收入陷阱"的经验教训，结合中国的现实情况，集中对发展动力转换、均衡协调发展、开放与改革以及注重社会公平这几个方面进行了分析。可以确信，站在巨人的肩膀上去考虑和分析问题，避免出现重蹈覆辙的前车之鉴，我国就已经具备了成功跨越"陷阱"的前提和基础。

中国能跨越"中等收入陷阱"，关键是在发展借鉴的基础上，走出一条自己的路，那就是正确的发展理念的指导。党中央在总结我国改革开放发展的历程中，借鉴国外跨越"陷阱"的成功经验和失败教训，提出了以人民为中心的"创新、协调、绿色、开放、共享"的新发展理念。新发展理念无疑是指导我国成功跨越"中等收入陷阱"的行动指南，创新理念是跨越"中等收入陷阱"的动力之源，协调理念是跨越"中等收入陷阱"的有效之举，绿色理念是跨越"中等收入陷阱"生态屏障，开放理念是跨越"中等收入陷阱"的必然选择，共享理念是跨越"中等收入陷阱"的价值归旨。

新发展理念是跨越"中等收入陷阱"行动指南，保障新发展理念的贯彻落实就必须坚持和加强中国共产党对一切工作的领导、毫不动摇地坚持和完善中国特色社会主义制度、充分发挥坚持改革开放是解决一切问题的关键、全面依法治国是必须长期坚持的根本遵循。坚持中国共产党的领导，就要强化为民意识、建设一支善于治国理政的高素质干部队伍、加强共产党的执政能力建设。坚持中国特色社会主义制度，就是坚持和完善中国特色社会主义经济、政治和文化等制度，加快推进中国特色社会主义法律体系建设，为经济社会发展保驾护航。坚持改革开放，就是坚持全面深化改革和全面开放的统一。全面深化改革核心，理顺市场和政府的关系，深入经济体制改革，提高政府治理能力和提高腐败治理能力，重在推进国家治理体系与治理能力现代化。全面开放就是要处理好与美国的关系以营造良好的国际发展环境，推进"一带一路"建设以及构建对外开放新体制。坚持依法治国，就是要将新发展理念与法治紧密结合，注重从顶层设计上全面规划，重点解决各个领域的体制机制建设。

如果中国跨越"中等收入陷阱"，无疑具有重大的世界意义。首先表现为彰显了中国特色社会主义制度自信，对于广大的发展中国家解决发展难题提供了新的选择，就整个世界范围而言，对于解决现代化问题提供了中国智慧和中国方案。

结语和展望

　　"中等收入陷阱"是中国特色社会主义现代化建设由"大国"向"强国"迈进过程中面临的突出现实问题和矛盾。这绝不是危言耸听,而是有其存在的现实可能性,已为世界许多国家的现代化建设实践所证明。在跨越"中等收入陷阱"的发展过程中,有的国家和地区实现了成功跨越,如亚洲"四小龙";而有的国家和地区则由于诸多主客观原因难以克服而裹足不前,深陷其中,如拉美国家。中国是一个社会主义大国,虽然改革开放40年来发展迅速,成为世界第二大经济体,但是不可否认多年来我国经济发展由于"路径依赖"所造成的新旧动能转化障碍等依旧存在,一系列的体制性、制度性矛盾使得中国如同世界上其他国家一样面临着跨越"中等收入陷阱"的艰巨挑战和复杂任务。而新时代,中国特色社会主义现代化面临着更加复杂的国际环境、更加艰巨的改革任务挑战和更加难以理顺的利益调整等,无疑加大了这一陷阱的跨越难度。党的十八大以来,以习近平同志为核心的党中央对此保持了清醒的认识,多次对我国的经济发展提出了防止陷入"中等收入陷阱"的各种警示。习近平新时代中国特色社会主义思想,坚持问题意识、底线思维、居安思危,把问题和困难想在前面,做最好的努力,同时又考虑到各种最坏的可能,体现了马克思主义政党在复杂国际环境下驾驭处理复杂经济问题的成熟心态和驾驭现代化的高超治理能力。

　　世界上许多国家和地区在跨越"中等收入陷阱"过程中进行了各种有益的探索,既有成功的实践经验,也有失败的惨痛教训,这些从正反两个方面给我国跨越"中等收入陷阱"、迈向社会主义现代化提供了有益的历史启迪和借鉴。但是,在21世纪新的历史方位和新的主要矛盾下,仅靠这些国家的些许经验和教训是远远不够的。毕竟中国是社会主义大国，资本主义国家的一些所谓经验和做法如果移植到中国，会由于时过境迁、制度环境不同以及所面临的发展难题不同等，而难以发挥有效的作用。这就需要我们必须坚持以马克思主义发展观为指导，结合中国特色社会主义实践的突出问题和主要矛盾，不断进行理论创新，用新的理论指导新的实践。

我们可以清晰地看出：习近平新时代中国特色社会主义思想坚持和倡导的新发展理念，绝不是西方国家发展经验的翻版和再版，而是马克思主义在中国发展问题上的重大理论创新。党的十八大以来，以习近平同志为核心的党中央高瞻远瞩、与时俱进，以强烈的责任担当和"以人民为中心"的价值取向，着力统筹推进"五位一体"总体布局，协调推进"四个全面"战略布局，推动马克思主义理论创新，形成了习近平新时代中国特色社会主义思想。这一伟大思想坚持和倡导的"创新、协调、绿色、开放、共享"发展理念，引领我国社会主义现代化取得了全方位开创性的成就，实现了经济社会深层次的根本性变革。从国内来看，创新驱动正不断成为经济发展的内生动力，结构调整取得了明显的效果，居民收入持续稳步增长，企业国际竞争力不断增强，我国正奋力迈向实现中华民族伟大复兴的历史征途。从国际来看，中国跨越"中等收入陷阱"所采取的中国方案和中国智慧正越来越赢得国际社会的广泛认可与普遍赞誉，21世纪马克思主义、中国特色社会主义的真理之光和理论创新魅力正在国际上不断彰显。

参考文献

一、中文文献

[1] 马克思恩格斯选集（第1—4卷）[M]. 北京：人民出版社，2012.

[2] 马克思恩格斯全集（第23、25、42、46卷）[M]. 北京：人民出版社，1979.

[3] 马克思恩格斯文集（第1—9卷）[M]. 北京：人民出版社，2009.

[4] 邓小平文选（第2—3卷）[M]. 北京：人民出版社，1994.

[5] 习近平谈治国理政[M]. 北京：外文出版社，2014.

[6] 习近平谈治国理政（第二卷）[M]. 北京：外文出版社，2017.

[7] 中共中央文献研究室：习近平关于全面建设小康社会论述摘编[M]. 北京：中央文献出版社，2016.

[8] 中共中央文献研究室：习近平关于全面依法治国论述摘编[M]. 北京：中央文献出版社，2015.

[9] 十七大以来重要文献选编（下）[M]. 北京：中央文献出版社，2013.

[10] 中共中央关于制定国民经济和社会发展第十三个五年规划的建议[M]. 北京：人民出版社，2015.

[11] 中共中央宣传部：习近平总书记系列重要讲话读本[M]. 北京：学习出版社，2014.

[12] 韩国科技创新态势分析报告课题组. 韩国科技创新态势分析报告[M]. 北京：科学出版社，2011.

[13] 全毅. 亚太地区的发展模式与路径选择：基于东亚与拉美发展道路的

比较分析[M]. 时事出版社，2010.

[14] 刘世锦，等. 陷阱还是高墙？[M]. 北京：中信出版社，2011.

[15] 世界银行. 1992年世界发展报告[M]. 北京：中国财政经济出版社，1992.

[16] 贾康，苏京春. 中国的坎：如何跨越"中等收入陷阱"[M]. 北京：中信出版集团，2016.

[17] 李非. 台湾经济发展通论[M]. 北京：九州出版社，2004.

[18] 罗荣渠. 现代化新论[M]. 北京：商务印书馆，2004.

[19] 刘昌黎. 现代日本经济概论[M]. 大连：东北财经大学出版社，2008.

[20] 高峻石. 南朝鲜经济史[M]. 广州：社会评论社，1985.

[21] 李天国. 韩国经济体转型的逻辑：一个新兴经济体的改革与突破[M]. 北京：经济管理出版社，2017.

[22] 苏振兴. 国际变局中的拉美：形势与对策[M]. 北京：知识产权出版社，2014.

[23] 中国国际交流中心. 中国经济分析与展望（2011—2012）[M]. 北京：社会科学文献出版社，2012.

[24] 苏振兴. 拉美国家社会转型期的困惑[M]. 北京：中国社会科学出版社，2010.

[25] 吴白乙. 拉美黄皮书：拉丁美洲和加勒比发展（2010~2011）[M]. 北京：社会科学文献出版社，2011.

[26] 苏振兴. 拉美国家现代化进程研究[M]. 北京：社会科学文献出版社，2006.

[27] 马远之. 中等收入陷阱的挑战与镜鉴[M]. 广州：广东人民出版社，2015.

[28] 朱天. 中等收入陷阱是"危言耸听"[J]. 中国企业家，2015.

[29] 范和生. "中等收入陷阱"，本身就是理论陷阱[J]. 学术前沿，2015，2：72—73.

[30] 江时学. 真的有中等收入陷阱吗[J]. 世界知识，2011，7：55.

[31] 江时学. "中等收入陷阱"：被"扩容"的概念[J]. 国际问题研究，

2013，2：131.

[32] 杨承训，张新宁. 制度优势：破解"中等收入陷阱"之本[J]. 思想理论教育导刊，2011，8：58—60.

[33] 徐康宁. "中等收入陷阱"：一个值得商榷的概念[N]. 浙江日报，2012-3-30（14）.

[34] 刘波. 中等收入陷阱是伪命题[J]. 21世纪商业评论，2017，8：29.

[35] 王东京. "中等收入陷阱"纯属危言耸听[N]. 学习时报，2014-6-16（4）.

[36] 华生，汲铮. 中等收入陷阱还是中等收入阶段[J]. 经济学动态，2015，7：4—13.

[37] 袁岚峰. 中等收入陷阱对中国是伪命题[J]. 科学与现代化，2016，3：155.

[38] 胡鞍钢. "中等收入陷阱"逼近中国？[J]. 人民论坛，2010，7：10—12.

[39] 马岩. 我国面对中等收入陷阱的挑战及对策[J]. 经济学动态，2009，7：42—46.

[40] 蔡昉. 中等收入陷阱的理论、经验与针对性[J]. 经济学动态，2011，12：4—9.

[41] 厉以宁. 论"中等收入陷阱"[J]. 经济学动态，2012，12：4—6.

[42] 王小广. 改变发展模式　避免中等国家陷阱——"十二五"时期经济发展的战略思路研究[J]. 中国市场，2010，16：46—51.

[43] 刘伟. 突破"中等收入陷阱"的关键在于转变发展方式[J]. 上海行政学院学报，2011，1：4—11.

[44] 郭正模. "中等收入陷阱"：成因、理论解释与借鉴意义[J]，社会科学研究，2012，11：21—24.

[45] 权衡，罗海蓉. "中等收入陷阱"命题与争论：一个文献研究的视角[J]. 学术月刊，2013，11：95.

[46] 樊纲. 中等收入陷阱迷思[J]，中国流通经济，2014，5：4—10.

[47] 田国强，陈旭东. 中国如何跨越中等收入陷阱——基于制度转型和国

家治理的视角[J]. 学术月刊, 2015, 5: 21.

[48] 曾铮. 马来西亚应对"中等收入陷阱"的经验和启示[J]. 中国市场, 2010, 11: 8—10.

[49] 史晋川, 郎金焕. 跨越"中等收入陷阱"——来自东亚的启示[J]. 浙江社会科学, 2012, 10: 10—17.

[50] 高源. 中国能否越过"中等收入陷阱"——50位专家与6575名网友调查结果的对比分析[J]. 人民论坛, 2010, 7: 14—17.

[51] 孔泾源. "中等收入陷阱"的国际背景、成因举证和中国对策[J]. 改革, 2011, 10: 8—9.

[52] 樊纲, 张晓晶. "福利赶超"与"增长陷阱": 拉美的教训[J]. 管理世界, 2008, 9: 12—24.

[53] 王一鸣. 跨越"中等收入陷阱"的战略选择[J]. 中国投资, 2011, 2: 24—29.

[54] 林毅夫, 蔡昉, 李周. 中国的奇迹: 发展战略与经济改革[M]. 上海: 格致出版社, 1999.

[55] 郑秉文. "中等收入陷阱"与中国发展道路——基于国际经验教训的视角[J]. 中国人口科学, 2011, 1: 2—15.

[56] 楼继伟. 未来30年中国经济持续增长的动力方向、基本策略及潜在风险[N]. 中国社会科学报, 2010-2-23 (9).

[57] 蔡昉. "中等收入陷阱"的理论、经验与针对性[J]. 经济学动态, 2011, 12: 4—9.

[58] 黄继炜, 全毅. 东盟国家落入"中等收入陷阱"的原因与教训[J]. 当代经济管理, 2014, 7.

[59] 王红茹. 许小年称"中国陷入了中等收入陷阱", 厉以宁等专家给予反驳[J]. 中国经济周刊, 2017, 29: 42—43.

[60] 胡鞍钢. "中等收入陷阱"逼近中国[J]. 人民论坛, 2010 (11).

[61] 胡鞍钢, 等. 中国跨越中等收入陷阱: 基于五大发展理念视角[J]. 清华大学学报 (哲学社会科学版), 2016, 5.

[62] 孙代尧, 张艳萍. 五大发展理念: 跨越"中等收入陷阱"的中国方案

[J]. 中国特色社会主义研究，2017，3.

[63] 王永昌. 五大发展理念——跨越"中等收入陷阱"的中国方案[J]. 理论导报，2016，3.

[64] 吴敬琏. 中国增长模式抉择[M]. 上海：上海远东出版社，2006.

[65] 蔡昉，王美艳. 中国面对的收入差距现实与中等收入陷阱的风险[J]. 中国人民大学学报，2014（3）：6.

[66] 江时学. 拉美国家的收入分配为何如此不公[J]. 拉丁美洲研究，2005，10：3—11.

[67] 黄继伟，全毅. 东盟国家落入"中等收入陷阱"的原因和教训[J]. 当代经济管理，2014，7：92—97.

[68] 安建国. 拉美国家对外开放的进程及其经验教训[J]. 拉丁美洲研究，1986（01）：15—22.

[69] 江时学. 拉美国家的经济改革[M]. 北京：经济管理出版社，1998.

[70] 李振. 从五大发展理念看马克思主义发展理论的时代自觉[J]. 思想理论教育，2017，1：32.

[71] 刘合光. 乡村振兴战略的关键点、发展路径与风险规避[J]. 新疆师范大学学报，2018，5.

[72] 侯为民. 技术进步、制度变革与经济增长[M]. 北京：经济科学出版社，2015.

[73] 谷源洋，周圣葵，谈世中. 亚洲四小龙起飞始末[M]. 北京：经济科学出版社，1992.

[74] 曹立. 治国理政新理念——全面解读新发展理念[M]. 北京：人民出版社，2016.

[75] 马远之. 中等收入陷阱的挑战与镜鉴[M]. 广州：广东人民出版社，2015.

二、译著类

[1] 罗斯托. 政治和成长阶段（第2版）[M]. 英国：剑桥大学出版社，1971.

[2] 罗斯托.经济增长的阶段——非共产党宣言[M].郭熙保,王松茂,译.北京:中国社会科学出版社,2001.

[3] 阿瑟·刘易斯.二元经济论[M].施炜,等译校.北京:北京经济学院出版社,1989.

[4] H.钱纳里,等.工业化和经济增长的比较研究[M].吴奇,等译.上海:上海三联书店,1986.

[5] 西奥多·W·舒尔茨.人力资本投资[M].郭熙保主编.发展经济学经典论著选[M].北京:中国经济出版社,1998.

[6] A.G.弗兰克.拉丁美洲的资本主义和不发达状态[M].(每月评论出版社,1969),哈蒙兹沃思:彭古因书店,1971:33.

[7] 道格拉斯·诺思,罗伯特·托马斯.西方世界的兴起[M].厉以平,蔡磊,译.北京:华夏出版社,1989.

[8] 科斯,等.财产权利与制度变迁[M].上海:上海人民出版社,1994.

[9] 英格尔斯.人的现代化[M].殷陆君,译.成都:四川人民出版社,1985.

[10] C.E.布莱克.现代化的动力[M].段小光,译.成都:四川人民出版社,1988.

[11] 金正濂.韩国经济腾飞的奥秘[M].张可喜,译.北京:新华出版社,1993.

[12] 巴里·艾肯格林,德怀特·H.铂金斯,申宽浩.从奇迹到成熟——韩国转型经验[M].任泽平,张彩婷,译.北京:人民出版社,2015.

[13] 日本大气污染控制经验研讨委员会.日本的大气污染控制经验——面向可持续发展的战略[M].王志轩,译.北京:中国电力出版社,2000.

三、外文文献

[1] Indermit Gill and Homi Kharas. An Edst Asian Renaissanee: Ideas for Economic Growth[J]. The World Bank, 2007.

[2] Barry Eichengreen, Donghyun Park, Kwanho Shin. Growth slowdowns redux[J]. Japan &The World Economy, November 2014, Vol. 32, pp.65-84.

［3］Barry Eichengreen, Donghyun Park, Kwanho Shin. THE GLOBAL PRO-DUCTIVITY SLUMP：COMMON AND COUNTRY-SPECIFIC FACTORS［P］, 2015.

［4］Jesus Felipe, Arnelyn Abdon and Utsav Kumar. "Tracking the Middle-income Trap：What Is It, Who Is in It, and Why?", The Levy Economics Institute Working Paper, No. 715, April, 2012.

［5］Kenichi Ohno. Avoiding the Middle Income Trap：Renovating Industrial Policy Formulation in Vietnam ［J］. ASEAN Economic Bulletin, 2009.

［6］Homi Kharas, Harinder Kohli. what is the middle income trap, why do Countries fall into it, and how can it be avoided? ［J］. Global Journal of Emerging Market Economics, 2011.

［7］Vares Hamed et al. Transition from an Effiency-driven Economy to Innovation-driven：A Secondary Analysis of Countries Global Competitiveness［J］. European Journal of Economics, 2011 (31).

［8］Masuyama. Endogenous Inequality ［J］. Review of Economic Studies ［C］. 2000.

［9］Luis Abugattas-Majluf. Jordou：Model Reformer Without Upgrading? ［J］. Studies in Comparative International Development, Vol. 47, Issue 2, June 2012.

［10］W. Lewis. Economic Development with Unlimited Supplies of Labour ［M］. London：Oxford University Pres, 1954.

［11］S. Kuznets. Economic Growth and Income Inequality ［J］. The American Economic Review, 1955.

四、中文网站资料

［1］宋心德."联合国称拉美环境造成严重后果"［EB/OL］. 新华网, 2004-03-05, http：//news. xinhuanet. com/st/2004-03/05/content_ 1347064. html.

［2］国家统计局核算司."三新"层出不穷经济稳中向好［EB/OL］. 东方网, 2018 - 04 - 18, http：//news. eastday. com/eastday/13news/auto/news/china/20180418/u7ai7621497. html.

[3] 国家统计局 10 位司局长撰文解读 2017 中国经济年报[EB/OL]. 2018-1-19, http://www.ce.cn/xwzx/gnsz/gdxw/201801/19/t20180119_27814732. shtml.

[4] 2017 年末我国农村贫困人口减少到 3046 万人[EB/OL]. 新浪网, 2018-02-01, http://news.sina.com.cn/o/2018-02-01/doc-ifyreuzn1330430. shtml.

[5] 2017 年末中国城镇化率升至 58.52%[EB/OL]. 新浪网, 2018-02-04, http://news.sina.com.cn/c/nd/2018-02-04/doc-ifyreuzn2669399.shtml.

[6] 胡鞍钢, 王洪川. 符合当代中国国情的科学论断[EB/OL]. 人民日报, 2017-10-27, http://ex.cssn.cn/mkszy/mkszy_xzly/201804/t20180418_4154566.PMCshtml.

[7] 我国科技人力资源总量世界第一[EB/OL]. 光明网, 2016-04-22, http://news.gmw.cn/2016-04/22/content_19802787.html.

[8] 2013 年我国科技人力资源发展状况分析[EB/OL]. 中国科技统计, 2015-3-12, http://www.sts.org.cn.

[9] 统计局. 2014 年全国居民收入基尼系数为 0.469[EB/OL]. 网易财经, 2015-01-20, http://money.163.com/15/0120/10/AGD6IF6200253B0H.html.

[10] 工资高增光环下的"不均": 为何体会不到涨工资的快乐? [EB/OL]. 新浪财经, 2009-2-11, https://www.taoguba.com.cn/Article/120224/1.

[11] 拉美环境污染严重水资源紧缺[M]. 中国环保在线, 2014-01-13, http://www.hbzhan.com/news/detail/86338.html.

[12] 曹建海. 制度性浪费是制约中国工业可持续发展的根本原因[N]. 中国经济时报, 2006-04-03, 财政部: 《2012 年财政收支情况》, http://gks.mof.gov.cn/zhengfuxinxi/tongjishuju/201301/t20130122_729462.html.

[13] 中国老龄化现状: 2017 年 60 岁及以上老年人口数量达 2.41 亿[EB/OL]. 闽南网, 2018-02-27, http://www.mnw.cn/news/china/1947309.html.

[14] "互联网+"孕育消费养老模式[EB/OL]. 凤凰网, 2016-09-26, http://gongyi.ifeng.com/a/20160926/44458134_0.shtml.

[15] 李克强. 五年来全社会研发投入年均增长 11%[EB/OL]. 凤凰网,

2018-03-05，http：//finance. ifeng. com/a/20180305/16010529_ 0. shtml.

[16] 统计局.2016 年基尼系数为 0.465，较 2015 年有所上升 [EB/OL].
2017-01-20，http：//www. chinanews. com/cj/2017/01-20/8130559. shtml.

[17] http：//www. worldbank. org.

[18] http：//www. stats. gov. cn.